THREE
TIBETAN
ECOLOGICAL
RESETTLED
VILLAGES
IN
SANJIANGYUAN
AREA

三江源藏族
生态移民三村

冯雪红／著

社会科学文献出版社
SOCIAL SCIENCES ACADEMIC PRESS (CHINA)

目 录

研究缘起 …………………………………… 1

田野过程 …………………………………… 5

三个村的典型特点 ………………………… 10

县内移民的玛查理村 ……………………… 13

跨州移民的果洛新村 ……………………… 91

乡内移民的和日村 ………………………… 173

讨论与思考 ………………………………… 255

参考文献 …………………………………… 265

后　记 ……………………………………… 275

研究缘起

关注和研究藏族生态移民问题，缘起有三。

其一是缘于我对藏族和藏族文化三十年来的接触和认识。

最早近距离地认识和了解藏族是20世纪80年代中期，那是1986年，我刚上大学，在陕西师范大学就读，入学后住的是八人一间的女生宿舍。从生源看，室友均来自大西北——陕、宁、青、新。比较与众不同的室友有两位，一位祖籍湖北，但她高考时投亲靠友，是从新疆报名参加高考的，大学毕业至今一直在新疆克拉玛依工作；还有一位是来自青海同仁县城的藏族姑娘，她能歌善舞，那时我并不太理解，大家都叫她尕央。应该说，尕央是我认识的第一个藏族，从她和她的人际交往圈中不时出现的藏族大学生，以及她的一些话题中，我开始有了对藏族最初的感性认识。后来，一个较大的转折是1989年，一个偶然的日子，我在北京认识了东·华尔丹，他是藏族，年长我1岁，当时在北京师范大学哲学系读大学，从他这里我开始了对藏族、藏族文化、藏族社会漫长的更多和更近的接触，自此和藏族结下了不解之缘——我们成了人生伴侣。经历了理想与现实的种种撞击，至今我们已共同度过了二十多个春秋，这并不意味着我对于藏族的一切就很了解和理解，反之亦然。可以说，这些经历是我有志趣于有关藏族问题研究的潜隐的缘由。

其二是缘于我对藏区的初识和之后多次在藏区不同地方所见所闻留下

的诸多不解。

　　1991年我和东·华尔丹同年大学毕业，他被分配到地处甘南的合作民族师范高等专科学校①从事教学工作，当地人习惯于说"合作师专"，我回到宁夏参加工作。直到1994年秋季学期伊始，东·华尔丹才从那里调出，来到了宁夏银川。而我第一次去藏区是1991年冬天，去的就是合作师专，是父亲陪我一起去的。那时不比今日，交通不太便利，通信也不发达，从我的家乡宁夏中宁出发到甘肃兰州，再从兰州坐长途汽车到合作，这后半段大约六个半小时的路程，一路上什么状况，已没什么记忆了，只是初次在合作师专停留的数日，印象比较深的是学校南面有一片松树林，在寒冷的冬季，从宿舍楼的窗户远远望去还绿绿的，就觉得好奇，现在才知道那是一座神山。此外，还依稀记得第一次在那个地方所见冬天做面的情形，揪面时如果下到锅里的面条是一指宽，等煮熟后几乎就变成了两指宽，据说是海拔高的缘故。对于高海拔，以及在高海拔地区生活的藏族究竟是什么样子，那时并无清晰的概念。

　　可以说，起初对藏区印象最深刻的应当是我第二次去，那是1992年暑假前夕，我独自前往，穿着一条休闲裤和一件圆领半袖衫就去了，在从兰州到合作的长途客车上只有我一人穿得这么单薄，到合作后才发现，虽然是夏天，但他们都穿着毛衣。这纯属无知……甘南的夏天，气候怎么样，我事先一无所知，也不曾有人提起过。那时，与外界的联系方式，除了写信，就是发电报，难以及时联络。身临其境，才切身体验到那里的天气，雨雪冰雹，说变就变，印象中最多的时候一天能变六次。我没带稍微厚一点的衣服，只好穿上了东·华尔丹的一件毛衣，还好，这件毛衣是读大学期间我亲手给他织的。因为时间久远，那时到藏区的记忆已经碎片化了，但这次的甘南行，因为是夏天，从兰州前往合作的途中，第一次觉得从深山老林经过，有些地方就像是原始森林，山那么高，树那么绿，森林那么茂密……还有记忆中在合作师专周边看到的金黄色的油菜花，以及烙印在脑海中的对合作的印象。当时虽然还没去过深圳，但凭我对外界的认知，

---

① 合作民族师范高等专科学校地处甘南藏族自治州合作市，始建于1984年，2009年3月经教育部批准改建为甘肃民族师范学院，是甘肃省唯一一所省办公民族师范高校。2013年被确定为国家民委与甘肃省人民政府的共建学校。

感觉合作市与我的出生地宁夏中宁县的差距就如同中宁与深圳的差距，从内心觉得合作那个地方很落后，就是这种真切的感受！当然，今非昔比，事隔多年，2015年8月又一次驻足合作时，印象中的合作已完全变成了一个具有现代气息的城市。

再往后，由于姻缘关系，出入比较多的地方之一就是甘肃天祝藏族自治县——我的婆家所在地，时常会从那里听到一些关于西藏及其与内地关联的情况，主要是因为有亲戚在拉萨工作。

2006年我开始攻读民族学博士，由于学缘和业缘关系，所到藏区由先前的甘南、天祝扩展到塔尔寺、环青海湖、拉卜楞寺……所接触的藏族已由20世纪的大学生扩展到今天的博导，我对藏族有了更多的了解和更深层次的认识，并参与完成了东·华尔丹主持的国家社会科学基金西部项目"青藏铁路建成与藏族文化和谐发展研究"。也因此，在工作、生活和求学中关于藏族的知识日积月累，不断增多，但对这个民族的很多东西还是只知其貌，不知其理。这无形中也培养和激发了我探索藏族未知领域的兴趣。

其三是缘于我的博士后合作导师孙振玉教授的点拨和启发。

在人生的十字路口，似乎找不着前行方向的时候，已过不惑之年的我进行了坚定的选择——做博士后。根据孙老师的提议，博士后研究计划是关于生态移民问题的。在着手查阅文献的过程中我发现生态移民问题已受到学界的广泛关注，就甘宁青地区来看，回族生态移民主要集中在宁夏，而甘青一带则主要是藏族生态移民，尤其青海基本上是三江源藏族生态移民，从已有成果看还有很大的空间可以挖掘和充实，于是我将目光投注到三江源牧区藏族生态移民问题当中。2012年，我有幸入选教育部"新世纪优秀人才支持计划"，获资助后拟开展的课题即为"甘青牧区藏族生态移民产业变革与文化适应研究"。因而三江源藏族生态移民成为我主要的聚焦点，田野调查和民族志则成为我首要的目标。

1900年，美国植物学家、植物生态学的先驱考尔斯（Cowles）首次将"群落迁移"的概念导入生态学，提出了"生态移民"这一概念，并认为"生态移民"是指出于保护生态环境的目的而实施的移民。自此开创了科学研究"生态移民"的历史进程。首先在发达国家，如美国、意大利、加拿大等国，而后逐渐在发展中国家，如巴西、埃塞俄比亚、越南等国展开。

1993 年，"生态移民"首次出现在国内的文献中，任耀武是国内最早提出"生态移民"概念的学者。我国自 20 世纪 90 年代在内蒙古、新疆、贵州、云南、宁夏等地实施了以扶贫为主的移民政策。为保护和恢复三江源区的生态功能，总投资 75 亿元的"青海三江源自然保护区生态保护和建设总体规划"于 2005 年 8 月启动，由政府主导并执行的三江源生态移民工程，面积 36.3 万平方公里，包括 16 个县 1 个乡，涉及 22.3 万人，是仅次于三峡移民的大工程。生态移民问题也由此成为我国学者的研究热点，李培林、包智明、施国庆等著名学者都推出了许多深有影响的学术成果。2014 年 10 月，在总结一期工程 10 年经验的基础上，青海三江源国家生态保护综合试验区建设暨三江源生态保护建设二期工程正式启动，总投资 160.6 亿元。为保护三江源区生态环境，三江源生态移民工程的实施，导致大量藏族游牧民的迁移，与搬迁牧民生计和发展密切相关的社会、文化适应及后续产业发展便成为一个十分重要的现实问题。

较之回族生态移民，牧区藏族生态移民问题研究具有更大的挑战性。对世代逐水草而居并且以游牧方式生存的牧民而言，移民搬迁不仅仅是牧民生存空间的转移，更深层次的是他们传统生产生活方式的一次重大转型。牧民搬迁后，从游牧到定居，从"相对单一"的藏文化环境到"多元"的文化环境，从"牧业为主"向"二、三产业"转移的产业变革，面对生计方式、后续产业、文化适应等突出的相互关联问题，如何提高藏族生态移民的社会融入度和使其掌握适应新环境的生计方式，如何促进产业变革与社会、文化适应的良性互动，处理好生存与发展方式问题，是值得深入研究的课题。

基于以上缘由，我义无反顾地展开了对三江源藏族生态移民问题的调查研究，以青海玛查理村、果洛新村、和日村三个生态移民新村为田野点，通过对三个村落各自独立的田野报告的呈现，审视和了解三江源藏族生态移民的整体概貌。

田野过程

我的田野调查分三个阶段，调研共计80天。

第一个阶段是2014年7月22日~8月2日。2014年7月22日，我乘坐长途快客从银川出发到西宁，次日，和青海民族大学的民族学师生一行四人坐长途大巴从西宁出发，联合互助，进行了前期的田野调查，历时22天。我们停留的第一站是青海黄南州①河南县县政府驻地优干宁镇。调查路线是青海河南县（优干宁镇、宁木特镇浪琴村）—泽库县（和日村）—优干宁镇，以及甘肃夏河县（拉卜楞寺）—碌曲县—玛曲县（秀玛定居点、萨合定居点、尼玛镇定居点、扎西定居点）—迭部县—舟曲县，8月2日清晨4:50从舟曲坐长途客车到兰州，当日又从兰州分别返回各自的出发地——银川和西宁。这次调查，我对藏区的整体风貌有了直观的印象；对三江源生态移民的实施情况有了初步的实地了解；从河南县三江源办公室获得了"三江源自然保护区工程实施情况汇报材料""河南县今后实施三江源生态移民工程的工作思路""河南县三江源生态移民工程基本情况""关于呈报河南县三江源生态移民

---

① 黄南藏族自治州，在文中简称黄南州；河南蒙古族自治县，简称河南县。为了便于行文，文中类似的表述基本都用简称。比如，果洛藏族自治州，简称果洛州；玉树藏族自治州，简称玉树州；海南藏族自治州，简称海南州；甘南藏族自治州，简称甘南州。若是引文，以及不能简写之处，则用全称。

工程后续产业发展思路的报告"等材料；对河南县宁木特镇浪琴村、泽库县和日村这两个生态移民点进行了走访和观察，从和日村村委获得了和日村及和日村石雕公司基本情况等相关材料。河南县、泽库县隶属黄南州，通过比较，最后将泽库县生态移民点和日村确定为进一步调查的重要田野点。

　　第二个阶段是 2014 年 8 月 17 日 ~9 月 1 日。2014 年 8 月 17 日，我和我的两个民族学硕士生（1 男 1 女）乘坐长途快客从银川出发到西宁，第二天坐长途客车从西宁前往青海果洛州、玉树州，开始了第二阶段的田野调查，历时 16 天。这次调查，所到之地先后为果洛州玛多县玛查理村生态移民点，以及玉树州称多县①县政府驻地称文镇查拉沟生态移民社区和清水河镇生态移民社区②，通天河沿途，三江源自然保护区纪念碑。我们从玛多县、称多县三江源办公室等部门获得了有关两县生态移民的文字资料；对这些部门的相关干部进行了访谈；在县、镇政府及村委各级干部的大力协助下，对玛查理村、查拉沟、清水河镇生态移民的生计方式和社会、文化适应等情况进行了细致的访谈和观察；对于高海拔地区生态移民的生活状况，以及三江源自然保护区核心区的重要性有了切身的体验和认识。值得一提的是，从玛多县前往称多县，我们乘坐的长途客车必须经过巴颜喀拉山山口，这一段行驶耗时大约 20 分钟，海拔 4824 米左右。这是我们有生以来第一次经过的海拔最高的地方，担心高原反应，但最

---

① 称多县地处青藏高原东部，青海省南部，玉树州东北部。昆仑山脉中支巴颜喀拉山横亘北方，为长江与黄河的分水岭，主峰 5267 米。奔腾不息的通天河自西向东奔流，历来为一道天然屏障。县域北部与果洛州玛多县为邻，西北至西部与玉树州曲麻莱县接壤，南部与玉树市隔通天河相望，东部与四川省石渠县毗邻。东西长 160 公里，南北宽 209 公里，县域总面积约 1.53 万平方公里。地势高，地形复杂，最高点 5500 米（觉吾山峰），最低点 3524 米（直门达村），平均海拔 4500 米。高寒缺氧，一年只有冷暖之分，无四季之别，年均气温 -4.9℃，极端最低气温曾达 -42.9℃。

② 清水河镇位于称多县西北部，距县政府驻地 87 公里，距州政府所在地结古镇 150 公里，平均海拔为 4400 米，年平均气温为 -4.3℃。镇政府所在地藏语称之为"查当滩"，据历史传说是格萨尔王丞相的领地。现全镇下辖 7 个行政村，39 个牧业合作社，全镇总户数 1851 户、7578 人，土地面积为 682.71 万亩，草场面积为 596.11 万亩，可利用草场 585.11 万亩。退牧还草草场共 482 万亩。2006 年年初全镇共有各类牲畜 51438 头/只/匹。清水河镇生态移民集中安置的 387 户 1620 人，共安置在 3 个移民社区和临街主街道上，主街道红线宽度 12 米、总长 4.09 公里，次街道红线宽度 7 米、总长 9.23 公里。

终有惊无险。当天下午5点左右我们到达称多县珍秦镇时下车了,县政府办公室安排了一位名叫更尕才让的师傅接我们,他开着一辆小轿车在十字路口边上等我们。彼时正逢雨雪交加,虽不太大,但还是有点冷飕飕的,下车不一会儿,我们便蜷缩着又上了车,驱车行驶半小时后,终于到达了此行的终点——称多县城"称文镇"。一路上愉悦的聊叙,得知更尕才让曾经是一个北漂业余歌手,他三十出头,温和帅气,在前行途中他给我们播放了自己演唱的MV,感觉他是个人才,我们一致鼓励他参加"中国好声音",至今还时而微信联系。

第三个阶段是2015年7月19日~8月29日。2015年7月19日,我和我的两个民族学硕士生(男生)乘坐长途快客从银川出发到西宁,停留一晚,然后依旧坐长途客车从西宁前往此行的第一个田野点——和日村,开始了第三阶段的田野调查,历时42天。这次我先后踏上了黄南州、甘南州、海南州所辖区域,由于不确定因素的影响,其间对调查路线进行了适当的调整。需要说明的是,因为工作单位有一个必须要参加的暑期培训,所以我曾离开田野点一周余,学生则继续留在和日村做调查。8月7日重返田野,这次我带了两个新成员,一位是我校的民族学硕士生,另一位是我刚从大学毕业的学社会学专业的儿子。于是,从这一天起我们分为两组,先前的两个男生仍在和日村;我带着两位新成员完成了对果洛新村的田野调查。由于果洛新村与和日村相隔24公里左右,根据调查路线和进度,我们进行了一些调整。我们赴果洛新村的路线为宁夏银川—甘肃兰州—甘肃夏河县桑科新村—青海同仁县县政府驻地隆务镇—青海泽库县和日村—青海同德县果洛新村。8月17~20日,我们的调查成员5人在和日村会合后,又一起在这个村子里调查了几天。8月21日,我带着其中三人从泽库县和日村前往甘南州玛曲县继续进行田野工作,路过河南县优干宁镇时略作停留,在这里匆匆吃了早餐,之后,为节省时间,我们包了一辆私人小轿车,大约10:30起程向我们预定的终点进发,中午1:00多终于到了我们此行的最后一站——玛曲县。离开和日村之后,调研队伍剩下1人在村里又待了1天,做了一些善后工作,之后他便返回起程之地——宁夏银川。到玛曲县县政府驻地尼玛镇之后,我们又做了一周田野调查,基本完成了预期的计划,临近新学期开学,只好从田野返回书斋。这次调查,在我所带成员的协助下，对和日村、果洛新村生态移民的生计方式和社会、文化适应等情况进行了深入访谈和观察；对和日村生态移民后续产业发展问题进行了重点调查；对甘肃省夏河县桑科新村游牧民定居点，以及玛曲县秀玛定居点定居牧民的生计方式、社会文化适应、后续产业情况等问题进行了访谈和了解，以此作为了解和透视三江源生态移民整体境况和成效的辅助观测点。此外，对各生态移民点及相关游牧民定居点存在的突出问题及先前未曾涉猎的一些问题进行了有针对性的调查和了解。

  需要说明的是，为了后续藏族生态移民研究的深入、全面和系统，2016年2月我的课题组成员赴青海黄南州同仁县名为"三江源"的一个生态移民点做田野调查，为期5天。2016年7月下旬，我和课题组成员再次前往同仁县三江源移民新村，以及称多县查拉沟生态移民社区、清水河镇生态移民社区做田野调查，历时25天。同时，课题组另有2人在泽库县和日移民新村做田野调查1个月。

舀水的小尼姑

巴颜喀拉山口的经幡

路上的景象

三个村的典型特点

科学的知识来自实际的观察和系统的分析,实地调查具体社区里的人们生活是认识社会的入门之道。[①] 基于同样的认识,理论联系实际,以果洛新村、玛查理村、和日村作为三个具体的标本或者说景观,对这三个村藏族生态移民的田野报告分别进行独立的事实呈现,以此作为认识三江源藏族生态移民生存和发展状况的起点,可为进一步观察与之相似或不同的三江源其他藏族生态移民社区奠定基础,适当扩大研究对象,逐步增加对三江源不同类型藏族生态移民社区的了解和认识,以便由点到面、从个别到一般地全面了解三江源藏族生态移民的整体状况,进而期望观察和认识国内少数民族生态移民现象的意义、规律及面临的问题和趋向。

如若把三个村糅合在一起描述,可能会出现重复、细碎和边界模糊的情况。因此,为了叙事的连贯、清晰和完整,在田野调查基础上,对这三个藏族生态移民新村分别进行描述的结构安排,可以更好地观察它们的区别和各自的特点。此外,以"整体论"的视角,不仅可以展现每个藏族生态移民社区的整体,也可以发现不同的藏族生态移民社区所构成的文化整体,从表象发现三个村纵横之间的内在关联和纵深影响。

---

① 费孝通、张之毅:《云南三村·序》,社会科学文献出版社,2006,第3页。

具体选择和确定三个藏族生态移民新村时综合考虑了以下因素：搬迁的地域范围、迁入地的海拔、生态移民后续产业发展情况等。现就三个村的主要特点简要介绍如下。

1. 玛查理村

玛查理村是一个本县安置的生态移民新村，当地也叫"三岔路口生态移民点"，其居民主要是2007年从平均海拔4300米的果洛州玛多县黄河乡、黑河乡、扎陵湖乡迁出的牧民，迁出地均为纯牧业区，迁入地平均海拔4270米。玛多县地处三江源自然保护区核心地带，是万里黄河的发源地，享有"黄河源头第一县"的美称，也是青海省海拔最高的县。玛查理村位于县城以南3公里处，距迁出地30公里左右，距省会西宁494公里。玛查理镇距果洛州政府驻地大武镇284公里，距西宁497公里。目前，玛查理村尚无后续产业。

2. 果洛新村

果洛新村是一个跨州安置的生态移民新村，是三江源工程中典型的异地移民村，其居民是2006年从平均海拔4300米的果洛州玛多县黄河乡、黑河乡[①]迁出的牧民，搬迁后地处海拔3200米的海南州同德县北巴滩，这使放牧失去了"用武之地"。实际上，果洛新村地处同德县境内，同时也处于同德县境内的县级单位——青海省牧草良种繁殖场，当地人称"同德军马场"，是青海省畜牧厅所属的一个国有农场。因此，有学者提出，果洛新村是三江源生态移民的飞地，而且是"飞地中的飞地"。该村距同德县城22公里，距玛多县城400公里，距果洛州政府驻地大武镇180公里。为了更好地解决生态移民后续产业发展问题，玛多县按照因地制宜、分类指导、先行示范的原则，在总结近几年培育发展生态移民后续产业经验的基础上，充分依托果洛新村在地理、交通、区位上的资源优势，以高原生态旅游业快速发展为契机，积极探索新的发展模式，大胆开创移民转产新渠道，探索开展果洛新村生态移民后续产业发展示范基地建设项目，项目总投入515万元，采取"公司+合作社+牧户"的经营模式，新建15栋日光温室暖棚，整合果洛新村225亩闲置庭院，养殖奶牛10头、公牦牛100头，藏羊

---

① 2012年黑河乡更名为玛查理镇。

3000只,藏鸡5000只,并培训移民200人次[①]。目前,在果洛新村培育和发展的后续产业主要有:金银绵羊育肥专业合作社、民族服装加工厂、果洛新村生态园、炒面加工厂。这四个后续产业初具规模,尚在实践和摸索中。

3. 和日村

和日村是一个本乡安置的生态移民新村,属于整村搬迁。其居民是2005年从青海泽库县和日乡[②]和日村的山沟里迁出的牧民,村中享受三江源生态移民政策的有100户,享受游牧民定居政策的有144户。搬迁后,和日村名称未变,只是在进村的入口大门牌楼上方写着两行字,上面写着"和日村",下面写着"高原石刻第一村"。和日村距迁出地10多公里,距泽库县城泽曲镇约68公里,距和日镇政府驻地500米。搬迁前海拔3700~3800米,搬迁后海拔3300米左右。和日村生态移民在后续产业发展方面有先天的优势,早在搬迁之前,和日村的大部分村民就有藏族传统的石刻手艺;搬迁之后,石刻已成为和日村生态移民维持生计的方式和后续产业的支柱,以"公司+农户"的方式带动着全村经济的发展。从规模、管理、生产、加工和销售来看,和日村的生态移民后续产业发展,不仅独具特色,而且已比较成熟。

从对三个村的实地调查来看,如果以"搬得出、稳得住、能致富"的实际目标进行评估,可以说,和日村的生态移民基本上达到了牧区藏族生态移民搬迁的目标;玛查理村生态移民的实际情况姑且算是"搬得出、稳得住",但还没到"能致富"的程度;而果洛新村的生态移民,虽然完成了"搬得出"的目标,但他们的返迁意愿最为强烈,正处于游移不定的观望状态,期望着还能搬回原地,至于是不是"能致富",全村还处于艰难探索中,也有个别已致富的人,不过一二,的确是凤毛麟角。

---

① 《玛多县果洛新村生态移民后续产业发展示范基地建设项目正式启动》,http://www.guoluo.gov.cn/html/1740/160520.html,2011年9月21日。

② 2014年7月15日,和日乡撤乡建为和日镇。

县内移民的玛查理村

目 次

导 言 / 16

第一章 高寒的玛多与城边的玛查理村 / 20
 一 玛多生态移民概貌 / 26
 二 玛查理村概况 / 39

第二章 移民的生计变迁 / 45
 一 从"游牧"到"定居":传统生计的延续 / 46
 二 从"不会"到"会":新兴生计的诞生 / 48

第三章 移民生活方式的适应 / 51
 一 居住:从"帐房"到"平房" / 52
 二 饮食:从"肉食"到"蔬菜" / 55
 三 出行:从骑"马""牛"到"开车" / 58
 四 衣着:从"藏服"到"汉服" / 60
 五 语言:从"藏语"到"手语""汉语"及"双语并用" / 62
 六 转经:从"寺院"到"博览园" / 66
 七 闲暇:从"少"到"多" / 71
 八 消费:从"物"到"钱" / 73

第四章 移民的心理适应 / 77
 一 对安置社区的认同 / 77
 二 对现有身份的认同 / 82

第五章 提高藏族生态移民社会适应性的思考 / 86
 一 促进后续产业的发展,为生态移民的发展提供物质保障 / 86
 二 提高政策的落实成效,为生态移民的发展提供政策保障 / 88
 三 进行心理干预和疏导,提高生态移民适应新生计方式的能力 / 89
 四 重视生态移民的主体地位,建立移民参与的管理和发展模式 / 89
 五 提高生态移民自身的素质,促进移民社会主体的发展能力 / 89

导　言

　　三江源自然保护区,位于我国西部,世界屋脊——青藏高原腹地,青海省南部,是世界著名江河——长江、黄河、澜沧江的源头汇水区。这是我国最大的自然保护区,被誉为"中华水塔"和"地球之肾"。这里曾是水草丰美、湖泊星罗棋布、野生动物种群繁多的高原草甸区,也是养育了藏族同胞生命和培养青藏高原独有生态环境的"净土"。据统计,长江总水量的2%,黄河总水量的33.1%和澜沧江总水量的14.7%都来自三江源区。但近几十年,由于自然因素和不合理人类活动的双重作用,这里生态环境日益恶化,草场严重退化,水土流失加剧,土地沙漠化面积扩大,冰川、湿地退缩,生物种类锐减。据1998年统计,这里已退化的草地占可利用草场面积的37.8%,其中近10%的退化草地已沦为裸地,即"黑土滩"。大面积优质草场的退化是这里面临的首要问题。另外,过度放牧和滥采乱挖,也加剧了土地严重退化、草场沙化。三江源区生态环境的恶化严重影响和制约了当地各民族的生存与发展,造成了本地区畜牧业生产水平低而不稳,少数民族地区贫困程度不断加大,经济发展落后;同时,还严重影响了大江大河中下游地区,以及东南亚国家的生存与发展。

　　三江源地理位置为北纬31°39′~36°12′、东经89°45′~102°23′,行政区域包括玉树、果洛、海南、黄南4个藏族自治州的16个县和格尔木市的唐古拉乡,总面积为30.25万平方公里,约占青海省总面积的43%。三江源区现有人口

55.6万人,其中藏族人口占90%以上,其他还有汉、回、撒拉、蒙古等民族。

三江源区是我国最重要、影响范围最大的生态调节区,是我国淡水资源的主要补给区。但同时,也是生态环境最脆弱和生态环境日益恶化的地区。保护和建设三江源区的生态环境,核心和基础工程是生态移民,关键是发展后续产业。只有切实解决牧民群众的长远生计问题,才能实现三江源区生态的逆转。

三江源区生态系统复杂而又脆弱,生物物种丰富而又易遭破坏。三江源自然保护区生态环境恶化在很大程度上是人为因素造成的。近年来,随着人类社会活动的日趋频繁,源区生态环境恶化的趋势不断加剧,人口、资源、环境与发展之间的矛盾日益突出,保护生态环境与自然资源的形势随之日益严峻。据测算,以目前草地的承载能力,三江源草原普遍超载60%左右,加上气候干旱和草原建设投入不足,中度以上退化草地已占到60%以上。从草地退化的趋势看,目前的草地畜牧业已到了天然草地生态系统承载能力的极限,这种状况如果不能得到改善,脆弱的生态系统将最终走向崩溃。生态移民是为缓解人口对生态环境的压力,实现生态环境保护的目标而诞生的。①

为了遏制三江源生态环境的继续恶化,2003年1月,国务院正式批准三江源自然保护区为国家级自然保护区。批准了《青海三江源自然保护区生态保护和建设总体规划》②(以下简称《三江源总体规划》),并决定2005~2010年国家一期投资总体规划投资75.07亿元。三江源自然保护区土地总面积为15.23万平方公里。根据《三江源总体规划》,到2010年,所实施的工程项目区内退牧还草将达9658.29万亩,退耕还林还草将达9.81万亩,封山育林、沙漠化防治、湿地保护和黑土滩治理面积将达1200.89万亩,水土流失治理面积将达500平方公里;将生态移民55773人,解决13.16万人的饮水困难。③ 该规划计划移出自然保护区内22.3万

---

① 韦仁忠:《草原生态移民的文化变迁和文化调适研究》,《西南民族大学学报》2013年第4期。
② 郅振璞:《青海实施三江源生态保护和建设工程》,《人民日报》2005年9月21日,第3版。2005年1月26日,温家宝总理主持国务院第79次常务会议,批准了《青海三江源自然保护区生态保护和建设总体规划》,并决定2005~2010年国家一期投资总体规划投资75.07亿元,其中中央投资65.76亿元,地方配套及农牧民自筹9.31亿元。
③ 青海省发展和改革委员会:《青海三江源自然保护区生态保护和建设总体规划》,内部资料,2006年。

人中的 55773 人，户数达 10140 户。三江源生态移民的搬迁方式采取"政府引导，牧民自愿"的原则，安置补偿标准基本一致。

"建设生态文明是关系人民福祉、关乎民族未来的长远大计"，这是十八大报告中对生态文明建设意义的认识。面对资源约束趋紧、环境污染严重、生态系统退化的严峻形势，必须树立尊重自然、顺应自然、保护自然的生态文明理念。把生态文明建设放在突出地位，融入经济建设、政治建设、文化建设、社会建设的各方面和全过程，形成节约资源和保护环境的生产、生活方式，推进绿色发展、循环发展、低碳发展，维护中下游地区健康、持续发展是三江源区移民搬迁最重要的现实意义。

三江源生态移民工程改变了藏族世代沿袭的生计方式，从牧区逐水草而居到城镇定居的巨大转变，导致藏族生态移民不但在生产、生活方式上需要做出新的尝试，还要在社会、宗教、文化等方面努力适应迁入地的生活，这些转变的产生和需要做出的调整，都直接关系到三江源藏族生态移民迁入新的社会环境后生活能否得到改善和发展的问题。

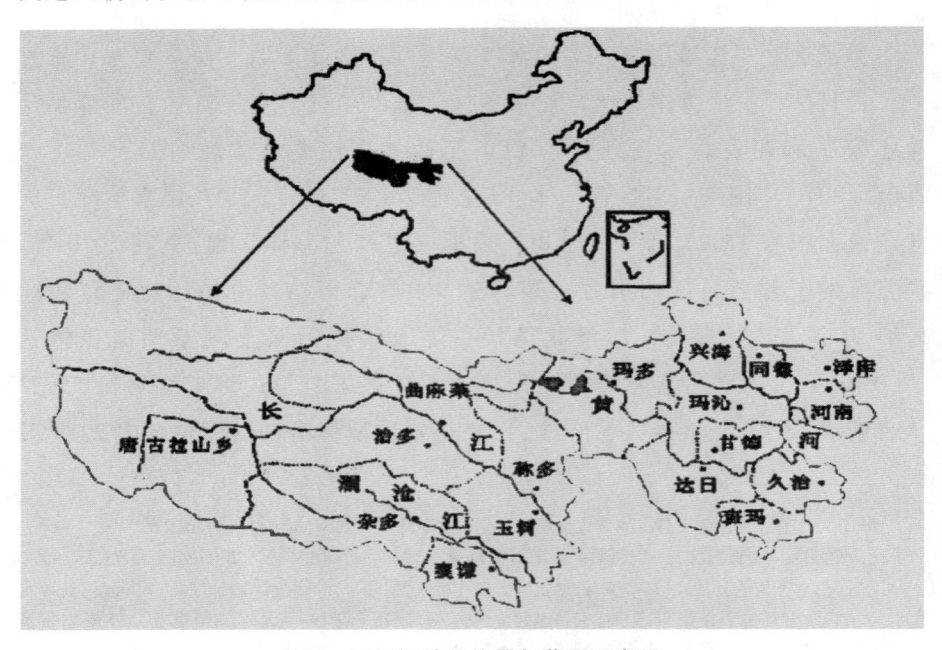

图 1 三江源地区位置与范围示意图

三江源自然保护区纪念碑

通天河

第一章　高寒的玛多与城边的玛查理村

2014年8月18日早晨8：00，我们一行三人从西宁出发，乘坐长途客车前往玛多，经过一天途中时有颠簸的行进，下午6：40终于到达玛多县城——玛查理镇。

从西宁前往玛多途中

在去玛多的路上,明显感受到沿途植被比青海黄南州河南县—泽库县公路沿线逊色许多,也许已是8月,一路上目之所及的草原,远不如7月中下旬黄南州牧区草原满眼尽是绿色的景致那般让人赏心悦目。离开西宁后,我们的客车渐行渐远,海拔也不断升高,我们有意识地用下载的手机软件测试路经之地的海拔,最高的地方海拔4300多米,基本上没什么异常的高原反应,只是在经过距县城还有60多公里的花石峡站时,我的身体有了一点意外的变化。

在花石峡暂停时,很多乘客下车小便,我随着人流走向了女性的一边。在路边一个坡底下小便之后,我随即从坡下小步跑到公路边上,又从路的这边跑到路对面我们的车门前,就这瞬间功夫,我顿时眩晕,四肢发软,感觉身不由己,急不可耐地要上车,上来后我赶快回到自己的座位上倾斜躺了约10分钟，才慢慢恢复正常。原本想着下车"方便"一下，顺便呼吸一下新鲜空气，但这里不比内地，根本不是想象的那样，停车之处到坡下也就四五十米，仅仅小跑了几步，差点晕过去了。这一跑，可能跑坏了，傍晚时分到终点站玛多县城下车后，感觉身体不太舒服。就急匆匆了解了几家"高原"宾馆信息后，我们便住进了县城南大街的海纳商务宾馆——有点简陋却价格不菲的一排红顶瓦房。入住手续办妥后即到房间，我没有丝毫胃口，似乎已没有走出去吃晚饭的力气了，也根本不想吃。最后兵分两路，女的留在房间，男的出去吃饭，嘱咐返回时顺便给我们带点什么。去吃饭的人还没回来，我心想先吃一点来时带的面包可以有点体力，结果吃了几口，又吃了两粒预防高原反应的"红景天"胶囊，不一会儿，反应剧烈，胃里极不舒服，赶忙冲进洗手间，已抑制不住地吐了一地——人生中从没有过的呕吐和难受——吐的是黑色的东西！一阵折腾后，自己忍着极度的不舒服把洗手间清理了一下，尚不彻底，但已无力再全面清洗，也不愿让其他人介入。这一晚神智昏迷，有点快挺不过去的要命的感觉，学生拿来了氧气袋，但我拒绝使用，恰好宾馆服务人员也告诫："能忍就忍着点，明天就好了，如果用氧气袋会有很强的依赖性，第二天会更难受。"夜间我起来了几次，大约凌晨3：00有了喝水的欲望，身体慢慢地舒服了。第二天一大早，我把卫生间又清洗了一遍，早上洗漱后有点想吃早餐了。度过了极度难受的一夜，迷糊中脑子里闪现着一个强烈的想法，"如果这一夜能挺过去，以后有机会我绝不去西藏"。一直以来，尽管很想去那里看看，但身体的确吃不消。这是我到玛多当晚的切身体会，刻骨铭心。

后来，据海纳商务宾馆的老板CRZX[①]讲，刚到高海拔的地方，宁愿饿着——少吃一餐，也别吃饭，这样会舒服一点儿，过一天慢慢就适应了。到玛多的第二天下午，在农牧局副局长MG的办公室访谈时，他慢声细气地说："全国平均寿命75岁，西宁人70岁，我们这里只有57岁。这里人过35、45岁后身体状况就开始下降。到内地出差一趟，回来后得一两

[①] 根据民族学和人类学田野调查的匿名原则和田野伦理要求，文中出现的真实人名，其中一部分以其名字的汉语拼音首字母代替，下同。

天才能适应，小孩来这里没事。"再后来，有一天晚饭后，在我们入住的宾馆门房，因为重感冒，39 岁的宾馆老板 CRZX 一边抱着一个枕头般大小的氧气袋吸着，一边给我们讲述他所看到的三岔路口生态移民刚搬迁后的生活境况，他还提及他的两个小孩都在西宁上学，假期来玛多，没有高原反应。但 CRZX 在玛多已待了 19 年，脸色又青又紫，他说受不了这里的气候，明年（2015 年）准备办理退休手续，提前退休，回西宁生活。CRZX是花石峡镇的副镇长，和妻子共同经营宾馆。这让初到玛多已 46 岁的我进一步明白了这里的人生活和工作的不容易，以及我们几人不同程度的高原反应。相比同行的人，到玛多县政府驻地玛查理镇的当晚，我出现的应当算是重度高原反应，不过，随后几天基本上就正常了。第二天照常开展工作，在多方求助都未联系上一个可依托之人的情况下，我们直接去了玛多县政府大院，先后去了宣传部、三江源办公室、农牧局，感觉这里的干部比较朴实，给我们提供了有关信息，并且协助我们开展田野工作。就这样，从三江源办公室及其他部门了解到玛多县生态移民基本情况的同时，我们先后在三江源办公室、玛查理镇政府、玛查理村村委几位干部的陪同下开始了对高原小镇"玛查理村"——三岔路口生态移民点的田野考察。

进入玛多县城——玛查理镇

初入玛查理镇的一幕　　　　　　　　县城街景

岭·格萨尔文化博览园入口——童年格萨尔觉如赛马铜像

博览园外的草山　　　　　　　　博览园外的绕园转经长廊

县内移民的玛查理村　25

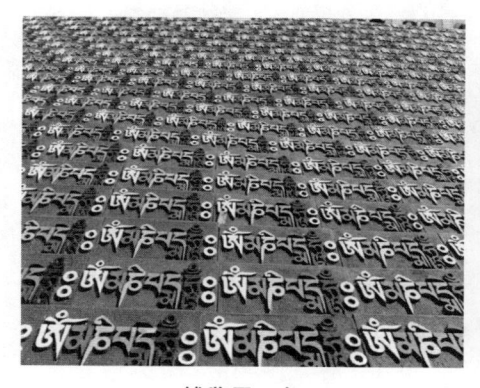

博览园一角

格萨尔王之妻"珠姆"铜像

8月博览园内外天气晴朗的时候——园内中心主雕格萨尔登基威慑三界宝座铜像

8月下旬博览园飘着雪花的时候

黄河源文化广场

玛多县牧民文化综合服务中心

和舞蹈演员交谈

2014年8月21日岭·格萨尔文化博览园开园仪式歌舞彩排

一 玛多生态移民概貌

（一）生态移民的背景

三江源地处青藏高原的青海省，因属长江、黄河、澜沧江（湄公河）三大水系发源地而得名。它既是长江、黄河、澜沧江三大河流的源头汇水区，同时也是世界上高海拔地区独一无二的大面积湿地生态系统。历史上的三江源区曾是水草丰美、湖泊星罗棋布、野生动物种群繁多的高原草原草甸地区，被称为"生态处女地"[1]。由于平均海拔在4000米以上，严酷的自然条件导致三江源区抗干扰和自我恢复能力低下。近些年来，随着全球气候变暖，冰川、雪山逐年萎缩，生态环境已十分脆弱。而且人口的迅

---

[1] 秦大河：《三江源区生态保护与可持续发展》，科学出版社，2014，第21页。

速增加，以及人类生产经营活动的无节制增加，又大大加快了三江源地区生态环境恶化的速度。目前，三江源区退化草场面积已占可利用草场面积的 26%～46%。加之近半个世纪以来人为的无序开发，致使保护区内生态与生存环境不断恶化，广大牧民生产生活受到了严重影响。更为严重的是，随着区内植被与湿地生态系统的破坏，水源涵养能力急剧减退，导致三江源中下游地区旱涝灾害频繁，工农业生产受到严重制约。[①] 三江源区面临的生态环境问题主要体现在：冰川退缩，湖泊、沼泽萎缩，地下水位下降；自然灾害逐年增多；草场过度放牧，导致草原退化、草场沙化；虫鼠害严重；水土流失日趋严重；生物多样性遭破坏；气候变暖和植被人为破坏严重；社会经济发展严重滞后，生态环境保护治理困难等。[②]

受气候、自然灾害及人为因素的影响，玛多县草场沙化、退化现象不断加剧，草原基础设施未能发挥应有的作用，草地生产能力不断下降，畜草矛盾日益突出，牲畜数量持续下降。这种现象导致了玛多县"生态难民"

图 2　玛多县位置示意图

---

① 韦仁忠：《"二元社区"到"敦睦他者"——三江源生态移民的社会融合解读》，《西藏大学学报》（社会科学版）2012 年第 4 期。
② 秦大河：《三江源区生态保护与可持续发展》，科学出版社，2014，第 21～28 页。

的出现。王小梅在《"三江源"生态难民问题研究》一文中这样描述三江源的"生态难民"。

  曾经富甲一方的"黄河第一县"玛多县,在20世纪80年代初是全国三年连冠的首富县,然而到90年代后期却变成了贫困县。全县4000多个湖泊大半萎缩干枯,严重退化的草地面积占70%。当年吐蕃王松赞干布亲率大军、施跪拜大礼迎亲时"草湿过马蹬"的扎陵湖畔,如今10万公顷的草场几乎寸草不生,鼠害面积达65%。在2004年7月的实地调查中,据当地政府主管部门反映,在玛多县1万多牧民中,70%的人无法在自己承包的草场上放牧牛羊,只好赶着牲畜远走他乡游动/乞牧。在黄河源区的达日县,已有六成以上的草地退化成"黑土滩",每年还以1.5万公顷的速度扩大。据达日县2003年民政、公安部门的一次暗访结果显示,在总人口不到5000人的吉迈镇,以替人放牧牛羊等方式维持生计的"生态难民"达到一半以上。同样,长江源头第一县曲麻莱县,因县域内90%以上的湿地萎缩,70%以上的河流完全干枯,出现了一个难以置信而尴尬的现实,即"守着源头缺水喝"。据统计,现曲麻莱县2000多户(约占总牧户的一半)1万多人,25余万头(只)牲畜严重缺水,牧户们不得不为缺水而转场"乞牧"[①]。

  究其原因,三江源生态难民的出现是当地生态环境恶化的结果,源区及整个青藏高原自然环境逆向演化,以及人类不合理的资源利用,使源区内人们赖以生存的草地生产能力下降,生态环境承载能力变弱,迫使当地牧民不得不离开故土重新选择生存地域。[②]

  从许多生活在玛多县的年长者的讲述中可以了解当地草场退化的情况,他们直观的描述充满了对生态恶化、草场退化等现象的惋惜。

  索宝是一位在黄河源头最大的湖泊——鄂陵湖湖边生活了50多年的老

[①] 王小梅:《"三江源"生态难民问题研究》,《青海民族学院学报》(社会科学版)2006年第1期。
[②] 王小梅:《"三江源"生态难民问题研究》,《青海民族学院学报》(社会科学版)2006年第1期。

人,索宝老人曾是寺院的活佛,他通晓医术、擅长绘画、汉语流利。特殊的身份、出色的才华,使他在黄河源区有很高的威望。在长达半个多世纪的守护中,这位藏族中的智者,亲眼见证了鄂陵湖的兴衰变化。

我叫索宝,10岁时随爷爷和父亲来到鄂陵湖边,已经在这里生活50多年了。我们家世代靠放牧为生,辽阔的草原和美丽的湖泊就是我们的生命之源。(20世纪)50年代我刚来这里的时候,湖边的草场非常好,很高也很密,可以割下来,冬天储存起来用来喂牛羊。而且原来草很密,只要抓住一把,就可以把周围的一片草都割下来。但现在,不仅不能收割用来冬季储存,而且草越来越矮,现在牛羊只能用舌头舔着吃草。从70年代开始,牛羊的个头就在逐渐变小,现在同样面积的草场也无法像70年代那样养活那么多牛羊了。草的种类也大不相同,80年代之后,牛羊不能吃的草越长越多,而那些牛羊爱吃的牧草却越长越少。

由于草场的退化,我家原来分到的草场所能喂养的牛羊,已经无法满足一家人生活的需要了,因此为了谋生,去年我的二儿子离开家,到山的另一边租借别人的草场去了,一个女儿也全家搬迁到很远的大武居住。过去11个人的快乐大家庭,现在已经很难聚在一起了。我爱鄂陵湖,我一辈子都住在这里,可是现在这里在慢慢地退化,我为我的后代担心。我希望有更多的人了解这里正在发生的变化,不能让我们的后代背井离乡,流离失所。[①]

包括玛多在内的三江源区生态环境的不断恶化,是自然因素和人为因素双重作用的结果。任何生态系统都有一定的承受能力和弹性恢复范围,如果人类的开发利用超过这个限度,破坏了相对平衡的生态系统就可能加速退化或崩溃。[②] 在人类社会系统和自然生态系统构成的大尺度空间内,人类占据着主导地位,人类开发利用自然生态系统资源的方式和行为将影响

[①] 索宝世界自然基金会气候变化见证人网站,http://www.wwf.com.cn/aboutwwf/miniwebsite/climatewitness/html/2008 - 06 - 30 - 131533 - 27.shtml。

[②] 秦大河:《三江源区生态保护与可持续发展》,科学出版社,2014,第29页。

该地区生态系统的变化。而这其中不当的利用行为势必会引起自然生态的进一步恶化，加速三江源区草地沙漠化的进程；相反，如果能够对自然环境加强保护和建设，在遵循生态规律、合理开发自然资源的前提下努力，应当可以缓解当前的生态恶化，恢复草原生态。玛多县的生态移民工程正是基于这样的认知。

可以说，玛多县的生态移民，政府在其中扮演了主导角色。从调查的情况来看，地方政府承担移民安置工作的责任，从移民项目的计划、组织到实施，从向牧民宣传三江源生态保护和生态移民的重要性到动员牧民进行搬迁，从宣传移民的优惠政策到落实各项工作，都由政府主导进行。同时，移民对政府有着较大的依赖性和较高的预期，其生产生活都不同程度地"仰仗"政府的安排。

（二）生态移民的规模

2003年，"青海省三江源自然保护区生态保护和建设"工程正式启动。三江源区生态移民共涉及牧户10140户、55773人。根据移民项目的计划，首先对扎陵湖乡实施整体搬迁，作为试点工程，计划整体搬迁388户1800人，同时将558万亩草场划为禁牧区，减少牲畜11万只羊单位。从2004年7月开始，首批位于具有"黄河源头第一乡"之称的青海玛多县扎陵湖乡的388户藏族移民跨县域迁入驻果洛州政府所在地大武镇，组建河源移民新村，自此三江源地区生态移民工程拉开浩大帷幕。[1]

就全县的基本情况而言，自2003年退牧还草和三江源生态移民工程实施以来，按照"政府引导、群众自愿"的原则，玛多县共实施生态移民搬迁585户2334人，占当地牧户总数的26%，牧业人口的22%。在移民之后，实施禁牧草场590.89万亩，限牧397.3万亩，减畜23.1万只羊单位。[2] 具体到玛多县的各个移民安置点，玛多县先后建成大武镇河源新村、同德果洛新村、玛多县城三岔路口、黑河乡野牛沟四个移民新村。其中，大武镇河源新村整体搬迁150户631人，同德县省牧草良种繁殖场果洛新

---

[1] 韦仁忠：《藏族生态移民的社会融合路径探究》，《中国藏学》2013年第1期。
[2] 玛多县人民政府：《玛多县三江源生态保护和建设一期规划项目实施工作总结》，内部资料，2013年。

村整体搬迁189户731人，玛查理村易地搬迁144户371人，野牛沟村易地搬迁68户289人，自主安置34户312人。①

为保护迁出地的生态环境，政府要求搬迁，此为搬迁原因之一。

> 年轻时喜欢在牧区待，现在老了，在这儿没啥不满意，体弱多病，还有国家的补助。牧区生病就医远，交通不方便。如果年轻，喜欢待在牧区，在那个年代，没有生态移民，习惯了牧区的生活，丧失了劳动能力，现在享受国家补贴，非常好，很多老人都搬到这儿。（李吉，女，73岁，玛查理村生态移民，从黄河乡迁出）

在移民安置点的选择上，四个移民新村均靠近城镇、公路，交通条件较搬迁前有了很大的改善。从基础设施来看，各移民新村的设施完备，生活所需的基本要求均能满足，相对而言，搬迁后牧民的生活环境更为优越。对于当地的小城镇建设来说，这也提供了很大的帮助。

（三）生态移民的安置

玛多县生态移民的安置主要包括以下两种方式。

1. 整体搬迁，县外安置

按照这种方式安置的生态移民，主要是位于果洛州政府所在地大武镇的河源新村（跨县搬迁）和位于同德县的巴滩果洛新村（跨州搬迁）的村民。在这种方式下，原来的牧民被从自身承包的草场上整体迁出，迁出之后不再返回原居住地从事畜牧业生产，同时将其原有的草场永久性禁牧，从而达到恢复草原生态环境的目的。

2. 零散搬迁，县内安置

这部分生态移民安置点包括玛多县玛查理镇玛查理村生态移民安置点和野牛沟生态移民安置点。在这种安置方式下，牧民从自身承包的草场迁出来，搬迁到自身期望的城镇定居、就业，政府提供安置补助，并且停止使用所承包的草地，期限10年，这10年内其原有草场实行禁牧。

无论是整体搬迁还是零散搬迁，对于搬迁的生态移民来说，政府都制

---

① 中共玛多县委、玛多县人民政府：《玛多县生态移民工程建设工作汇报》，内部资料，2014年。

定了相应的补偿措施。整体搬迁的移民可入住8万元标准的住房，同时每户有8000元的饲料变现补助；零散搬迁的这部分移民，每户住房标准4万元，饲料补助6000元，补助只有10年的期限，10年后移民可以选择继续留在移民点生活，或是回到牧区继续从事畜牧业。

（四）生态移民的后续发展

玛多县生态移民在搬迁之后，当地政府专门抽调人员组成移民新村管委会，负责管理移民新村的具体事务，同时，当地政府还配备了专门的医务人员、管理干部等，用以支持在当地开展的各项工作，同时能够协调、解决移民在具体生产生活过程中遇到的困难。在玛多县生态移民的后续发展中，政府也起着主导作用。

1. 政府采取的举措

一是培训劳动技能。为解决移民群众的生计问题，针对移民文化水平低、劳动技能单一、在新环境中缺乏有效的自主谋生能力、适应能力弱，以及迁入地就业环境差等现状，玛多县政府广泛开展各类培训工作，使移民掌握一些劳动技能和适应城镇生活的基本知识，为移民增加收入、提高生活水平创造了条件。

自2003年以来，当地根据不同移民安置点的特殊情况采取了不同的措施。先后举办牧民藏毯编织、藏服加工、舍饲养殖、庭院种植、摩托车修理、纺织、汽车驾驶和洗车等方面的劳动技能培训，共扶持科技示范户88户，培训实用技术1870人次。其中，驾驶员110人次，藏毯编织156人次，蜂窝煤加工50人次，养殖技术923人次，种植技术370人次，机械维修、电焊等261人次。先后投入1623.2万元无偿资金，建设生态产业发展示范基地、牲畜暖棚、蔬菜温棚，实施整村推进扶贫项目，购置了商铺房、生产母畜，以及藏毯编织、掐丝唐卡、印制经布、公路养护和建材加工等方面的基础设施和生产设备，进行专门培训后组织开展生产经营，取得了初步成效。[①]

[①] 玛多县人民政府：《玛多县三江源生态保护和建设一期规划项目实施工作总结》，内部资料，2013年。

搬迁后很多东西都要自己买，去外面打工挣钱这种事情，从来没接触过，劳动工具刚开始都不会拿，脑子里也没有外面出去干活的意识，过去一直是等、靠、要。三岔路口移民点50%~60%都是低保户，后来慢慢好起来了。……政府免费培训、免费发驾照。对高中、大学毕业的安置生，5年内先安置上班，先临时工作，5年后再参加公务员考试等。（CRZX，男，39岁，玛查理镇海纳商务宾馆老板）

针对四个移民新村不同的地理环境、气候条件、发展状况，当地政府因地制宜地选择培训内容，整合"三江源科技培训""阳光工程""雨露计划"等培训资金，开展培训工作。河源新村对原砖瓦场的库房进行维修改造后，购置纺织机、纺纱车，开展藏毯编织和纺纱培训，藏毯编织培训104人，纺纱170人。截至2010年年底，该厂共有工人36人，编织藏毯450平方英尺，人均月创收460元（含人均月培训补助300元）；购置设备、聘请人员，开展洗车培训，并开了三家洗车行，就业人员9名；开展民族舞蹈培训208人，石刻培训30人，焊接15人，唐卡44人，汽车40人，电工10人，裁缝44人，农机驾驶员63人。果洛新村充分利用同德巴滩海拔较低、气候较好、牧草丰富、户均1.3亩的庭院和100平方米的暖棚等优势，开展种植业培训、农机操作培训、养殖业培训，让移民群众由祖祖辈辈的畜牧业生产转为农业生产。并进一步拓展，组织群众开展石刻培训、民族歌舞培训、裁缝培训、烹饪培训、牛羊育肥培训等，以此增加收入，已完成170人的养殖业技术培训、119人的种植及农机操作培训、22人的汽车驾驶员培训、60人的民族歌舞培训、160人的石刻艺术培训、50人的烹饪培训、44人的裁缝培训、200人的动物养殖和农作物种植培训、60人的牛羊育肥培训、200人的肉牛、肉羊养殖和动物疫病防治技术培训。玛查理村、野牛沟村开展农机驾驶培训30人，修理培训30人，汽车培训32人，焊接培训15人。[1]

二是提供优惠政策。针对有一定经营能力和特长的移民，政府通过制定相关的优惠政策，鼓励他们参与交通运输、畜产品交易、自主经营小卖部、修车、补胎、洗车、五金焊接、餐饮服务等市场经营活动，促进自主

---

[1] 根据2014年7月下旬在玛多县三江源办公室等部门资料及访谈整理。

经营及移民就业增收，以帮助他们增加收入。

为配合退牧还草和生态移民，玛多县所做的工作当中有一项重要的是出台优惠政策，鼓励后续产业发展。生态移民进城从事个体工商业或创办私营企业免于工商注册、放宽经营范围，5年内免收工商行政管理行政性收费、减免税收等。对凡是在三江源区实施的基础设施建设项目，要求各建设单位在制订的工程施工投标文件中必须明确规定吸纳20%以上的生态移民作为普通工。

三是组织劳务输出。对能从事简单劳动的牧民，组织从事门卫、保安、城镇环卫等行业及灭鼠、种草、采挖虫草、帮工帮牧等劳务输出工作；在有条件的地区积极培育如藏毯编织、蔬菜种植、牛羊育肥等产业，拓宽移民就业渠道，增加收入。

2008年，玛查理镇玛查理村和野牛沟村移民安置点成立公路养护队，每年能够吸收移民点居民120余人，通过对周边公路的养护工作，每年人均获得1800元的收入。同时，当地还成立了建筑工程队，通过申请扶贫专项资金购置车辆等施工工具，参与青海省共和县至玉树州之间高速公路的修建工作，从而解决了这两个移民新村部分村民的就业和收入问题。此外，玛查理镇还通过确定专业项目合作户的方式，实施四个牧委会生态畜牧业，其中草场流转12户，奶源供应18户，酥油、曲拉小包装加工12户，藏羊繁育18户，建设养畜任务45户。

2014年8月19日，也就是我们来到玛多县的第二天，一大早我们有幸见到了玛多县三江源办公室副主任仁青多杰，在三江源办公室，瘦高精干而略显黝黑的仁青多杰友好风趣地给我们讲述了有关情况，他会汉语，交流起来轻松愉悦。

河源新村打工的地方多，当保安、给宾馆拖地、扫地、洗衣服等，距州政府所在地近，（州上）领导时不时去慰问，能及时了解情况。也组织他们挖虫草，在玛沁县就地销售，骑摩托车，交通方便，费用不高。（还组织一部分人）洗车、做唐卡、编织藏毯，统一销售，（我们先把）厂子联系上，技能培训上，一般选那些年轻的、手巧的，（做出来以后）一般销往西宁，门路广。果洛州六个县，玛多是唯一没有虫草的县，天气不成，虫草长不出来，在玛查理、野牛沟的移民就没有虫草可挖，不过也有去外面挖的，人很少。（玛多）短短四个月，也就六、七、八、九月份天气最好，只有冬春、夏秋"冷暖"两个季节。所以像这些地方（玛查理、野牛沟），收入就不如河源新村。

通过政府的组织引导和移民群众的自主就业，玛多县生态移民的后续产业得到了一定的发展，移民的收入也有了不同程度的增加。

四是实施增收项目。为使生态移民新村经济有稳定的产业支撑，政府将扶贫"整村推进"项目及其他项目向新村倾斜，从2008年起相继实施了河源新村、果洛新村、玛查理村整村推进项目及其他项目。河源新村2008年实施"整村推进"项目，当年投资185万元，其中项目资金110万元，政府筹款75万元。所实施项目整体购买大武镇农贸市场商铺12套，实行租赁经营。当年收取租金10.33万元，贫困牧民分红后，户均增收689元。2009年，县政府又筹款88.6万元，购买了大武镇农贸市场剩余的6套商铺，当年收益17.38万元。玛多县对这些租金按资金组成比例进行了分配：其中国家扶贫资金110万元，作为牧民入股资金，共得租金69850元，归贫困牧民分红，户均增收641元；政府自筹资金163.6万元，所得租金10.4万元，作为河源新村后续发展资金，用于产业发展。果洛新村2007年利用中科院西北高原生物研究所的20万元资金，购买绵羊800只，分配给16户进行绵羊育肥试点，每只羊每年净收入50元左右。2009年扶贫开发整村推进项目总投资123万元（户均6500元），建设内容有：购买绵羊400只，仔猪100头，西门塔尔奶牛50头，进行育肥和养殖，购买农用运输车1辆，粉碎机1台，开办百货批发零售部1处；实施了投资20余万元的青海省生态畜牧业技术集成与示范项目，在饲草料加工、供应等方面给予了技术、资金支持。玛查理村、野牛沟村2009年5月成立了公路养护队，购置了一些机械、设备，开展乡村公路维护工作。为解决两个村的移民就业难问题，县委、县政府将省上2009年下达的投资80万元的乡村公路维护任务交给移民，实现就业152人，人均增收5000余元；2010年的道路维护资金为123.3万元，实现就业167人，人均增收3500元。玛查理村及玛拉驿村2010年实施连片开发生态养殖业整村推进项目，项目总投资155.48

万元（玛查理村80万元），购置3岁母羊2650只，购置种公羊140只，购买冬季补饲饲草50吨，建设双列式砖混结构的牲畜暖棚4座，每座500平方米，羊圈4座，每座1000平方米；成立了村民专业合作社，下设4个放牧小队，对从事生态畜牧养殖业的牧民进行了实用技术培训，共培训30人。此项目可惠及两村200户，561人。

2007年8月迁入这里（玛查理村），搬到这里是因为有政府的补贴，听说计划给10年，给了5年再没给。定居点的条件各方面都比较好，岁数大了不放牛羊，太老了没办法。以前放牧，有牛140头、羊900多只，为保护生态环境，搬迁时一部分牛羊给了条件差的亲戚，大部分卖掉了，儿子在同德县果洛新村。现在的收入主要靠草场补助，1人1年7000多元，已给了3年，还有2年。除此之外，根据国家政策，50岁以上的老人还有生活困难补助，已给3年，第一年给了1600元，第二年2000多元，第三年3900多元，2014年还没给。（BD老人，男，71岁，玛查理村，从黄河乡迁来）

截至2013年，四个移民新村共有870户2396人，纳入城乡低保的1565人，占生态移民总人数的65.3%。其中城镇低保569人，农村低保996人，五保户30人，在校学生453人。四个移民新村总收入3247.17万元，其中经营性收入129.2万元，占3.98%；工资性收入291万元，占8.96%；财产性收入33.9万元，占1.04%；转移性收入2793.07万元，占86.02%。2013年生态移民人均纯收入3515.75元，其中政策性收入3016.71元，占85.8%；其他收入499.54元，占14.2%。

河源新村人均纯收入4310元，其中政策性收入3749.7元，其他收入560.3元；果洛新村人均纯收入3047元，其中政策性收入2711.83元，其他收入335.17元；玛查理村人均纯收入3480元，其中政策性收入2958元，其他收入522元；野牛沟村人均纯收入3226元，其中政策性收入2645.32元，其他收入580.68元。[①]

同时，2011年玛多县政府为551户移民减免了50%的饲料粮补助借款

---

① 中共玛多县委、玛多县人民政府：《玛多县生态移民工程建设工作汇报》，内部资料，2014年。

199.2万元，这在无形中也增加了移民们的收入。此外，当地政府还为果洛新村64名村民、河源新村135名村民发放采挖虫草鼓励补贴33.4万元；投入资金75万元，修建果洛新村民族服装加工厂房，扩大了服装加工生产规模，将加工厂25名员工月600元的基础工资纳入财政预算；将果洛新村与河源新村39名村民吸收为财政供养人员，其中新村环卫队安置20人，警务室安置7人，接待中心安置12人，由县财政支付每人每月1000元工资；有效缓解了他们的生活困难和就业问题。

2. 移民发展的困境

调查发现，玛多县生态移民建设及其后续产业发展在取得一些成绩的同时，仍存在诸多尚未解决的问题，后续产业的发展受到许多主客观因素的影响。

其一，生态移民本身的传统观念和生活习惯较难转变。玛多县生态移民在迁移之前，均以畜牧业为主要的生计方式和生活来源，长期以来，他们以游牧的生产方式从事传统畜牧业生产，其生产经营活动也都是以此为基础进行的。这种传统的生计方式不仅限制了移民获取其他劳动技能，也使得他们在观念上受到限制，不利于他们从事其他产业。

从三江源办公室副主任仁青多杰形象且具体的叙说中，我们深有感触。

（玛多县）计划扎陵湖乡388户全部要搬，迁移户草场禁牧，牲畜全部卖掉。纯牧区（牧民）从小到大游牧，老一辈就是牧民，搬到城里啥都干不了。习惯了住地铺，在新的房屋（迁入地住房）水泥地上也要打地铺。没有床，把毡子铺到水泥地上，你说那多凉，草场上的地不凉，他们在草场就是睡在地上，习惯了，搬到县城的人过年都去海南州的草场，住着舒服。

搬到（玛多县）县城里的人马桶不会用，总是堵。什么都往里扔，我们还要经常去家里告诉他们马桶怎么用（无奈苦笑），让他们看见管道，知道管道怎么走的，（移民）才知道，哦，这么回事！

现在起码知道怎么炒菜了，以前湖水盐分大，做饭不放盐，现在好多在这儿的牧民做饭都不会放盐。买菜都不会讨价还价，种菜都分不清杂草和蔬菜，这也没有什么，真的让城里人去草场，是不是你也分不清哪个是牛的脚印,哪个是狼的脚印,看见狼的脚印,你是不是还以为牛跑了,去追(狼)呢。

玛多的生态移民,一是跨州搬迁,从玛多县迁到同德县189户731人;二是同州跨县搬迁,从玛多县迁到玛沁县的河源移民新村150户;三是本县搬迁,三岔路口,搬迁144户550多人,距县城3公里,2007年迁到这里;四是野牛沟搬迁68户,280多人,距县城40多公里,(在)牧区坐车(北京吉普)跑1天能见1户人家。①

下面是我们落脚的宾馆老板CRZX同情而又充满疑惑的洞见。

我就看着移民点的人把车一天往外开着,也不知道他们哪来的钱,居安思危的意识没有。谁都不愿意干活(从事放牧以外的职业,如打工、经商等),一是没干过,再是没心干,都是一代一代传下来的放牧的人,让他干别的,他也不会。

从生态移民自身的素质来看,长期以来的游牧生活使他们所掌握的劳动技能往往以放牧为主,牧区生态环境恶化和社会经济发展滞后的特点又使他们所掌握的科学文化知识有限,除了放牧,其他劳动技能非常缺失,这造成牧民在搬迁之后相当长的一段时期内无法迅速适应迁移后的生产生活,处于"失业"的状态。搬迁后,既失去了牧区原有的草场和牛羊,又无法在新环境中获得一份工作。可以说,移民本身的传统观念和生活习惯制约了后续产业的发展。

其二,生态移民安置点本身较低的社会发育程度制约了发展。相对恶劣的自然条件决定了依靠草地从事畜牧业是玛多县乃至整个三江源自然保护区的主导产业,是当地藏族群众赖以生存的基础。一方面,在搬迁之后,原有畜牧业发展的载体成为禁牧、减畜、恢复生态的载体,生态建设取代畜牧业生产,第一产业无从发展。另一方面,第二产业因为当地牧民自身的素质、恶劣的自然地理条件、经济基础薄弱等原因,自身的发展空间相对狭小,发展前景有限。第三产业则基本处于起步阶段,所占比重很小。

---

① 2014年8月19日早晨于玛多县三江源办公室访谈整理资料。

这些原因不仅导致了玛多县生态移民安置点本身的社会发育程度低下，生态移民后续产业的发展空间受到限制，而且，这也影响着生态移民自身素质和劳动技能的提高，使他们在进入移民社会之后，在一个不同以往的新环境中，面对新的就业领域时技能欠缺，进入新的就业领域的机会有限，在更深的层次上影响着当地移民后续产业的发展。

其三，生态移民社区所处大环境较低的经济发展水平和产业化水平互相影响。由于地处高寒，自然灾害频繁，三江源区畜牧业依然为天然的放牧方式，发展水平较低。同时，畜牧业产业化经营水平低下：一是龙头企业数量少、规模小、实力弱，缺乏对牧民群众的辐射带动能力和资源的有效配置；二是产业化基地建设滞后，没有规模化，与三江源资源特点相适应的优势产业格局尚未形成；三是产前、产中、产后①的社会化服务体系不完善，服务内容单一，覆盖面小，牧民群众参与程度低。

二 玛查理村概况

玛查理村是三江源区玛多县玛查理镇的一个生态移民新村，官方也叫"三岔路口生态移民社区"，当地习惯于说"三岔路口生态移民点"。

玛多县位于三江源国家级自然保护区核心腹地，其生态地位十分重要，不仅是青藏高原重要的生态屏障，同时也是黄河中下游地区经济社会发展的重要生态功能平衡区。玛多县，藏语意为"黄河源头"，于1957年12月建政。玛多是黄河流经的第一县，地处青海省南部、果洛州西北部，隶属果洛藏族自治州，属高平原地区（指海拔较高、地势较平坦的高原地区）。其地理坐标为东经96°55′~99°20′，北纬33°50′~35°40′，县境北依积石山脉布青山与海西蒙古族藏族自治州都兰县接壤，东与海南州兴海县和果洛州玛沁县毗邻，南与果洛州达日县和青海省石渠县接壤，西靠玉树州曲麻莱县，西南以巴颜喀拉山为界，与玉树州相连，南北宽207公里，东西长约228公里，四周高山环绕，中部地形开阔、平缓，山体浑圆，滩、丘相间，无明显分界，相对高差小，呈高原地貌，整个地形由西北向东南倾斜。玛多县是青海省海拔最高的县，全县平均海拔4500米以上，自然条件十分

---

① 在这里是指后续产业在实施之前的准备、实施过程当中、后续产品处理的三个过程。

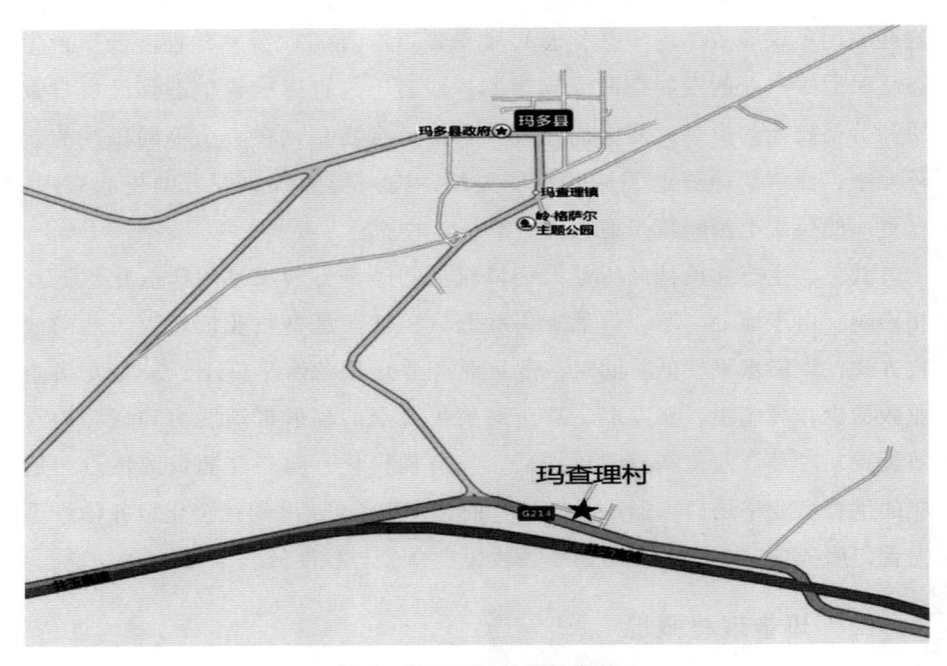

图3 玛查理村位置示意图

恶劣，高寒缺氧，环境严酷，年均气温-4℃，全年无四季之分，只有冷暖两季之别，是国内人类生存环境最恶劣的地区之一。

玛多县总面积25253平方公里，占果洛州总面积的1/3，占青海省总面积的3.5%，是青海省人口最少的县。全县下辖2乡2镇，30个行政村和2个社区居民委员会。县域人口稀少，截至2013年年底，全县人口5615户14570人，其中城镇人口1777户3215人，牧业人口3838户11355人（18岁以下4877人、18~35岁4703人、35~60岁3930人、60岁以上1060人）。从事畜牧业劳动力人口6184人，从事二、三产业人数1229人。全县人口密度为每2平方公里1人，呈现出典型的地广人稀的特征。民族单一，全县共有藏、汉、蒙古、回、撒拉、满、土、瑶、苗等9个民族，藏族占总人口的90%以上。[1]

玛多县的土壤类型以高山草甸草原土、碳酸盐高山草甸土和高山草甸土为主，植被主要以草地为主，其次是灌木林。草地类型以高原草甸为主，

---

[1] 数据来源：玛多县三江源办公室内部资料，2014年8月收集整理。

占可利用草地面积的71.05%，以小蒿草、藏蒿草和矮蒿草、异叶针茅等种群为优势，其余为高原干草原和平原草甸类，以青藏苔草和紫花针茅等为主。特殊的地理环境及社会历史条件，使得玛多县以畜牧业为主要产业。全县草场面积为3448.63万亩，占全县总面积的87.5%，其中可利用草场面积2707.95万亩。2010年，玛多县共实现牧业总产值4622万元，牧民人均收入2530.74元；年末全县存栏各类牲畜139807头/只/匹，适龄母畜74064头/只/匹，约占全部存栏牲畜的52.98%。

玛查理镇地处玛多县西南部，东与黄河乡隔热曲河相望，西与扎陵湖乡、玉树州称多县清水河镇毗邻，南以隔擦曲河为界与四川省石渠县冲撒乡相邻，北与花石峡镇日谢、加果两牧委会接壤。距州政府大武镇284公里，距西宁497公里。玛查理镇被人们称为"万里黄河第一镇"。"玛查理"藏语意为"黄河沿"。唐代以来，玛查理是内地通往西藏的重要驿站和古老渡口。当年，文成公主入藏由此经过，留下了许多美丽的传说，在当地群众中流传至今。玛查理镇位于玛多县县政府驻地，同时也是玛多县政治、经济、文化、科技、交通中心，平均海拔4270米，年均气温为 -6℃，自然条件相对较好。

玛查理村位于县城东南3公里处，距省会西宁494公里，214国道从此经过。[①] 玛查理移民新村的基础设施建设比较滞后。214国道的全线贯通，为当地发展多种产业提供了交通保障。水、电、通信及文教卫生等基础设施具备一定的规模，其配套设施建设投资相对较小，信息相对较灵，有利于带动牧民群众的观念更新。由于靠近县城，搬迁牧民的个人发展相对便利，便于牧民的重新就业和牧民子女的重新就学，有利于牧民群众的安居乐业，其窗口效应也十分明显。[②]

2007年8月建成玛查理村生态移民住房共144户，户均面积60平方米，房屋为空心砖结构。新村占地面积275亩，2013年又投资730万元对移民住房、院墙、大门、煤房等进行了维修和风貌改造。玛查理村配套设

---

① 214国道（或"国道214线""G214线"）是中国的一条国道，起点为青海西宁，终点为云南景洪，全程3256公里。214国道的优势在于整个道路呈现出不可多得的生物多样性、地质多样性、景观多样性，丰富的自然与历史文化，独特的宗教和少数民族风情。

② 根据《玛多县志》及田野调查材料整理。

施包括：砼路面964米，防洪渠和排水渠4429米，井房3座，10立方米蓄水池1座，水井3眼，低压线路2817米，变台2座，管理用房160平方米，卫生室60平方米，公厕2座60平方米，垃圾收集点3处。现在的玛查理新村村容整洁，建筑整齐划一，房屋装修具有明显的藏族风情。

玛查理村的生态移民主要是2007年从平均海拔4300米以上的果洛州玛多县黄河乡、黑河乡、扎陵湖乡迁出，2004年生态移民搬迁之初，当地共迁入26户85人，随着零散迁入的移民逐渐增多，以及人口自然增殖，当地现有人口58户，162人。迁出地均为纯牧业区，迁入地平均海拔4270米。其境内扎陵湖与相邻的鄂陵湖是黄河源头最大的"姊妹湖"，生态位置十分重要。

玛查理村人均年收入3480元，其中政策性收入2958元，其他收入522元。同时，针对生态移民新村部分村民不能外出务工的实际情况，玛多县设立保安、环卫工等公益性岗位，人均月收入1600~2300元。全村配有村党支部、村民委员会、团支部、妇联、调解、民兵、综治、治保等八大组织，设立警务室，并配备管理干部、医务人员。该村制定了《村党支部岗位责任制度》《村委会工作制度》《妇代会岗位责任制度》《团支部工作制度》《教育委员会工作制度》《调解组织工作制度》《治保小组工作制度》《民兵组织工作制度》等工作制度和村规民约。

从调查情况来看，玛查理村生态移民的构成大致可分为三种类型。

第一类是较为贫困的牧户。玛多县搬迁的藏族生态移民中，有很大一部分移民在迁移之前自身拥有的牲畜规模较小，其中一部分牧民本身就没有牲畜，属于在牧区生活条件较差的牧户。这部分牧民迁移的意愿最为强烈，他们希望通过搬迁至移民新村，从事新的职业，获取更高的收入，改善自身的生活条件。据我们了解的情况，这部分牧户约占全部生态移民户的70%。

第二类是因子女上学需要搬迁的牧户。这部分牧户约占全部移民的20%。他们因为子女求学的需要，变卖在牧区的全部财产，举家迁移至城镇或靠近城镇的生态移民村。

第三类是具有一定积蓄的牧户或者说富裕牧户。在生态移民当中，只有较少一部分是原来在牧区就已经积累了较多财富的牧户。这部分牧户本身或拥有较大面积的草场，家庭人口较多，因而劳动力资源丰富，放养较多数量的牲畜；或从事一定的商品零售工作；或在牧区担任某一干部职务，积累较多的资产，收入在当地处于上等水平。这一部分人希望借助移民搬迁的契机，结束游牧生活，成为城镇居民，进一步提高自身的生活水平。

上述三类生态移民当中，贫困牧户的搬迁意愿最为强烈，富裕牧户的搬迁意愿最为普通，在一定意义上，这可以解释为什么在生态移民构成中富裕牧户所占比例最低的现象。

值得一提的是，调查期间，有一天晚餐后，在海纳商务宾馆门房，宾馆老板CRZX兴致勃勃地给我们讲了三个关于"狼与羊的故事"，是他亲身经历的，从中我们可以了解玛查理村周边的生物链及其所处地理环境。

故事1：2013年夏天六七月下午五六点，自己（CRZX）开车，从县城往扎陵湖走的路上，距县城20公里的地方，看见一只黄羊，五只狼追着，我们看见五只狼追一只黄羊，我们赶紧把车停下，我用石头打狼，想要救羊，狼没管，追上黄羊上山了，肯定追上了。现在社会是人吃狼的社会，狼怕人。晚上单独一个人碰上一群狼，狼肯定吃掉人。一个人碰上一只狼，狼不吃人。

故事2：2012年夏天七八月下午五六点，同一个地方，同一个方向，往扎陵湖走的路上，那就是狼的一个领地。这儿山不太高，一个人开着车，一只狼在追一只羊，公路边，距我的车50米处，狼把羊抓住了，从脖子上咬死了，我过去打了一石头，狼就跑了，狼跑开50米又蹲下，狼看着我，我看着狼，（后来）狼看见人（我），跑掉了，我把黄羊放车上带回来了，给我们单位的一个汉族同事（吃了）。

故事3：2014年5月，在花石峡镇东格措那湖湖边上午10:00左右，看见湖边冰上有五个黄羊，狼把肉全吃了，冰上哪这么多尸体！当地人说："狼跟其他动物不一样，脑子好，晚上把羊赶到冰上，狼耐力好、脑子好，把羊都赶到冰上，黄羊滑得跑不了，就被狼吃掉了。"

玛查理村入口

玛查理村的房子

8月下旬村里的蔬菜大棚

在村民家中访谈

手摇转经筒的老人

第二章　移民的生计变迁

生态移民工程催生了大量牧民的搬迁，从游牧到非牧，他们脱离了原有的草原游牧的生计方式及相应的生活方式，在各个移民新村定居。在很大程度上，他们现有的生计、生活方式与过去表现出极大的差异，可以说发生了翻天覆地的变化。玛多县藏族生态移民生计方式的变迁，与生活环境的变化及当地生态移民后续产业的发展密切相关，相关产业为他们提供了新的主要的生计来源，原有的游牧生产方式转变为城镇定居背景下的生产模式，不同的移民选择不同的生计来源和生活方式。

简单而言，三江源生态移民工程以禁牧畜草为前提，迁出地的草场被列为永久禁牧或阶段禁牧，牧民则变卖自己的牲畜，离开世代赖以生存的草场，进入全新的定居点，"放下羊鞭进城生活"。在此前提下，生态移民彻底脱离了原有的游牧生产方式，面对一个全新的生产场景。

我做生意，但是没有合适的房子，现在住的房子也不接近城市中心，（玛查理）村不靠城市中心，去打工的话身体又吃不消，还不如到牧区放牧，如果搞牧业就不会饿死，祖祖辈辈放牧过来的，只要你能吃苦，放牧也不是一件不好的事，能够吃到肉，喝到奶。我现在一直觉得自己还是个牧民，这些都是改不了的，也不想改。我经常对还在牧区的人说："你们没有搬到这里非常好，你们要继续留在牧区，来这里没牛羊，除了拿铁锨，再什么都干不了。"藏族也不会挖土打墙的技术，很容易被（工程队的）老板看不起。(RZGB，男，44岁，玛查理村生态移民，从扎陵湖乡迁来)

果洛新村属于整体搬迁，从扎陵湖乡、黑河乡、黄河乡迁出。果洛新村养殖场、唐卡制作，后续产业也支撑不起来，果洛新村做得比较大，比较大的有生态园、唐卡、服装等。由于交通异地（和玛多离得比较远），有些情况不太好，有些产品销路不太好。河源新村大的产业没有，移民就业率可以，在州政府大武镇协调比较好，服务员、出租司机、洗车工，能解决一部分劳力就业问题，就近采挖虫草。三岔路口移民点，零散搬迁为主，补助较少，就在县上，有的一家分成两三户，1户不到3个人，每户老人孩子都下来了，到县上上学、就医生活方便，青壮年在草场上，冷暖季，按分工，有的下来照顾孩子。(MG，男，玛多县农牧局副局长)

从实地调查看，牧民搬迁到生态移民安置点之后，基本上实现了生态移民项目预期中从游牧到定居的转变，但移民所从事的生产活动却呈现出与以往不同的景象。

一 从"游牧"到"定居"：传统生计的延续

从游牧到定居，虽然生态移民定居点没有大规模的草场，不可能支持移民继续从事畜牧业生产，同时，这里也没有足够的耕地供他们从事种植业生产，但是目前在玛多县生态移民所从事的职业当中，有相当一部分人仍从事着与草原牧区有关的生产活动。例如挖虫草、畜牧产品的销售、为仍在牧区的其他藏族牧民照看牲畜等。

挖虫草是在当地政府组织下劳动就业的重要形式之一，近年来虫草价格居高不下的现实也促使更多的人参与到虫草的采挖当中，越来越多的移民愿意通过挖掘虫草增加收入。玛多县移民采挖虫草主要集中在周边地县，因为玛多县自身的虫草非常有限，部分牧民认为当地不产虫草。各个移民点每年都会组织部分移民到周边地区挖虫草。

每年5月到6月20日左右挖虫草。每次二三十人，男女都有。16

岁以上，只要眼睛好都能挖。1 斤虫草五六万元，去年（2013 年）虫草价最好，今年挖虫草的很多贴了（亏本）。挖虫草有两种方式：一种是老板承包，给牧主 30 万元，老板雇人挖虫草，每人每月发 4000 元左右的工资，交 1 根虫草，老板再发 2 元的提成。实际上 1 根虫草能卖三四十元；另一种是政府组织二三十人，通过和当地政府及牧主协商，每人直接给牧主交 1 万或 2 万元，但所挖虫草都属于自己。（CRZX，男，玛多县玛查理镇海纳商务宾馆老板）

每年五六月份是当地虫草采挖的黄金时段，从果洛州到玛多县及其下辖各乡的各级政府，都非常重视移民采挖虫草工作，政府通过筹划、协调、组织，确保采挖虫草的移民都能减免资源费和按期进入采挖区域，实现增收。据了解，2010 年玛多县各移民社区组织移民参与虫草采挖的基本情况如下：河源新村组织移民 425 人，人均创收约 795 元；果洛新村组织移民 500 余人，人均约 1100 元；玛查理村组织移民 220 人，人均约 1200 元；野牛沟村组织移民 120 人，人均约 1200 元。

生态移民在搬迁之前基本上从事畜牧业生产，虽然在搬迁之后他们不再直接从事畜牧业生产，但是他们与仍然留在草原上未搬迁的牧民保持着密切的联系，这使得他们能够获得一定的畜牧业产品。同时，这也为他们从事相关产品的销售创造了条件。不过这部分移民所占比例极其有限，在移民初期有部分移民从事这样的销售工作，将畜牧产品销售给移民，但后期随着外来人口的增加，如河南人经营的肉、菜铺的兴起，藏族人的经营逐渐淡出市场。

同时，移民和迁出地牧民的密切联系，也使得他们有机会在牧区通过帮工的形式获取一定的经济和实物收入。一些移民在迁入移民点之后，由于不适应移民点的生活，找不到合适的工作，仍向往牧区的生活等原因，还希望从事畜牧业生产。而牧区的部分牧民家中，由于牲畜较多、劳动力短缺或希望到城镇生活等，对劳动力有较高的需求。这种现实使得双方产生了能够合作的机会，部分牧民逐渐在牧区找到了工作，而且移民对如何放牧非常熟悉，这也延续了他们的畜牧业生产方式。不过，这种类型的就业方式同样相对较少，我们在玛多三岔路口移民点了解到的仅 2 户。

显然，藏族游牧民搬迁后，受惯习的影响，尽管已经在迁入地开始了新的生活，但短期内，一部分移民群众仍然保持着与草原牧区有一定关联的生产活动，因此，他们的生计方式相对单一。

二 从"不会"到"会"：新兴生计的诞生

离开了牧区，在距离县城不远的新的生活环境中，部分移民通过打工、经营小卖部和从事运输业获得一定的经济收入，从"不会"到"会"，他们的生计方式逐渐出现不同以往的多元化趋向。

在玛多县生态移民当中，打工分为两种情况：一是在政府主办的企业长期打工；二是在建筑工地等地方打短工。其中前者包括在政府创办的服装加工厂、掐丝唐卡工厂，以及环卫队、修路队、保安队等企业或部门工作，这些单位的工资由政府财政支出。随着近年来基础设施建设的力度不断加大，越来越多的工程项目上马，产生了许多就业岗位，越来越多的移民群众通过在建筑工地打工的形式获取一定的收入。

> 刚迁过来的时候，移民连活都不会干（放牧以外的活），吃不了苦。放牧，他们觉着不苦，干活（打工）苦，这两年好多了。每年政府组织参加村公路修路、灭鼠，夏天去（果洛州）玛沁县、甘德县、达日县挖虫草。（CRZX，男，玛查理镇海纳商务宾馆老板）

> 三岔路口移民点一共搬迁了144户，550多人，（属于）本县搬迁，（定居点）距县城3公里，2007年迁到这里，移民学习种植蔬菜、（参加）公路养护队、（一些人）县城环卫抽上（打扫街道）、做生意、打零工、卸车，做小买卖之类的，通过其他渠道盖商铺。（仁青多杰，男，三江源办公室副主任）

> 有些藏族去打工的时候，干几天就不干了，一天100~150块钱，干几天，他觉得差不多了，就要跟工地老板结账，结了以后就拿着钱去花，也不想着攒钱，钱花完了，又来工地，要来打工，你不要，他还不行。这样反反复复几次，人家老板也不乐意了，工程没法完成了。所以现在的建筑工地上好多都是外地人——汉族。藏族不好好干活，耽误事，这也不能怪这些老板，他们也是要赚钱的，也要给人交差。

像这家人还好，他有两个孩子，要攒钱给他们念书，现在已经连续干了一个多月了。也有经常在工地干的，相对来说少一点。（GZ，男，45 岁，玛查理村生态移民，从黑河乡迁来）

三江源生态移民后续产业发展中有一项重要内容就是为牧民提供劳动技能培训，驾驶技能培训也是其中的一项，很多牧民都愿意参加类似的培训，尤其是对年轻一些的牧民来说，更是如此。因此，现在生态移民中有相当一部分人通过购买客、货运车辆，从事客运或货运行业，以此获得收入，这当中又以客运服务居多。在玛多县及邻近的称多县县城出租车当中，有很多都是移民在经营，尤其是在玛多县县城，生态移民几乎占据了整个出租车运营市场。生态移民在从事运输行业尤其是客运行业的时候，其随意性也比较强。一些客运司机会开着自己的车，"自己出去玩，不着急赚钱"。从现实的角度来说，当地人口数量有限，整个玛多县仅 1.44 万人，每平方公里仅 0.5 人，在整个青海省是人口最少的县。玛多县政府所在的玛查理镇作为全县人口最为集中的地方，2010 年年底仅 794 户，2233 人。稀少的人口使当地客运市场的市场容量较小，同时，当地藏族普遍拥有交通工具，依靠摩托车、小轿车出行是他们最常采用的方式，这进一步减少了市场的需求。对玛多县来说，每年七八月间的旅游业是当地经济收入的重要来源之一。因为海拔高、气候寒冷，每年游客较多的时候仅在七八月间气温最高的 40 多天时间里，除了这段时间，就很少有游客前往玛多的牛头碑、扎陵湖、鄂陵湖等地旅游。市场小的现实情况，使得部分藏族将本应属于生产工具的出租车，在很大程度上成为其日常生活中的交通工具。

根据玛多县政府部门的统计，截至 2010 年年底，河源新村有 38 人从事货运、经商等行业；有 112 名村民在大武镇周边从事保安、清洁工、帮工帮牧等务工活动，其中保安 8 人，清洁工 5 人，从事服务业的 15 人，帮工帮牧 84 人。果洛新村 9 户有商铺楼的移民，根据自身条件从事批发门市部、修车、补胎、洗车、五金焊接、餐饮服务等工作，自己经营，月平均收入 600 多元。其他劳务输出约 500 多人，月平均收入 1100 多元。玛查理村、野牛沟村从事货物运输的有 2 户，月收入 2500 元左右；开出租车的 2 户，月收入 1000 元左右；开小卖部的 2 户，月收入 1000 元左右。劳务输出200多人，月平均收入1100多元。积极申报、争取生态移民创业扶持资金，全县共有700多移民申请了生态移民创业扶持资金，待批准后自主创业。[①]

2009年，由县三江源办公室投资近5万元筹建的三家洗车行正式运营，并开设了一家小型蜂窝煤厂，这些小型集体产业的开发，使河源新村部分劳动力（约16人）实现了稳妥就业。果洛新村通过开展民族歌舞表演和民族服饰加工等，已初见成效，约46人实现就业。集餐饮、娱乐为一体的"牧家乐"目前正在实施，将解决10余人的就业问题。

总体而言，玛多县生态移民中的青壮年劳动力通过各种途径寻求就业机会，老年人则受身体条件的限制，很少再从事某一特定的行业。不过现实情况则是当地藏族移民的就业形势并不乐观，就业人口规模有限，从事的行业单一，且多为劳动密集型行业。一方面，这和牧民本身的素质不高，如汉语水平不高、劳动技能差等主观因素有密切的关系，大多数生态移民除了放牧，并没有什么特殊的技能，导致他们无法从事专业性较强的工作；同时，也和当地社会经济发展水平有限有关，导致牧民无法接受更为系统、科学的就业技能培训，没有更具有技术含量、收入更高的劳动岗位供他们选择。另一方面，在一些专业性要求不太强的领域，当地的企业和公司往往更倾向于招聘会汉语、更"任劳任怨"的汉族或其他民族人员，而许多藏族不会汉语，其性格中的随意性也导致了这些人在一定程度上不按规定时间上班或不服从管理，所以失去了很多工作机会。

[①] 根据2014年8月19日玛多县田野调查资料整理，数据来源于玛多县三江源办公室副主任仁青多杰。

第三章　移民生活方式的适应

　　生活方式有广义和狭义之分。广义的生活方式是指在一定的生产方式或全部客观条件的制约下，人们生活活动的典型和总体特征。生活方式不限于日常消费活动，还包括人们所参加的社会活动各个领域的全部生活活动，如劳动、物质消费、政治、思想、文化、家庭等领域所形成的生活活动的形式和特征。生活方式也不是单指个人的生活方式，而是包括社会、国家、阶级、阶层、民族、群体、家庭等主体层次的生活活动的形式。[①] 狭义的生活方式理论在20世纪60年代开始出现。其中有两种看法：一种看法认为，狭义的生活方式指除了生产以外的人们的生活活动形式的总和；另一种看法认为，狭义生活方式的范围应更窄一些，它仅仅包括人们的物质消费活动和由他人支配的闲暇时间活动的方式。根据前一种观点，不包括生产方式的生活方式可以这样定义：生活方式是在一定的社会历史条件下，历史地形成的人类生活活动形式的总和，它说明人们在何种条件下，结成何种关系，以何种形式来利用生活资料，它反映了人们社会生活活动的内容、特征和形式。简单地说，生活方式其实是人类面对外在于自身的客观世界时所思考的人与物的关系的总和。具体而言，生活方式指不同层次主体（社会、群体、个人）在全部客观条件的制约下，由某种价值观念

---

① 郑杭生：《民族社会学概论》，中国人民大学出版社，2011，第132~133页。

指导来生活,涉及物质生活、精神生活、社会生活、政治生活等领域。①

鉴于生态移民搬迁后面临的实际问题,在此,主要以狭义的"生活方式"概念为参照来考察生态移民生活方式的变迁及其适应,也即指他们生产活动以外的生活活动。

一 居住:从"帐房"到"平房"

搬迁之前的玛多县藏族,过着游牧生活,与之相对应的,其住所有两个,即"夏窝子"和"冬窝子"。每年夏季,牧民逐水草而居,他们居住在由牦牛毛制成的牛毛帐篷中。这种帐篷最大的特点是易于搭建和拆卸,需要转场的时候很容易搬运。一般来说,在搭建帐篷的时候,首先用八条长绳把四周绷紧,再用"嘎拉"(藏语音译,汉语意为"帐房杆")支撑起来,在撑帐的绳子上要挂上经幡,帐房后立起高高的经幡,帐房前垒起煨桑台。当地藏族将帐篷内正对门的一方称为"上方",通常用来堆放装有青稞、曲拉、蕨麻的蛇皮袋或牛毛袋,以及酥油、茶叶等物。

> 搬迁前住的是藏式的白帐房(即帐篷),(我家)有1个,用3根木头架起来。搬迁后住房比较满意,这里舒适、保暖,风也吹不倒,白帐房容易被风扯破,活动帐房——铁架子的好。(华桑,男,35岁,玛查理村生态移民,从扎陵湖乡迁来)

> 搬迁前有1个白帐房,15平(方)米;1个牛毛做的黑帐房,50平(方)米。夏天帐房好,凉快,帐房有、牛羊有、吃的东西好,身体好。冬天这里(移民定居点)好、不冷,冬天帐房太冷了。(楼格,男,64岁,玛查理村生态移民,从黄河乡迁来)

> 搬迁前有1个帐篷,200多平(方)米,夏天好,现在住房面积60多平(方)米,冬天这里好。现在好,舒服一点,房子热一点,和帐房差别大。(白斗,男,71岁,玛查理村生态移民,从黄河乡迁来)

> 以前住的是活动式帐房,只有1个,在哪儿都一样,都好。搬迁前后空气一样,搬迁前水质比较好,搬迁后气候比较好,刮风下雨这

---

① 郑杭生:《民族社会学概论》,中国人民大学出版社,2011,第133页。

里暖和。（阿玖，女，27岁，玛查理村生态移民，从扎陵湖乡迁来）

冬季，牧区绝大多数牧民居住在土木结构或砖混结构的房子里，又称为"冬窝子"。冬窝子的海拔相对夏窝子来说要低一些，通常会选择背风的山脚下，这样既有利于牲畜越冬，也能够改善牧民的居住环境。

搬迁之后，牧民所居住的房子，玛查理村移民住房144户，野牛沟村移民住房68户，玛查理村和野牛沟村房屋为空心砖结构的平房，户均面积60平方米，户均投资4万元，总投资分别为576万元、272万元。果洛新村移民住房189户，其中161户是砖木结构，户均面积75平方米；28户是砖混结构的二层商铺房，户均面积81平方米。户均投资8万元，总投资1512万元。州、县政府驻地大武镇河源新村移民住房150户，其中20户样板房，面积45~102平方米；130户砖木结构住房，户均面积72.8平方米。户均投资8万元，总投资1200万元。[1] 无论哪一种住房，相对于搬迁之前的居住条件来说，大都改善了很多，其舒适性、保暖性和安全性有很大的提高。

> 移民的住房当时在规划的时候是每户60平方米，建筑经费是从移民搬迁费里面出的，1户的标准是4万块钱。现在也都还是那时候盖的房子，自己扩建的很少，2013年的时候又利用上海对口支援项目，增加了1个20多平（方）米的储物间。（仁青多杰，男，玛多县三江源办公室副主任）

> 牧区空气好，方圆几十里没人，病传染不到，这里人口聚集，空气不太好。牧区的水好，扎陵湖的水非常清澈、很甜，县城的水有盐的味道。（RZGB，男，44岁，玛查理村生态移民，从扎陵湖乡迁来）

> 老家的空气比较好，现在这里的空气不好。迁移前喝河里的水，迁移后喝的都是井水，水质比较好。迁移前冷，吃得饱；迁移后房子不冷，吃得紧，还是想住在牧区……搬迁的和没搬迁的，政府补贴差距不大，差距1000元，不太合理。没搬的人有自己的牛羊，国家又给

---

[1] 中共玛多县委、玛多县人民政府：《玛多县生态移民工程建设工作汇报》，内部资料，2014年。

了帐房、电视、太阳能,搬迁的人,国家给了房子,装修了屋顶,家具等其他都自己置办。(BD,男,71岁,玛查理村生态移民,从黄河乡迁来)

夏天牧区空气好,吃得好,有牛羊肉、酥油吃,有奶子喝,吃得饱。冬天这里好,房子里暖和一点。迁移前后水质一样,气候这里稍微好一点,牧区和这里海拔不一样,牧区海拔高一点。(LG,男,64岁,玛查理村生态移民,从黄河乡迁来)

从以上叙述看,牧民搬迁后,他们的居所无疑发生了很大的变化,告别了他们祖祖辈辈住的帐房,住进了统一设计、布局整齐且靠近城镇的移民定居点空心砖结构的平房。在新的居住环境里,他们能够切身感受到因季节变化牧区和城镇不同居处的"好"与"不好"。玛查理村移民的住房,最初统一规划为60平方米,两室一厅藏式风格的独立院落,在院子的一角建有卫生间。一些藏族移民搬迁过来之后,仍挂着经幡和旗杆。一些经济条件好的移民将房屋从里到外都进行了装修,有的铺上了木地板,并摆放沙发、组合家具等。经济条件一般的家庭,也有一些简单的家具,如电视、洗衣机、冰箱、简易的组合家具等。调查得知,当地移民对现在的居住条件比较满意,不太满意的地方主要集中在水和空气上,他们普遍认为牧区的空气质量明显比现在好,喝的水也比现在的清澈、甘甜。

部分移民表示,政府所制定的生态移民政策本身没有任何问题,而且对牧民的生活都进行了安排,使其生活得到了应有的保障,但是在政策执行的过程当中,有些政策并没有完全落实到位。就居住条件而言,目前虽然得到了改善,而且移民基本能适应,但在建房的过程中存在偷工减料、建筑质量不过关等问题。

对国家政策非常满意,移民建设项目好,但在建设过程中偷工减料,放牛粪的房子都漏水,对房子质量不是太满意。对今后的生活没有担忧,已75岁了,不奢望再追求物质上的东西,有房住就行,国家给的帮助是无限的,但做出来的东西让人很失望。(SD,男,75岁,玛查理村生态移民,从黄河乡迁来)

从移民生活适应的角度看，居住房屋过关是关系到他们生存的最基本的要素之一。根据田野调查的情况，大多数移民表示对当前的居住条件比较满意，房屋的总体建设质量还可以，但在施工过程中，由于监管不力，一些建筑质量方面的问题仍会影响他们对居住条件的满意度。

二 饮食：从"肉食"到"蔬菜"

从牧区到城镇，在日常生活中，藏族生态移民饮食的一个明显变化是吃的肉食少了，吃的蔬菜比过去多了。

在搬迁之前，牧民传统的饮食以牛羊肉、糌粑（"糌粑"是藏语音译）及奶制品"酥油、曲拉、酸奶、奶茶和酥油茶"等为主。糌粑是农牧区普遍的主食之一。它是将炒熟的青稞用石磨加工成面粉，又称"炒面"。它是藏族每天必吃的主食，在藏族同胞家做客，主人常常会给你端来香喷喷的奶茶和青稞炒面，金黄的酥油和奶黄的"曲拉"（干酪素）、糖叠叠层层摆满桌。糌粑不仅便于食用、营养丰富、热量高，很适合充饥御寒，还便于携带和储藏。酥油，是从牛奶中提炼出来的奶油。肉，有牛、羊肉，偶尔也吃猎获的野牲肉。煮好的牛羊肉，也称"手抓肉"，吃时一手持刀，一手抓肉，故叫"手抓肉"。藏族常爱吃的还有肠子，有血肠、肉肠、干肠和面肠。茶是藏族人民生活中不可缺少的饮料，也是待客的主要饮料之一。茶主要有糌粑茶、奶茶和酥油茶。这种饮食结构与牧民在牧区的生产方式有密切的关系。由于只能从事畜牧业生产，所以养殖的牲畜产出的肉、奶及其衍生品成为牧民日常生活资料的主要来源，构成一个自给自足的生活单位。

在搬迁之后，牧民失去了自家的牛羊和草场，无法通过自给自足的方式获得各种肉食品和奶制品，原有的生活资料来源中断，其饮食结构也发生了巨大的变化。在安置地，牧民们以面粉、米、蔬菜为主食，喝奶茶的习惯也开始被白开水和茶水取代。

> 搬迁前我们主要吃的是面食、牛羊肉、奶跟奶制品、酥油、曲拉、糌粑。搬迁后主要吃的是面食——馍馍、糌粑。对现在的饮食不太适应，不习惯也没办法。以前有牛羊，藏族基本吃的是肉、奶、酥油，

现在没牛羊,生活上不习惯。现在钱不值钱,街上1斤羊肉30多元,1斤牛肉最便宜28元。(BD,男,71岁,玛查理村生态移民,从黄河乡迁来)

有时牧区(亲戚)带来一点好吃的,现在最贵的是牛奶,上了年纪菜也吃,不太习惯,刚搬这儿时水打不上,太远,井分布距离太远,水也背不动。(AX,男,60岁,玛查理村生态移民,从黄河乡迁来)

搬迁前牛羊肉非常新鲜,不用去买,一头牛一个夏天就可以吃完;搬迁后牛羊肉已经吃不到了,这里一个牛腿家人还省着吃。吃的,在牧区非常好;养老,这里比较好,商店、药店近。现在东西太贵,肉吃不到,如果现在这个政策扶持下去就留下,如果一年比一年差,还想回牧区。对现在的饮食比较适应,环境所迫,必须习惯。(RZGB,男,44岁,玛查理村生态移民,从扎陵湖乡迁来)

以前米和面非常稀有,少得很;现在牛羊肉、酥油少得很,很贵。牛肉1斤30~32元,买不起,酥油1斤四五十元,宁愿没肉吃,也想喝个奶茶,非常难。过去吃得比较多的是牛羊肉、酥油、奶、糌粑,现在吃得比较多的是蔬菜、米、糌粑。(SD,男,75岁,玛查理村生态移民,从黄河乡迁来)

现在各种情况出现了,政府补贴不到位,还是喜欢游牧生活,1958年1只公羊15元,现在1只活母羊3400元,宰完后肉价更高。毛主席时代,民和兵不分离,弹和枪不分离,领导和群众地位平等;现在有些意见领导听不进去。这些情况比较普遍,普通百姓想说的事没人听。今年(2014年)稍微好转,习近平上台后有所转变。(在玛查理村SD家遇见的僧人)

饮食,搬迁前后差不多,自己最喜欢吃糌粑。(YZ,女,26岁,未婚,玛查理村生态移民,从黑河乡迁来)

在牧区吃得好,搬迁后主要吃面食——炒面,蔬菜吃一点点,经常不喜欢吃,主要吃橄榄菜等。对现在的饮食不太适应,很难习惯。搬到这里后最不方便的是物价很高,从2013年开始牛羊肉已买不起,越来越贵,2014年没买过1斤肉,全靠牧区的亲戚朋友送,如果政府给三四万元,最想干的事就是换成吃的、穿的,凭物价只能买吃的、

穿的，做不了什么生意，这里物价太高。（HS，男，35岁，玛查理村生态移民，从扎陵湖乡迁来）

搬迁前主要吃牛羊肉、奶、酥油、炒面、曲拉等；搬迁后主要吃面食、蔬菜、米，蔬菜主要是白菜、洋芋、辣子、粉条、黄萝卜，这些东西好好喜欢的没有，牛羊肉多一点吃不上，价格高得很，酥油吃不上。有时去县城顺路买菜，有时在三岔路口买菜，菜比县城贵。搬迁前收入主要靠卖牛羊毛、牲畜，那时牛羊价不太好，但能吃得饱、穿得暖。对现在的饮食还比较适应。（LG，男，64岁，玛查理村生态移民，从黄河乡迁来）

还是以前的生活好，吃得好，吃得饱，这里住的地方好，吃不饱，岁数大了，牧区牛羊放不了就搬来了。现在吃馍馍、蔬菜等，吃也习惯了。（GW，男，77岁，玛查理村生态移民，从黄河乡迁来）

事实上，包括玛多县在内的整个三江源区牛羊肉、奶制品的价格普遍较高，牧民的收入则相对有限。在移民原有的饮食结构中，肉食和奶制品几乎占据了他们饮食结构的全部。搬迁后，这种饮食习惯在短期内无法改变，现实情况则导致他们无法获得足够的肉食和奶制品，因此不得不在饮食中加入蔬菜等。调查发现，经济情况较好的家庭，在饮食方面的适应性较强，因为他们有足够的财力可以支持其获得足够的肉食或蔬菜等，而那些相对贫困的家庭，不论是肉食还是蔬菜，都无法得到充足的供给，生活面临困难。

另外，在饮食加工方面，由于长期不习惯吃菜，也不擅长做菜，所以搬迁后的移民在烹饪技术方面普遍较差。他们在牧区做牛羊肉的时候，普遍的做法就是开水煮熟，加盐即可。搬迁之后，很多牧民尤其是年长一些的牧民，还不足以掌握炒菜的技术，所以在很大程度上，这也限制了他们适应和接受新的饮食结构。

住的比以前温暖，吃的不如以前。过去牛羊有，吃的各方面都好。现在尤其像炒菜这些，不会做。最近这两年还有所改变，刚来时连面条都不会下，（三岔路口移民）拿着一大疙瘩（面）直接揪着下。刚来时菜瓜、茄子不会洗，直接用衣襟擦。上面（牧区）住习惯了，下来后（搬迁后）早晨酥油、奶茶、糌粑吃不上，袋装的"蒙牛"喝不习惯。现在街上散装牛奶6元1斤，1桶酸奶50元，比奶子还赚钱。（CRZX，男，39岁，玛查理镇海纳商务宾馆老板）

牧区特别富的人家没有，牛羊价格不是特别好，能吃得饱、穿得暖就可以。1973年、1974年最大的1只羯羊带皮卖15元，1头牛卖45元，1头奶牛35元，钱少，值钱。现在钱上数字多，不值钱，玛多县买1个羊头15元。1958年1碗面3毛钱，现在1碗面价格不一样，有的面片20元。过去的100元相当于现在的1000元。（BD，男，71岁，玛查理村生态移民，从黄河乡迁来）

对生态移民来说，饮食结构的变化是他们不得不面对的首要的现实问题，也是他们生活质量提高的一项重要衡量指标。能否适应当前的生活方式，很大程度上取决于他们能否适应当前的饮食结构。而随着时间的推移和移民就业路径的增多及收入的增加，移民对饮食原料价格的承受能力及烹饪技术都在不断的学习当中有所提高和改进，能够更好地适应当下的饮食结构。

三　出行：从骑"马""牛"到"开车"

在交通出行方面，移民们普遍表示在移民点的交通条件比迁出地明显优越了许多，给他们的生活提供了很大的帮助。在移民搬迁之前，牧民出行主要依靠步行、骑马或骑牦牛，摩托车也是他们出行所依靠的交通工具之一，但畜力是他们的主要交通工具。近年来，牧区很多家庭添置了摩托车，有些家庭还有小轿车等现代化交通工具，但是草原牧区的道路情况并不是太好，有的地方是坑坑洼洼的土路，有的地方是崎岖不平、弯弯曲曲的狭长柏油路，在很多路面有损的地方驱车行驶，难免颠簸，因而出行时交通仍比较困难。在搬迁之后，牧民拥有的现代化交通工具数量明显有所增加，一些牧民不仅把所购置的车辆作为出行工具，同时，他们也以此作为谋生的工具，从事客运或货运，有的购置了出租车，专门进行出租车运营。此外，由于移民安置点的地理区位基本上在乡镇、县城、州政府所在地附近，国道或省道等柏油路穿境而过，因而路况明显有很大的改善。在玛查理村西侧，呈西北—东南走向的214国道、共玉（共和县—玉树县）高速公路就从这里经过，远行比较方便，可以在路边就近等车。

搬迁前出门近处步行，远处骑马，在牧区距离我家最近的人家四五百米，最远到70公里。现在出门不多，这里出门在别人的车里坐着，交通方便。（BD，男，71岁，玛查理村生态移民，从黄河乡迁来）

过去出门步行、骑马或骑牛，现在走不动了。（SD，男，75岁，玛查理村生态移民，从黄河乡迁来）

搬迁前后出门开摩托车。（AJ，女，27岁，玛查理村生态移民，从扎陵湖乡迁来）

现在出门经常打车，村里就有，要出门的时候给他打个电话，他就到家门口了，也不贵，到县城也就是10块钱1次，不管几个人，有时候1个人坐也就四五块钱。（RZGB，男，44岁，玛查理村生态移民，从扎陵湖乡迁来）

搬迁前出门骑马、骑牛，搬迁后开私家车——开出租，2013年买的车，开车的人多，开出租没多少收入。远的地方都有班车，去西宁、果洛都有，要是去玉树、称多，可以到国道边上等车，从西宁过来的，也都有车。近一点的地方有的人自己开车，有的人就坐别人的车，还有的开摩托车。现在路好了，都是水泥路，也都方便着呢。比以前在牧区的时候好多了，那时候都是草原，也没有路，有开车的，都是沿着以前的印子走，不能乱走呗，要不然就把草原压坏了。（HS，男，35岁，玛查理村生态移民，从扎陵湖乡迁来）

搬迁前出门骑马、骑牛，搬迁后步行为主。（LG，男，64岁，玛查理村生态移民，从黄河乡迁来）

现在出门开车，是二手车。9岁开始当僧人，从2014年3月开始不当僧人了，娶了个媳妇，离婚了，小孩给媳妇了，赔了5万元，自己觉得不再配穿袈裟了。（玛拉加，男，22岁，玛查理村生态移民，还俗僧人，从黄河乡迁来）

搬迁后，"骑马"或"骑牦牛"的出行方式已退出了移民点藏族的生活。较之牧区，移民点附近的道路和公共交通条件明显不同，移民去近处步行,去县城可以开摩托车、私家车或搭乘别人的面包车,一次一人四五元,开出租车的人,经营和私家兼用,尤其年轻人,不论男女,使用摩托车的人比较普遍,有的拥有私家车,去果洛州、玉树州、西宁等比较远的地方则可以就近坐长途汽车,需要时在中途转车或找朋友到车站接来送往。出行方式更为现代,出行条件得到了很大的改善。在玛多听说,果洛州政府大武镇已开通了公交线路,大大方便了大武镇移民们的出行。此外,在其他移民安置点,班车路线的开通使人们的出行更为方便。在交通出行方面,移民们表现出了较高的适应性。

四 衣着:从"藏服"到"汉服"

服饰起源的根本原因是人类生活的实际需要,即衣服的实用性。若把"服饰"一词分解为"衣服""服装"和"装饰"的话,应是先有衣服,后有装饰用的饰物。衣服的最大实用价值是冬季防寒,夏季防烈日暴晒,蚊虫叮咬、风雨袭击和荆棘划破皮肉等,至于出于羞耻感的遮盖需要和功用,则很可能由群婚向对偶婚过渡时才有的,即晚于保护身体之需要。① 从对搬迁牧民的访谈中,我们可以体会他们在搬迁后穿着上的变化及功用。

> 搬迁后穿汉服比较多,行动干活方便,牧区穿藏服。(GW,男,77岁,玛查理村生态移民,从黄河乡迁来)

> 现在穿藏服和汉服一样多,天气太冷穿藏服,天气暖和穿汉服,对老人来说,穿汉服轻便,穿藏服发热。(SD,男,75岁,玛查理村生态移民,从黄河乡迁来,搬迁前是大队队长,现已退休,现在一年有1200元的退休金)

> 过去穿藏服,现在穿汉服多一些,方便,这里冬天还是穿藏服。(CR,男,73岁,玛查理村生态移民,从黑河乡迁来)

> 在过去牧区夏天穿汉服,冬天穿藏服,迁移后,有运动会等活动时穿藏服,藏服不方便,不好洗。(BD,男,71岁,玛查理村生态移民,从黄河乡迁来)

---

① 徐万帮、祁庆富:《中国少数民族文化通论》,中央民族大学出版社,2006,第69~70页。

过去穿藏服，现在穿汉服多，干活好一点，藏服大得很。（LG，男，64岁，玛查理村生态移民，从黄河乡迁来）

过去穿藏服，换的没有，现在穿汉服。（LY，男，49岁，玛查理村生态移民，从黄河乡迁来）

在老家穿藏服，现在修车不方便，穿这种衣服（汉服）。（RZGB，男，44岁，玛查理村生态移民，从扎陵湖乡迁来）

牧区时穿藏服，现在穿汉服多一些，有六七年了，穿藏服干活不方便。（ZD，男，42岁，玛查理村生态移民，从黄河乡迁来）

过去穿藏服，现在穿汉服多一些，轻便、舒适。（HS，男，35岁，玛查理村生态移民，从扎陵湖乡迁来）

十五六岁以前穿藏服，现在在这里只有过节、念经的时候穿藏服，上班时候穿成这样（汉服）。（YZ，女，26岁，未婚，玛查理村生态移民，从黑河乡迁来，在县统战部工作，安置生）

过去穿藏服，2014年3月不当僧人后，开始穿汉服。以前穿袈裟，穿汉服后，开始有点不习惯，不好意思，现在出门脱了再穿袈裟，更不好意思。从穿袈裟到汉服，别人用另一种眼光看我，不好意思。（玛拉加，男，22岁，以前是僧人，玛查理村生态移民，从黄河乡迁来）

这个儿子穿汉服不好看，花花的，男不像男、女不像女的衣服，像女式的衣服。（仁才，女，64岁，玛拉加的母亲，玛查理村生态移民，从黄河乡迁来）

从没穿过汉服，年纪上了，没啥兴趣了，便衣不保暖。（AX，女，60岁，玛查理村生态移民，从黄河乡迁来）

现在还是穿藏服。（AJ，女，27岁，玛查理村生态移民，从扎陵湖乡迁来）

从以上叙述并结合实地观察来看，"过去，牧区穿藏服""现在穿汉服"，类似的说法反映了生态移民搬迁后在穿衣方面的明显变化。总体来看，就男性而言，不管老少，基本上都有人穿汉服，心理上也在慢慢或可以接受穿汉服，年轻人相对要时尚一点，只是因季节、干活、节日、念经等因素有所倾向地选择穿衣。为了保暖，冬天有些人仍穿藏服。迁入地海

还俗僧人玛拉加和他的阿妈

拔相对较低，气候稍暖，穿藏服有点热，加之生计方式的变化，干活方便、舒适等都成为他们改穿汉服的原因。在牧区时，有的人夏天也穿汉服。相对于男性，女性并非普遍穿汉服，中老年尤其60岁以上女性，她们基本上依然穿藏服，而且不习惯，也看不惯身边的人穿汉服。年轻女性，有穿汉服的，也有穿藏服的。较之女性，男性在穿着方面的变化，一定程度上透射出他们较强的适应能力，其思想观念容易转变。

五 语言：从"藏语"到"手语""汉语"及"双语并用"

玛多县的生态移民安置点基本以藏族为主，玛查理村移民点亦不例外。日常生活中移民群众与本民族成员交流时依然使用藏语，没什么大的变化。中小学生藏语、汉语都会，只是因为上藏、汉校的区别，他们的汉语水平参差不齐。在调查中，恰逢暑假，时不时会碰见放假在家的学生，在和他们的父母交谈时，这些孩子一边嬉闹，一边不经意地倾听，偶尔会用汉语插一下话，或再用藏语把我们的一些简单问题翻译给爸爸妈妈。从中也了解到这些孩子主要通过学校和电视学习汉语，有时看汉语频道的电视节目时会把一些有趣的东西讲给爸爸妈妈听。部分已走向社会的年轻藏族能够使用非常简单的汉语，使用汉语的场合仅限于和汉族发生经济、社会交往时，在汉族开的商铺买蔬菜、肉类和其他生活用品时自然会使用汉语。在其他公共场所如果有汉族，他们不得已需要交流时也会说一些汉语。因为人生经历的不同,一些老年人和中年人也会说一点点汉语,只能进行很简单的交流。但是,仍然有既不会说又听不懂汉语的人,尤其妇女居多。因此,她们买东西时,时常会用手势表明自己的意向或价位等信息,这不由得让人联想到"手势语",兴许,在她们过去的生活当中,这是未曾有的经历。

关于语言的具体使用和变化,我们可以听听当地移民的叙说。

> 搬迁前后使用最多的都是藏语,周围全是藏族,(老人)能说一些汉语,乡上领导开会讲话说汉语,参加会议慢慢就学会了一些汉语,搬迁后买东西的时候说汉语。(BD,男,71岁,玛查理村生态移民,从黄河乡迁来)

> 搬迁前后使用比较多的是藏语。(老人)搬迁前是大队队长,现已退休,现在一年有1200元的退休金。会一点汉语,跟以前的汉族领导学的,汉族领导来家里做客时跟他们学会汉语的。现在牙齿掉光了,耳朵也聋了,口齿不清了,想学汉语也学不了了。(SD,男,75岁,玛查理村生态移民,从黄河乡迁来)

> 家有3口人,老伴,还有1个僧人儿子。搬迁前使用藏语,搬迁后也使用藏语,但会说一点汉语,在牧区撒拉族(来)买牛羊时,30年前学会汉语的。搬迁前到外地打工或办事的时候说汉语,不太想学汉语,不得不说时才说汉语。(LG,男,64岁,玛查理村生态移民,从黄河乡迁来)

> 1个汉字也不会说,托人买菜,现在记忆力衰退了,想学汉语也学不了。(AX,60岁,玛查理村生态移民,从黄河乡迁来)

> 最不方便的是搬到这里后买菜语言不通,不买不行,牧区牛羊肉,直接买1头牛、1只羊,1头牛一万二,1只羊2000元,现在买不起。(ZD,男,42岁,玛查理村生态移民,从黄河乡迁来)

> 两口人,和29岁的儿子一起生活,儿子腿不好,现在没劳动能力,对老人来说这里好,对年轻人来说牧区好,娃娃汉语说不来,压力有点大,县上买东西不方便。(GW)小时候上了一点学,能听懂一点汉语,说不来。(GW,男,77岁,玛查理村生态移民,从黄河乡迁来)

现在买菜时,用手指或说汉语,以前扎陵湖捕鱼的人多,听会汉语的。很想学汉语,经常修车,希望能把车零部件用汉语名字表达出来。(RZGB,男,44岁,玛查理村生态移民,从扎陵湖乡迁来)

搬迁前后使用多的是藏语,上过学,经常往县上跑,会说一些汉语。我的汉语还算可以,平常说那些简单一点的都没问题,汉语好,可以打工。希望孩子将来学习好,找上工作,干活打工,会说汉话。(LY,男,49岁,玛查理村生态移民,从黄河乡迁来)

搬迁前后都使用藏语,比较想学汉语,但这个年龄学不了了。希望孩子上汉语中学,长大以后去哪儿都方便。藏语不会忘记的,做父母的都说藏语,孩子不可能不会。(AJ,女,27岁,玛查理村生态移民,从扎陵湖乡迁来)

搬迁前后使用最多的是藏语。自己以前是藏中毕业,在青海畜牧兽医职业技术学院上课时特别难(汉语授课),难得很。安置生考公务员使用汉文,自己从小学的是藏文,希望用藏文考试。事业单位招人也是用汉文考试。将来如果有孩子,希望他们藏语、汉语都学,在西宁出外都说汉语。藏语也要学,自己是藏族,自己民族语不学,那就不对。(YZ,女,26岁,未婚,玛查理村生态移民,从黑河乡迁来)

搬迁前后使用比较多的是藏语,能听懂一点点汉语,想学汉语,担心说不标准。现在和当僧人时的最大不同是别人看我的眼光不一样,以前穿过袈裟,有点影响,看不起我。打工没经验,汉字不懂是最大的问题,能听懂一些汉语,工作不好找。(玛拉加,男,22岁,还俗僧人,玛查理村生态移民,从黄河乡迁来)

语言是文化的重要载体之一。语言差别是不同文化间最重要的区别之一,是同文化交流与跨文化交流相区别的显著标志之一,也是跨文化交流中最大的障碍之一。[①] 中国有56个民族,文化上有许多共同之处,但是同时又各具特色,形成中国文化中的多种亚文化,彼此间的文化差别也不尽一致。就汉族与藏族、蒙古族、满族间的文化差异而言,相对来讲,汉族

[①] 关世杰:《跨文化交流学:提高涉外交流能力的学问》,北京大学出版社,1995,第223页。

与藏族的要大一些，汉族与蒙古族的小些，汉族与满族的最小。语言也是人类社会中客观存在的特有社会现象，是一种社会群体约定俗成的，通过学习获得的，由语音、词汇、语法等部分构成的符号系统。它是在一定地域或文化群体成员之间表达意思和交流思想的交际工具。人们在交流过程中，除使用语言符号外，还使用非语言的符号，即非言语语。人们使用的符号系统，可以大致分为两类：一是语言符号系统，即通过谈话和书信等口头和笔头的语言形式进行交流；二是非言语符号系统，即人们可以运用表情、手势、身体的姿势、空间距离的远近、时间的长短、色彩、图形、器物，以及音乐、舞蹈、美术、艺术形式等一切非言语符号进行交流。

显然，搬迁后的移民，因为日常生活和交流的需要，以及居住环境的变化，他们的语言使用出现了语言语和非言语语并存的局面。比较突出的现象是，由于玛查理镇街面上大多是汉族、回族及撒拉族开的各种店铺，不论男女，买东西时用手指或比画是一种比较普遍的做法。可以看出，移民的汉语使用能力和移民的年龄、所受教育、社会经历及所处环境等不无关系，一般而言，较为年轻的藏族因为受过一定的学校教育，与外界的交往较多，学习汉语的能力和机会相对较多，因而汉语水平较高。而年龄较大、文化程度偏低的藏族，其汉语水平普遍不高，很多人不会说，也听不懂。过去就和汉族有接触经历的人，或现在迫于生计需求的人，还有那些在外面经常跑的人，很明显，这些人或多或少都能听懂且会说一点汉语，而且他们的汉语交际能力还在不断提高。对于一些年轻的藏族移民来说，他们在学校接受过汉语教育，而且在现在的工作岗位上由于工作需要，无疑有更多使用汉语的机会和要求，对他们来说，使用汉语进行交流并不存在太大的困难。

汉语能力低使得当地藏族移民和汉族、回族等其他民族的交往很少，藏族移民的汉语水平难以提高，这似乎形成了一种连锁反应，他们在职业技能的学习等方面也较弱。新的生产劳动技能难以提高、汉语水平有限等现实原因，致使移民的就业面相对狭窄，外出就业的机会和能力有限。因而，藏族生态移民在语言方面的困难和不适应，导致移民在城镇生活中的适应能力降低，不利于他们在城镇生活水平的提高。

六 转经：从"寺院"到"博览园"

玛多县藏族生态移民虔诚地信仰着藏传佛教，宗教活动构成了他们社会生活中不可缺少的一部分。行走在青藏高原一隅，包括玛多县在内的整个三江源区，藏族群众居住地区的周边都能看到一条条、一簇簇、一片片迎风招展的飘动的五色经幡，高高垒砌的玛尼石堆，时不时映入眼帘的佛塔，以及飘着霭霭烟雾的燃起桑烟的煨桑炉……一处处洋溢着浓浓藏族风情的深蕴着藏传佛教的设施，吃着牧草的成群牛羊的出现和移动，在蓝天白云的衬托下，会时常让人有抛却尘埃、亲近雪域和阳光的感觉。2014年7月中下旬穿行于青海黄南州牧区的一天，看着大片高低起伏而空阔美丽的草原，在田野中忍不住对同行的一位女学者说："我真想借花献佛送你一份礼物———一顶'绿色的大帽子'———远在天边，近在眼前"，在场的人个个开怀大笑，不言自明，那就是眼前袭人的满眼绿色的草原，心中泛起充满活力和希望的绿意。在牧区草原迂回曲折的途中，有时真的有在草原深处人烟稀少的地方住下来的心灵震颤，不再返回，远离尘嚣。

2014年8月18日，我们初到玛多县城时，已是黄昏，在走下坐了一天的长途汽车时，一种浓厚的宗教气息瞬间扑面而来，眼前是很多金黄色的闪闪发光的巨大的转经筒，环视四周，我们已被包裹在异样的藏文化之中。在后来的调查中，我们不止一次驻足于此，尝试着了解和领略个中滋味，像许多前往转经的藏族同胞一样，随着转经的人流，我们也轻抚转经筒，沿着转经的方向顺时针走着，体验着他们的体验。

看看搬迁的牧民，他们搬迁之后，虽然现代文化生活的影响因素不断增加，移民文化生活的现代性特征不断增强，但是，藏传佛教仍构成其精神生活中不可缺少的重要组成部分，宗教信仰深深影响甚至支配着移民的生活、行为和心理特征。在移民定居点周边，修建有经幡、玛尼石堆和佛塔等，移民点群众在宗教生活方面的需求基本能得到满足。在移民家中，有的人家专门设有佛龛，有的人家甚至用专门的一个房间供奉佛像。一般而言，年长的移民每天都会念经和礼佛，年轻一些的则会在较为重要的场合参加宗教仪式，一些重大的宗教节日和纪念日，他们通常都会参加。在田野调查期间，我们有幸赶上了玛多"盛事"，这就是8月22日的岭·格萨尔文化博览园开园仪式。博览园位于县城东边,于 2014 年完工开园。对此,相关媒介都予以关注并报道或刊登,现摘录一二于下,从中可加深我们对格萨尔文化的认识和体味。

一篇是刊登于《青海日报》的短文。

欣赏藏族歌舞、参观黄河源水与生态文化展、听《格萨尔王传》,日前,岭·格萨尔文化博览园开园仪式暨第五届黄河源之夏广场文化月活动在果洛藏族自治州玛多县开幕。

被称为"黄河源头第一县"的玛多县是玛域果洛的重要组成部分,千百年来,这片草原上到处都在传唱史诗《格萨尔》。2012 年,为有效保护和利用格萨尔文化资源,进一步打造民族文化品牌,促进区域经济与社会事业跨越发展,玛多县筹资 3000 余万元,在县城以东的经山兴建岭·格萨尔文化博览园,并于 2014 年完工开园。

博览园以英雄史诗《格萨尔》为主题,充分挖掘了史诗中诸多脍炙人口的故事情节,既具有观赏性,又不乏史料价值。玛多县县委书记任正德介绍,近年来,以扎陵湖、鄂陵湖、黄河源牛头纪念碑为主的黄河源生态旅游区吸引了国内外大量游客,而博览园也将成为海内外游客认识格萨尔文化的乐园、学者探究格萨尔精神的领地,更是弘扬民族精神和核心价值观的主阵地,是玛多县竭力打造的一处经典品牌文化。①

还有一篇刊登于青海湖网。

岭·格萨尔文化博览园建筑面积达 53790 平方米,绕园周长 875 米,园内有中心主雕英雄格萨尔登基威慑三界宝座铜像 1 座,整座雕像给人一种降妖伏魔、正气凛然的气势。英雄格萨尔幼年历经磨难、百炼成钢,少时赛马称王、开创辉煌,成年降妖伏魔、平定四方,暮年地狱救母、功德圆满。《格萨尔》史诗记载,格萨尔——莲花生大师化身,集人之善良、神之智慧和龙之威猛。王后珠姆铜像 1 座,格萨尔王的岳父嘉洛原来居住在河源地区,由于他勤劳、质朴、诚实,莲

---

① 苑玉虹:《听〈格萨尔王传〉玛多岭·格萨尔文化博览园开园》,《青海日报》2014 年 9 月 2 日。

花生大师让他在玛多县扎陵湖边驻扎，把馈赠格萨尔的礼品寄放在他那儿，并赐给他一个白度母转生的花容月貌的女儿，叫珠姆，让她以后做格萨尔王的妻子。童年格萨尔觉如赛马铜像1座，觉如年十五时岭国举行举世闻名的赛马称王盛会，一举夺冠，登上了岭国王的宝座，从此冠名为格萨尔。独角神马铜像1座，独角神马与古代神兽麒麟齐名，又称"嘉洛川九百独角马"，它具有神的灵气、人的情感、龙的福运，是1匹瑰丽多姿、仪态万方的人间吉祥神骏。英雄格萨尔生平事迹展示墙32面，各种图案浮雕89幅，佛塔115座，八宝祥瑞、五妙欲、七珍宝等雕刻图案22幅，彩绘16幅，经筒608尊，装满经文14类99.9696万亿遍，其中六字真言10.265万亿遍、莲花生心咒10.1038万亿遍、百字明7.2万亿遍、金刚萨埵20.768万亿遍、阿弥托福3.0163万亿遍、文殊心咒13.488万亿遍、皈依20.324万亿遍、度母经5.25万亿遍、解脱经1.25万亿遍、忏悔经1.65万亿遍、段业障经2.6万亿遍、白伞经1.0465万亿遍、普贤经1.2万亿遍、深经1.808万亿遍、六字真言石刻19952平方米25300块，煨桑台1座，神箭80根，还设有敖包1座，休息亭4座。休息长廊1处。所有雕刻以花岗岩、大理石、汉白玉等石材刻成，结体朴实大方，石质坚硬耐久，能够适应玛多高寒缺氧和风吹日晒的气候条件。

  博览园以英雄史诗《格萨尔王传》为主题，整体再现了岭国80员大将的音容尊貌，充分挖掘了史诗中诸多脍炙人口的故事情节，既具观赏性，又不乏史料价值，是海内外游客认识格萨尔文化的乐园，也是学者探究格萨尔精神的领地，更是弘扬民族精神和核心价值观的主阵地，是玛多县竭力打造的一处景点品牌文化和远古复始的宝典。①

  玛多县城格萨尔文化博览园开园期间，当地举行了宗教仪式——开园仪式，对于当地藏族来说，这是非常重大的节庆活动，不管远近，风雪无阻，移民点及其周边的藏族群众都赶来参加。在格萨尔文化博览园开园庆典那天，在玛多的我们，和当地众多的藏族人及各行各业的人们一样，早

---

① 拉吉卓玛：《岭·格萨尔文化博览园在青海省果洛州玛多县正式开园》，青海湖网，http://www.amdotibet.com/html/2014-08/15440_2.html。

餐后便只身前往格萨尔文化博览园。玛多县城的街道上,平时人稀安静的街头巷尾,已是人头攒动,熙熙攘攘。有的开着载满人的小轿车;有的骑着摩托车;有的盛装结伴,徒步前行;有的老人带着年幼的小孙女,一手握着不停旋转的转经筒,一手牵着孩子的手,迈着坚定的脚步……纷纷走向举行格萨尔文化博览园开园仪式歌舞展演的现场——玛多县政府对面的"黄河源文化广场"。一支穿着藏蓝色警服的持枪特警小分队也从我们身边跑步经过,这不由得让人定睛注视,敬畏感油然而生。对于周边的藏族来说,格萨尔文化博览园的转经筒、佛塔、雕像、玛尼石堆、经堂等设施都为他们进行宗教活动创造了良好的条件,格萨尔文化博览园开园仪式庆典更是他们生活中难得一遇的节日盛会。

在庆典前后,不少人倾吐了他们宗教生活的不同面向,让我们在格萨尔文化博览园开园场景的回味中一起来聆听。

> 在牧区的时候去寺院,现在岁数大了,走不动了,自己在家转经筒念经。(GW,男,77岁,玛查理村生态移民,从黄河乡迁来)

> 人去世了,牧区吃的不花钱,僧人念经去得多,和这里一样都是天葬。玛多县没有天葬台,一般拉到达日县、班玛县。这里人去世一般花4万,亲戚给一些,再想办法借一些,低保户民政局给。1个僧人(念1天经)给100元①,最多去三四个僧人,请僧人在主人家念经,念七七四十九天。(BD,男,71岁,玛查理村生态移民,从黄河乡迁来)

> 进行宗教活动的时间少了,过去骑马方便,这里车不好找,太远了,交通不方便。(ZD,男,42岁,玛查理村生态移民,从黄河乡迁来)

> 在这里进行宗教活动的时间多了,在牧区时还要赶牛羊,这里方便,主要参加玛尼经会、转雪山——阿尼玛卿雪山。(AJ,女,27岁,玛查理村生态移民,从扎陵湖乡迁来)

> 现在进行宗教活动的时间多了,玛多两个大寺院的经会,现在距

---

① 这通常只是短时间的,比如念了两三天、三四天经,每人每天给100元。请僧人念经这样的佛事活动,牧民会根据自己的经济情况来决定给多少钱,寺院和僧人也不会强制规定每天给多少钱,所以未必会按照每天100元的标准,视具体情况而定。比如某个牧民家庭经济实力有限,念经的时间就会缩短,报酬也可能会减少。

离近了。(HS,男,35岁,玛查理村生态移民,从扎陵湖乡迁来)

不经常看电视,一般看新闻栏目,是藏语的,平时在家都是以念经、聊天为主。(BD,男,45岁,玛查理村生态移民,从黄河乡迁来)

以前是僧人,9岁开始当僧人。生态移民好是好,对自己来说,国家给的补助不够。四五年前在达日县察郎寺当僧人,父亲病了就赶过来了,从2014年3月开始不当僧人了,娶了个媳妇,离婚了,小孩给媳妇了,赔了5万元,自己觉得不再配穿袈裟了。小时候准备当僧人时,先请僧人来家里教藏文,学了3年,学费一万五,有时教,有时不教,学会了才去达日县。现在进行宗教活动的时间多了,寺院还去,去达日县的察郎寺、玛多县和科寺。现在和黄河乡寺院僧人,以及一起当过僧人的人都来往,和亲戚、县城里的人也来往,主要是安置生。如果不去寺院,大部分时间转阿尼玛卿雪山,今年是本年,步行去需要7天,沿途晚上住帐房宾馆,每晚50元,明年开车去。(玛拉加,男,22岁,玛查理村生态移民,从黄河乡迁来)

玛多县是果洛人品最好的县,也许是环境因素,人比较温和,比较容易亲近,人的生理都受到外部环境的影响,大多月份是冬季,寒冷的气候抑制人冲动的情绪。另外,藏传佛教讲人尽量要保持冷静。六字真言要修持一种无常心,再好的事情也有变坏的时候,人生是无常的。(AWRZ,翻译、双语警察,2014年8月23日在AX家中访谈)

相对而言,在搬迁之前,牧民距离较大规模的寺院都比较远,宗教活动普遍以家庭为单位独立进行。在牧区时牧民的宗教场所通常有三种:一是日常的宗教活动基本在家里进行,夏季在自家帐篷普遍设有小佛龛,随着冬季转场,他们来到牧区冬天定居点的房子,土房子居多,在房子里大都设有小佛堂;二是无论冬夏,在自家附近有"拉什则"(藏语音译)[①] 或佛塔的地方进行一些宗教活动,如煨桑、撒风马、转经,主要是祭山神、

[①] 藏族、蒙古族、土族聚居的村落附近的山顶上都修有"拉什则"。藏族称"拉什则",蒙古族称"俄博",汉族称"山神",是信教群众崇奉山神的地方。如位于青海西宁大通县东峡乡衙门庄村北侧的广惠寺,其周边的"拉什则"是用木头做成的1米左右的立方形框,用石块固定在山顶上,中插许多木杆,上挂经文或红布。信教民众大多在正月和春秋两季祭祀"拉什则",届时念经、煨桑、插香、上供品,祈求风调雨顺、国泰民安。

祈愿平安等；三是重要的宗教活动和主要节日，无论远近，都要去寺院参加相关活动，敬佛、转经、祈愿平安等，知行合一。实际上，藏族的节日都和宗教紧密联系。在搬迁之后，移民点一般有经幡、玛尼石堆、佛塔、转经筒，而且移民点交通条件比较便利，使得移民能够便捷地前往周边的寺院或是县城的岭·格萨尔文化博览园，博览园外的绕园长廊有上百尊供当地藏族转经的经筒。这样一来，当地藏族的宗教活动场所固定化，方便了移民以个体或一定的集体为单位从事宗教仪式和活动，满足了生态移民宗教生活的日常需求，其宗教文化和藏族的传统文化都得到了很好的延续。从这些情况来看，当地藏族在宗教生活方面具有很强的适应性，应该说得到了很好的满足。另外，参加宗教活动时间的多寡，既受到交通条件的影响，也受到生计环境的影响。

总体来看，与过去在牧区明显不同的是，牧民搬迁后，在距他们住所很近的县城修建了岭·格萨尔文化博览园，这在很大程度上方便了移民转经、祈愿等，宗教场所发生了较大的变化，但其宗教信仰依旧。不过，在一些年长的移民看来，生态移民点的生活已经脱离了藏族原有的生活特征，尤其是脱离了原有的游牧生活，因而有人认为现在的宗教生活与原有的宗教生活已相去甚远，只有再重新回到放牧的草原牧区，才能算得上是真正的藏族，才能够得到宗教的庇佑。

七　闲暇：从"少"到"多"

所谓闲暇时间，即牧民在满足劳动需要的时间之后从事其他活动的时间，可供人们自由支配的时间。牧民搬迁前，长期的游牧生活使他们并没有太多的闲暇时间；搬迁后，他们的生活发生了巨大的变化，突出表现是闲暇时间增多，活动内容更为丰富。

从他们简单而清晰的讲述中，我们可知其概貌。

> 以前，牧区的节日方便，主要活动有祭神山、转经、赛马、赛牛、煨桑，骑马去方便，马年转这个，牛年转那个。现在搬到这里，节日和活动都少了，远处的再也去不了，最主要的是阿尼玛卿，今年5月去了。闲的时候一直待在家里，天气好时出去转转。（BD，男，71岁，

玛查理村生态移民，从黄河乡迁来）

搬迁前没闲的时候，天天干活，放牛羊，稍微空闲时，缝帐房、做藏服、缝衣服。现在空闲时间多了，进行宗教活动的时间多了。迁移后，闲时在家坐着。（LG，男，64岁，玛查理村生态移民，从黄河乡迁来）

到这里后足不出户，总觉着城里人和牧民是有区别的。年纪上了走不动，没有任何交通工具，到这里没出过远门，想参加大型的法会，但去不了。年轻时没疾病，有能力围着牛羊。（AX，女，60岁，玛查理村生态移民，从黄河乡迁来）

搬迁前闲时在家坐着，搬迁后闲时打扫卫生，在家坐着。（AJ，女，27岁，玛查理村生态移民，从扎陵湖乡迁来）

搬迁前，活干得多，放牛、羊、马，缝藏服。（ZD，男，42岁，玛查理村生态移民，从黄河乡迁来）

搬迁后，没活干时，在家坐着，有时去打工，卸菜、卸货、拉沙子、建房。（ZD，男，42岁，玛查理村生态移民，从黄河乡迁来）

平时也不经常看电视，一般看新闻栏目，是藏语的。平时在家都是以念经、串门、聊天为主。（BD，男，45岁，玛查理村生态移民，从黄河乡迁来）

能够体会得出，搬迁前，放牧生活占据了藏族牧民的绝大部分时间，为了满足生计，牧民不停地劳作，可供自由支配的时间并不多。空闲时，宗教生活占据了大部分时间。宗教活动在藏族的生活中不可或缺，转经、念佛是最常见的礼佛形式。搬迁前，由于居住分散、基础设施不足、闲暇时间有限、娱乐形式单一等原因，从事宗教活动成为他们闲暇时间的主要内容，串门聊天、喝酒聚会的机会很少。而在放牧的时候，由于是个别劳动，人们主要以唱歌、跳舞等形式自娱自乐。

搬迁之后，移民的闲暇时间发生了巨大的变化，主要体现在两个方面。一是闲暇时间增多。过去长期的游牧生计使得广大牧民几乎被束缚在忙碌的放牧中，很少有闲的时候。搬迁之后，牧民的产业结构发生了变化，从熟悉的畜牧业生产中脱离出来，从事第二、三产业的人口比例增加，工作时间相对固定，一部分无业或没有固定职业的移民，闲暇时间更多，成天待在家里看电视，串门聊天或到县城、镇上、州上打台球，逛集市，打牌等。闲暇时间的增多，对生态移民来说既有好的一面，也有不好的一面。一方面，闲暇时间的增多使他们的物质生活和精神生活得到了丰富，有利于增长见识，接受新事物；另一方面，他们对城镇的生产、生活方式尚未适应，缺乏在城镇打工就业的工作能力，因而不得不闲在家里。

二是娱乐活动内容更为丰富。在闲暇时间，移民除了打台球、逛集市、打牌之外，手机、网络、电视等现代媒体的普及，使得上网、看电视成为他们闲暇生活的一部分，甚至是移民点很多藏族移民最主要的消遣方式。居住环境的变化为移民串门聊天创造了更为便利的条件，在迁居之初，来自同一迁出地的移民在日常生活中的交往频率较高，经过一段时间的相处，来自不同地区的牧民在同一社区中相处日渐融洽，串门聊天之余，还能互相提供帮助。从人际交往角度看，这对移民适应当前的城镇生活，以及移民的再社会化和移民社区的重构，大有裨益。

八 消费：从"物"到"钱"

消费是人类社会存在以来的一种普遍的社会现象，也是人们日常生活的一种重要社会活动。消费方式是在一定社会条件下形成的，以相应的物质积累与文化精神为基础的，并以必要的空间场所和技术手段为媒介的消费观念与消费行为的复合体。[①] 从消费方式的内涵来看，其具体背景的不同，消费方式的表现形式也会有所差异，简单来说，消费的物质基础、消费主体的文化背景、消费场所与手段的具体区别，都会引起消费方式的差异。

三江源生态移民在搬迁前后生产生活环境的区别引发了其消费方式的变化。搬迁前，牧民的现金来源主要包括出售牛羊及相关畜牧产品的收入。对牧民而言，将多余的现金存入银行储蓄并非他们的首选，他们通常选择自己保管。一些牧民会根据一直以来养成的习惯把钱换成必要的生活

---

① 宋麟飞：《后现代社会背景下的消费方式变迁》，博士学位论文，吉林大学哲学社会学院，2009，第2～3页。

用品，或者用于宗教，或者换成金银饰品。搬迁之后，在牧民的思想深处，他们仍延续着这种习惯。在移民搬迁的时候，家中有牲畜的牧民将牛羊变卖，所得现金收入大都用于装修房屋、购买家具家电及其他生活用品，多余的现金则用于日常的开销及娱乐活动。就目前的情况而言，移民的收入来源主要集中为依靠打工获取的工资收入、政府每年发放的退牧还草补贴及低保等。随着居住环境和生计方式的变化，移民的消费方式和类别与过去已大相径庭，同时，收入状况始终是影响他们消费的一个重要因素。

毋庸置疑，收入和消费也是和移民生活息息相关的问题，从他们的叙述中，我们可以直接或间接地了解他们的消费观念、消费行为及其生活水平。

> 搬迁前后收入不一样，以前钱多一些，搬迁的和没搬迁的，政府补贴差距不大，相差1000元，不太合理。没搬的人有自己的牛羊，国家又给了帐房、电视、太阳能；搬迁的人，国家给了房子，装修了屋顶，家具等其他都自己置办。牧区1年花费最多的是食物，人口多，花得多，最多1万多，人少最多花三四千元，以前供奉给寺院的钱较多，1年1500（元），现在基本没有了，1年最多1000元，有时三四百元，甚至不给。（BD，71岁，男，玛查理村生态移民，从黄河乡迁来）

> 在医院里看病的钱用完后，贷款的利息非常高，突然想，回到牧区是非常好的事，如果向国家贷款，程序不会。（RZGB，男，44岁，玛查理村生态移民，从扎陵湖乡迁来）

> 资金方面有点困难，搬迁政策好，刚迁来时，每家每户1年补6000元，当时说给10年，才给了三四年，现在已经停了，国家政策好，但给的不够用。搬迁前收入主要靠卖牛羊毛、牲畜，那时牛羊价不太好，但能吃得饱，穿得暖。现在家庭收入主要靠政府补贴，1人1万多1年；草场补贴；低保，近1000元1年，60岁以上民政给高龄补贴，300元1年，55岁以上，生活困难补助费按人3900元1年，我也有。1985年玛多县是全国首富县，草山大，牛羊多，那时草长得好，

现在草也不长了，慢慢牛羊越来越多，挖金子乱挖山，修公路，扎陵湖一旦有雪灾，牛羊全部死了。1985年每个乡政府都有1个日本的牧羊车，老乡到县上，钱包里全是10元的，10元能摆1桌菜，牧民1车拉着大米、面、菜，现在摩托车拉1袋米、面。1985年大雪灾之后，再不行了，飞机上往下扔物资。扎陵湖打鱼的多，宗教上讲，保护各种动物就像是保护环境。这里大米、牛粪价高，1大麻袋牛粪15或20元，如果没有煤，这些牛粪最多用3天，1年大约买20袋牛粪，搬迁后国家1年给2000元的燃料费，原来相当于2吨煤，现在是一吨半煤，自己捡牛粪，捡够了国家才给燃料费，一般去玛拉驿（村）牧民家里买牛粪。（LG，男，64岁，玛查理村生态移民，从黄河乡迁来）

搬迁前家庭收入主要靠卖牛羊肉、牛羊毛、曲拉等。现在家庭收入靠政府补贴，集体参加公路养护，有时去工地打小工，搬砖头，一天100~150元，最长的一次打工一到两个月。去年（2013年）全家总支出大概两到三万多元，其中花费最多的是食物、医疗费用。（AJ，女，27岁，玛查理村生态移民，从扎陵湖乡迁来）

现在家庭收入主要靠政府补贴、卖牲畜，补贴1年六七千元。和以前相比，现在收入稍微好些了，以前只有围栏款，1户3000元1年，搬过来后，1人七八千。去年家庭总体支出在日常用品和食物上花费多。不是低保户，冬天政府会给取暖费，都用来买煤了，政府在这方面给的补贴很多。1天24小时都要喝茶，要不停地烧，在这边放牧很少，牛粪就少，1麻袋牛粪15元，1袋只烧1天。（BD，男，玛查理村生态移民，从黄河乡迁来）

希望增加移民生态补偿津贴、草场补贴，搬迁的（人）给；没搬迁、有牛羊的（人）也给，文件说补偿14元1亩，给手里3元1亩。目前最烦恼的事是钱、资金。（CR，男，73岁，玛查理村生态移民，从黑河乡迁来）

现在收入比以前好多了，国家补的钱还是不够。这里最不好的是物价高。牧区的人，吃的不用操心，这里吃的还得操心，啥都要买。（LY，男，49岁，玛查理村生态移民，从黄河乡迁来）

在搬迁之前，牧民通过放牧能够获得日常所需的大部分生活资料，如牛羊肉、奶类等食物，制作帐篷、衣服等原材料也能够通过自家放牧的牛羊来获得，燃料以牛粪为主，照明所需的酥油可通过放牧得以解决。这种自给自足的经济特征使得他们没有储蓄的习惯，因而一般都将多余的现金用于牲畜的繁殖、宗教生活、换取其他生活资料等。搬迁后，牧民失去了这些生活资料的来源，从牛羊肉到蔬菜、主食等，都需要通过购买获得。相比之下，搬迁后生态移民的消费支出中食物、日常用品、医疗、教育等费用明显增加。移民群体的一大特征是老年人口和学龄儿童的比例较高，老年人的身体素质普遍较差，医疗负担较重，适龄儿童的教育也消耗着移民的经济收入，但由于多处在义务教育阶段，能够享受相关的教育优惠政策，因而对于移民来说，孩子教育费用的经济负担相对较轻。

此外，从消费观念来看，搬迁前自给自足的经济特征使得牧民并没有太多的商品交换意识，在很大程度上，他们以物换物或以物换钱。在移民搬迁后，几乎所有的东西都要用钱买，他们对城镇的消费方式和消费观念并不适应，缺乏合理的理财观念，不注重资本的积累和再生产，再加上移民没有及时掌握新的就业技能，因而也导致后续产业发展的后劲不足，一定程度上加剧了移民的贫困状态。

第四章　移民的心理适应

简单而言，移民的心理适应，是移民社会适应的最高层次，因为心理适应的结果最终决定着生态移民能否对现有的生存环境和社会角色产生认同，影响着他们能否达到真正意义上的社会适应。这里对生态移民心理适应的考察主要集中在移民对当前居住社区的认同，以及对当前身份的认同。

一　对安置社区的认同

移民对安置社区的认同，也可视为移民对安置社区在心理上的地域归属感。在我们接触到的藏族生态移民当中，很多人表示对过去的游牧生活非常怀念，希望能够回到牧区生活，这导致相当一部分生态移民产生了强烈的回迁愿望。从调查情况看，玛多县的四个生态移民安置点，其中位于海南州同德县境内的果洛新村生态移民，他们的回迁意愿最为强烈；其次是位于果洛州政府驻地大武镇的河源新村移民；玛查理村、野牛沟村这两个移民安置点，因为零散搬迁的较多，其中很多人本身牲畜不多，而且这两个移民安置点距离原来生活的牧区相对较近，牧民在两地之间的联系比较便利，因而回迁的意愿相对较弱。

这四个移民安置点（玛查理村、野牛沟村、果洛新村、河源新村）的移民当中，同德县回迁意愿明显，因为他们是跨州搬迁，直接搬到海南（州）那边去了，没什么归属感。举个很简单的例子，出去，以前可以捡牛粪，现在连牛粪都没得捡，就像没娘的孩子。另外三个安置点的移民，因为都还在果洛州，尤其像三岔口、野牛沟这些地方，要好一点。（仁青多杰，玛多县三江源办公室副主任）

从 2003 年生态移民工程启动至今，生态移民已经实施了 10 年。在这 10 年中，玛多县搬迁的生态移民仍对故土保持着较高的认同感和归属感，希望能够回到过去生活的牧区。玛查理镇三岔路口的生态移民在迁移时间上要晚一些，部分村民集中于 2007 年前后搬迁至此，即玛查理村，较之城镇，他们对牧区的依赖程度更高，希望回到牧区的愿望比较强烈。

当我问他们"怀念以前的游牧生活吗？"我听到了发自移民内心的同中有异的声音。

> 还想念以前的游牧生活，现在物价高，生活压力大，牧区比较好、收入高，太老了没办法，稍微年轻一点就去帐房了，这里生活上不去。夏天花开的草场上相当舒服，这里一个花也看不见，草有，心里舒坦一点，现在走也走不动。（BD，男，71 岁，玛查理村生态移民，从黄河乡迁来）

> 想念以前的游牧生活……到这里得到了一个启示：牧人和牛羊分开就无法生存！文化技术上不懂，如果藏族没有牛羊，整个就完了。环境不行，冬虫夏草这里不长——太冷了。如果玛多地区离开牛羊，基本上就完了，牛羊是生活的必需品，钱不值钱。如果有牛羊，帐房可以自己制作，皮袄可以自己做。现在如果没有政府补偿，生活必需品一样也弄不到手，无法生存。心里非常想再过游牧生活，但年龄大了，已无法做到。以前玛多没有 1 层楼房，现在到处有，变化很大；以前水泥看不到，现在到处是。2 年前建造的格萨尔文化博览园，是共产党做的好事，如果没有国家，那么雄伟的雕像不可能建造出来！没搬的人应该就在牧区生活更好，要是搬这儿，离开牛羊，只能是政府补偿。女婿还在牧区生活，牧区有牛羊，可以圈养，从它们身上可以获取收入，搬迁后钱不值钱，政府补偿的钱不够用。第一次搬迁时，有的人很向往城里：向往城里人的生活，搬迁后发现不对劲；一般是

家庭条件差的搬来;这里强制性搬迁的没有,搬迁时一个一个问,宣传说有房子、有钱。刚开始来时,1年1户6000元草山费,到后来就没了。开始说搬迁费6000元、草山费6000元,后来合二为一,搬迁费至今未给。(SD,男,75岁,玛查理村生态移民,从黄河乡迁来)

怀念游牧生活,岁数大了牛羊也没了,吃的方面有点不一样,过去吃牛羊肉,现在大部分吃菜、馍馍、面,牛羊肉吃得不多,太贵了。(CR,男,73岁,玛查理村生态移民,从黑河乡迁来)

非常怀念以前的游牧生活,如果有牛羊,肯定会回去。每到春夏季,那儿的景色非常好,从收入方面讲,回到牧区比较好一点。担忧今后的生活,身体不太好,病情恶化,如果国家补偿没有,就无法生活了。这里刚开始时是平房,后来翻修后觉得房子挺好。刚开始到了后,不想再住下去,想回去。如果别的牧区的人想搬来的话,我想对他们说:"想吃的吃不到,想穿的穿不着,我会劝阻他们,会把自己的经历告诉他们。"希望跟以前牧区的一样,有肉吃,有奶喝,医疗政府补,儿女也可以上学。(HS,男,35岁,玛查理村生态移民,从扎陵湖乡迁来)

怀念游牧生活,牛羊有,吃的有,天天有活干,这里啥干的都没有,坐不住。现在年龄大了这里好一点,怀念游牧生活,但不愿意再过游牧生活了。担忧今后的生活,5年的草山补贴计划停掉以后,就没办法生活了,已给3年,2014年还没给。没搬迁的牧民,草山补贴1年1户给7000元;对于搬迁户,1年1户黄河乡给8000元、扎陵湖乡10000多元、黑河乡9000多元,草山大小不同。(LG,男,64岁,玛查理村生态移民,从黄河乡迁来)

非常想念小时候放牧的生活,骑着小牛犊从小就生活在这种环境里。牛羊卖了,国家补偿如果中途停下,没任何收入了,整个移民区都面临很大的问题。(RZGB,男,44岁,玛查理村生态移民,从扎陵湖乡迁来)

怀念游牧生活,还是喜欢在牧区生活,吃的、喝的还是牧区好。这里娃娃上学方便,看病方便,牧区不用花那么多钱,肉不用买。这里花的钱多,买燃料,牧区不需要买。定居点最大的优点是子女上学

方便，水电交通方便，看病就医方便，居住条件舒适。（ZD，男，42岁，玛查理村生态移民，从黄河乡迁来）

喜欢牧区的生活，吃的方面好些，燃料不用买，这里钱不够。（ZD的妻子，玛查理村生态移民，从黄河乡迁来）

喜欢这里，牧区的娃娃特别能吃苦，这里不干活，这里舒坦！牧区放牛羊，这里不用干活，上学家里寄生活费，在大城市里见得多，懂得多。（ZD15岁的大儿子，玛查理村生态移民，从黄河乡迁来）

以前觉得牧区生活很好，待在非常宽广的草原上，心情就好，但现在生活也很满意。新的定居点最大的优点是子女上学方便，看病就医方便，居住条件舒适。（AJ，女，27岁，玛查理村生态移民，从扎陵湖乡迁来）

这里好一点，国家有补助，岁数大了活干不了，身体不好放不了牛羊。（GW，男，77岁，玛查理村生态移民，从黄河乡迁来）

不愿意回以前的地方，以前一直在牧区，很喜欢。但是搬过来生活习惯了，回去怕身体不能适应，这边生病做手术，政府有补偿、有医保，但还没报下来，要去医院。（BD，男，45岁，玛查理村生态移民，从黄河乡迁来）

没有返迁的想法，自己牛羊没有，如果有娃娃，也不会放。牧区的人来县城就像到了大城市，20米之内不会走，手里放了100元不会买东西。牧区一般男的买东西，这里女的会了女的买。（LY，男，49岁，玛查理村生态移民，从黄河乡迁来）

显然，在移民们看来，牧民身份是其最重要的特征，而这种身份上的特征只有生活在牧区才能得以体现，当前在城镇的生活使得移民自身的牧民身份失去了赖以存在的土壤。从搬迁牧民的叙述看，一定程度上，他们对现有生活环境的不适应，除了对故土的依恋外，另一个重要原因是在当前的生活环境下，自身的生产生活需要无法得到很好的满足。牧区的牛羊，牧区的燃料，牧区的花草，牧区的景色，牧区的宽广，牧区的好心情……在藏族移民的记忆中，在牧区时这些实实在在的东西给曾经过着游牧生活的他们留下了美好的刻骨铭心的印象。

如今，对于依然有劳动能力的中青年移民而言，由于劳动技能、语言、就业机会等主客观因素的限制，在城镇谋求一份理想的职业或是外出打工成为一件困难的事，他们在现有的生活环境下无法很好地生活，这使得一部分人对当前的生活环境感到失望，内心难免产生一种失落感，因而阻碍了他们对当前社区的认同。不过，其中一部分人在怀念牧区的同时，也看到了身处生态移民社区的好处，"搬过来生活习惯了，回去怕身体不能适应，这边有补偿、有医保""子女上学方便，看病就医方便，居住条件舒适""没有返迁的想法，自己牛羊没有"，等等。类似的叙述表明，因为移民自身的条件和现实的需求，他们已经开始主动或被动地适应非牧的城镇生活，他们搬迁后体会到的最大的"方便"，也从诸多方面透射出他们对生态移民安置社区的认同。

此外，对于已没有劳动能力的老年人，"这里好一点……岁数大了活干不了，身体不好放不了牛羊"，这一代表性说法应该是他们适应新生活和认同新社区的一种真实写照。而年幼时就随父母搬迁的孩子，在移民新村生活了七八年后，现在他们已成长为中小学生，抑或大学生，乃至城镇就业大军中的一员，这个群体对于牧区的概念，有的已没了记忆，有的记忆模糊，有的已很陌生。"喜欢这里……这里舒坦！牧区放牛羊，这里不用干活……在大城市里见得多，懂得多""没有返迁的想法，自己牛羊没有，如果有娃娃，也不会放"，从青少年的感受和说法及其父辈们的话语中，我们直接或间接地看到了移民点年轻一代的活力，以及他们正在或即将经历的生活，他们对新环境、新生活明显具有较强的适应性，对新社区的较高认同自在其中。这与年轻人的可塑性强是分不开的。可以说，这一群体是牧区城镇化过程中一支不可忽视的新生力量。

为了掌握更多的信息，当我追问"您认为自己是黄河乡/黑河乡/扎陵湖乡的人还是玛查理村的人"时，玛查理村的移民有两种很明确的截然不同的答复。

> 还认为自己是黄河乡的人，草场还在那边，那边出生的，户口在黄河乡，有一万八九亩草场。（BD，男，71岁，玛查理村生态移民，从黄河乡迁来）

认为自己是扎陵湖的人，和从扎陵湖乡迁来的人来往多一些，扎陵湖乡亲切一点，亲戚多。（AJ，女，27岁，玛查理村生态移民，从扎陵湖乡迁来）

认为自己是黄河乡的人，户口在黄河乡，草山是黄河乡的。在玛查理镇愿意纳入城镇低保的，可以改为城镇户口。（LG，男，64岁，玛查理村生态移民，从黄河乡迁来）

感觉自己是玛查理的人，有啥事要向玛查理政府提出。（RZBG，男，44岁，玛查理村生态移民，从扎陵湖乡迁来）

认为自己是玛查理村的人，户口在玛查理村。（HS，男，35岁，玛查理村生态移民，从扎陵湖乡迁来）

认为自己是玛查理的人，搬这里了，吃的、穿的靠玛查理。（ZD，男，42岁，玛查理村生态移民，从黄河乡迁来）

以上移民对地域认同的叙述，使我们从中能更多地了解他们对安置社区的认同。实际上在移民搬迁之后，经过一段时间的适应，有些人依然对迁出地有着深深的眷恋和认同，有些人已经对迁入地"玛查理村"有了观念上的转变、依赖和认同，"出生""户口""解决问题的渠道"是他们认识这一问题的出发点和主要依据。

二 对现有身份的认同

移民在放弃以往熟悉的游牧生活之后，面对城镇全新的生产生活方式表现出一定程度的不适应，在移民初期，这种无所适从的感觉尤为强烈。由于语言不通和劳动技能的匮乏，他们很难找到合适的工作，对他们而言，城镇的生活仅仅是将栖身之地从草场转移到了城镇，并没有彻底完成从牧民到城镇居民的身份转换。

从牧区到城镇，问及"您认为自己现在是牧民还是市民"，他们的叙说耐人寻味。

非常怀念游牧生活，愿意再过游牧生活。愿意当一个藏族，放牧才是藏族。藏区是一个三宝"佛、法、僧"庇佑的地方，再次回到三宝的光芒下。到这里后足不出户，总觉着城里人和牧民是有区别的。

（AX，女，60岁，玛查理村生态移民，从黄河乡迁来）

　　认为自己是牧民，户口也是牧民，城里人的生活（水平）达不到。城里人不用干活，舒坦得很！牧区活干得多，不饿肚子，这边国家钱给得不多就饿肚子。（CR，男，73岁，玛查理村生态移民，从黑河乡迁来）

　　自始至终觉得自己还是牧民，思想上已无法改变，大部分时间在牧区生活。（RZGB，男，44岁，玛查理村生态移民，从扎陵湖乡迁来）

　　认为自己现在是牧民，孩子长大也是牧民，生在牧区。（AJ，女，27岁，玛查理村生态移民，从扎陵湖乡迁来）

　　感觉自己现在是市民，没有牛，没有羊，算是城里人。不想过城里人的生活，但是没办法。（SD，男，75岁，玛查理村生态移民，从黄河乡迁来）

　　认为自己现在是市民，不懂劳动，干的活没有。牧区苦，但生活好，活干得不一样。（BD，男，71岁，玛查理村生态移民，从黄河乡迁来）

　　认为自己现在是市民，牛羊没有，草地也没有，觉着自己是个城里人。（HS，男，35岁，玛查理村生态移民，从扎陵湖乡迁来）

　　认为自己现在是市民，牧区过得不一样，住帐房，喝奶茶……这里看电视，有房子，坐沙发，这里喝清茶。（LG，男，64岁，玛查理村生态移民，从黄河乡迁来）

　　认为自己是市民，条件不一样了，吃的肉少了，吃不惯，慢慢吃菜惯了。牧区客人来了吃不惯，将来自己和孩子可能牧区的也吃不惯，将来娃娃们绝对不会放牧，牧区生活不习惯。（ZD，男，42岁，玛查理村生态移民，从黄河乡迁来）

　　自己觉着穿着像城里人，心还在牧区，想念过去的日子，那边吃得好、亲戚多，这里亲戚少。没有返迁的想法，这儿好一些。（GW，男，77岁，玛查理村生态移民，从黄河乡迁来）

　　显然，在移民心中，牧民仍是一些移民难以改变的身份认同，有些移民明确感觉自己现在是市民，有些牧民则存在身份认同的纠结，"总觉着城里人和牧民是有区别的""放牧才是藏族""愿意过游牧生活""穿着像城里人，心还在牧区"，这种朴实的情结似乎在撕扯着他们震荡犹存的心。可以看出，长期的游牧生活仍然使生活在城镇地区的藏族移民群众向往牧区的生活，难以割舍牧民的身份。不过，随着时间的推移，这些藏族移民的适应性逐渐增强，城镇生活已经不像过去那样虽然"近在咫尺"，却"遥不可及"。

尤其对那些年龄较大的牧民来说，长期的游牧生活，以及与之相适应的物质、文化生活，已经深入其内心世界，对他们而言，故土和过去的生产生活方式已经成为其身份特征的象征，在当前的生产生活方式下，既不是牧民又没有成为真正意义上的城镇居民的身份缺失，导致他们心理上的不适应，对他们而言，外来者的身份标记仍是不可磨灭的。

三江源生态移民工程实施的过程，是一个在以政府为主导的外力作用下急剧发生的城镇化过程。在这个过程当中，藏族生态移民在迁移之前都没有能力也没有机会为在城镇定居生活做充足的准备，他们在迁出牧区之前所习得的生产生活方式和文化观念都与其原有的生活环境和社会角色相适应，而城镇地区社会环境和社会角色的具体要求与之截然不同，从而使牧民无法迅速适应现在的生产生活环境，导致移民原有的社会角色与当前的社会角色断裂，固有的牧民角色丧失，城镇居民的身份尚未完全获得，从而引发生态移民社会身份认同的困惑。这种困惑导致牧民产生心理适应的问题：一方面，牧民希望很快融入城镇生活，成为"城里人"；另一方面，生态移民对草原生活和牧民身份又充满了依恋，其内心深处的徘徊和困惑影响着自身的发展。难以两全其美的现状，则导致了牧民内心不可避免的失衡。

由于生态移民在目前阶段的城镇生活中需要直接面对具有现代文化意义的城镇文化，但是移民原有的思想意识和思维方式建立在他们传统的生产方式及价值观的基础之上，二者之间的碰撞和摩擦加剧了生态移民在身份认同上的矛盾，如果不能对其加以正确的引导，就有可能出现价值缺失、社会意识失范的现象，从而影响当地的社会稳定和发展。一部分牧民存在身份认同矛盾的同时，另一部分牧民则较好地适应了当前的社会生活，对城镇生活方式也能够一定程度地适应，在他们看来，自己城镇居民的意识正在逐渐增强。

　　虽然这些生态移民对自身城镇居民身份的认同仍有一定程度的无奈，认为这是一种被动的变化而非主动的选择，但是，这种身份认同的变化确实对生态移民适应城镇生活起到了积极的作用，对生态移民自身今后的发展及藏区城镇化建设，都是有推动作用的。

第五章　提高藏族生态移民社会适应性的思考

马克思说:"人们为了能够'创造历史',必须能够生活。但是为了生活,首先就需要衣、食、住以及其他东西。因此第一个历史活动就是生产满足这些需要的资料,即生产物质生活本身。"[①] 通过对果洛州玛多县玛查理村藏族生态移民的田野考察,我们对移民的生计方式变迁、后续产业情况等有了一定的了解,并从衣、食、住、行等方面对移民的社会文化适应进行了调查。笔者认为,提高藏族生态移民的社会适应性,对移民在生产、生活方式上更好地融入当地新的生活环境,顺利实现移民从游牧到定居身份角色的转换,促进移民社会的发展,意义重大。因此,从以下几方面进行思考和改善,尤为重要。

一　促进后续产业的发展,为生态移民的发展提供物质保障

促进就业,提高移民的经济收入,是保证生态移民生计的根本措施,是民生之本。对于玛多县的三江源生态移民来说,由于后续产业的发展受到限制,移民的就业率和移民安置社区的社会发展水平普遍较低。对于牧民的发展来说,这会增加其心理上的挫败感,以及对未来不确定性的担忧,

---

① 马克思、恩格斯:《德意志意识形态》,人民出版社,1995,第79页。

从而导致其社会适应的难度加大。因此，应当采取必要的措施，促进移民后续产业的发展，改善移民的就业环境。具体而言，可以从以下几方面进行探索。

第一，尝试发展现代畜牧业。畜牧业是三江源区的支柱产业，也是与自然环境相适应的生产方式。藏族长期以来的游牧生活积累了许多与之相适应的地方性知识，他们对生态环境的保护和地区经济的发展都有诸多思考。目前过度放牧、开发等原因造成的草场退化对畜牧业发展造成了极大的影响，需要在原有畜牧业生产的基础上进行改良，改变不利于生态环境和社会发展的放牧方式，减少牲畜的数量，加强对草场的合理利用，提高畜牧业生产中的科技含量和市场经济能力，提高牲畜的出栏率，缩短牲畜从出生到贩卖的周期。同时，建设牛羊肉及其周边产品的加工生产基地，建立起养殖、贩卖、屠宰、加工等多层次、多形式的生产加工体系，使牧民直接参与其中，尤其是生态移民，虽然已经不直接从事畜牧业生产，但是可以在流通领域发挥作用，仍然可以成为市场主体。

第二，拓宽特色产品的加工销售渠道。为了生态移民的发展，玛多县建立了藏族服饰加工、掐丝唐卡制作等藏族特色产品的生产加工企业。但是由于市场规模较小，产品质量相对较差等，其销售情况普遍较差，产品积压现象严重。因此，如何提高产品质量，同时拓宽相关产品的销售渠道，应当是当前后续产业发展中亟待解决的问题。

第三，发展民族特色旅游。玛多县位于三江源保护区的核心地区，扎陵湖、鄂陵湖及"牛头碑"等生态旅游资源丰富，但是由于海拔高、地理区位偏远等原因，每年到这里旅游的人并不多。因此，利用民族和地域特色，发展民族特色旅游，仍然具有深挖的潜力。《格萨尔》史诗中许多重要的情节都与黄河源头"玛多"有关。今日的玛多草原处处都有"格萨尔的身影"，在大量的民间神话传说里，印证着许多的历史古迹，如"维日斗措""珠姆桑炽""珠姆鞑尕""珠姆松科""阿依地""拉地""乐地"等，通往这些宛若天成的格萨尔遗迹的线路又与县内主要交通干线和重点旅游景点线路基本吻合，这为当地文化与旅游资源的开发与利用奠定了基础。需要说明的是，走马神迹——格萨尔赛马称王遗址，玛多县黄河乡人民政府所在地"阿依地",藏语意为"四个垭口",相传为格萨尔赛马称王的起点。① 因此,加强当地的旅游设施建设,提高当地特色文化的吸引力,进一步开发当地的旅游资源,让生态移民参与其中,不仅能够解决生态移民的就业问题,也能够利用旅游业发展当地的畜牧产品加工、唐卡制作、服饰制作等产业,将上述产业的产品以旅游纪念品的形式出售,不仅能够获得直接的经济收入,而且能够扩大影响力,促进这些产业的发展。

第四,提高生态移民的就业技能。生态移民的就业技能较差,是限制移民后续产业发展的一个重要原因。通过语言培训、职业技能培训、教育投入、观念疏导等方式,提高生态移民的就业技能,尤其是自主就业和自主创业的能力;通过教育改变其原有的安于现状的观念,鼓励他们外出就业和创业。同时,为移民提供相应的帮助,将富余劳动力进行分流,降低当地社会的就业压力,促进移民与外界社会的交往,对于提高移民社会的自我发展能力和当地社会的发展水平,都具有推动作用。

二 提高政策的落实成效,为生态移民的发展提供政策保障

"政府引导,牧民自愿",是三江源生态移民的基本指导原则,政府在生态移民及其后续产业发展过程当中扮演着主导角色。因此,政府在设计和执行各种政策、措施的过程当中,应当对生态移民的具体情况进行充分的调查研究,真正从实际出发,使各种政策、措施与当地、当时的实际情况相适应,提高政策、措施的可行性。同时,在实施之前进行充分的宣传教育,使尽量多的牧民充分地理解、了解、接受这些政策、措施,提高牧民参与的积极性。另外,在政策的实施过程当中,应当保证政策、措施实施到位,这事关政府的公信力和生态移民的切身利益。只有在制度上为生态移民的发展提供切实的保障,才能使牧民相信各种政策、措施的真实目的是为牧民着想,才能保证生态移民政策顺利地进行下去,才能最终实现生态保护和促进藏族社会发展的目标。

---

① 孔生福:《青海玛多县格萨尔历史遗迹及传说》,《青海学习报》2013 年第 11 期。

三　进行心理干预和疏导，提高生态移民适应新生计方式的能力

在当前生态移民的经济收入当中，相当一部分收入来自政府的财政补贴，如生态补偿款、低保收入等。面对这一现实情况，藏族牧民"等、靠、要"的心理逐渐增强，认为"政府不会不管我们"，因而牧民主动改变现状的心理逐渐减弱。在搬迁初期，移民会主动参与各种技能培训，而随着时间的推移，由于技能培训带来的实际效果并不好，没有明显地改善其就业和生活条件，因此牧民的积极性普遍降低，主动适应现状的积极性被削弱。这种情况在移民当中具有一定的普遍性。因此，从心理上对生态移民进行干预和疏导，使他们摆脱"等、靠、要"的心态，削弱其心理上的依赖感和挫败感，使他们重新树立积极主动、自立自强的信念，提高其适应现有条件的能力。

四　重视生态移民的主体地位，建立移民参与的管理和发展模式

虽然政府在实施生态移民工程的过程中占据主导地位，但是搬迁的牧民才是真正的主体，移民的各项措施要通过移民群体具体实施。从这一点来说，政府在参与的同时，需要充分考虑搬迁牧民的真实需要和利益诉求，提高他们在政策、措施制定过程中的参与度，发挥他们的主体作用，建立以移民为主体的参与式社区管理和发展模式，调动移民的积极性，促进移民搬迁的顺利进行和搬迁目标的实现。以社区建设为例，在生态移民社区建设的过程当中，推动移民的参与，不仅能够培养社区成员的主人翁意识，使其共同参与社区建设，而且可以培养生态移民对社区的认同感和归属感，增强和提高生态移民之间的联系和凝聚力。这对社区的发展来说是有积极作用的。

五　提高生态移民自身的素质，促进移民社会主体的发展能力

作为生态移民工程的主体，藏族生态移民自身的素质不仅关系自身的生存和发展，而且还关系能否为生态移民和当地社区发展提供充足的人力资源。藏族生态移民以藏语作为交流的基本语言，在移民搬迁之后，移民安置点所在的乡镇、县城、州政府所在地，相对其原来生活的牧区更为开

放,各种文化交流频繁,汉语的使用频率有所提高,客观环境要求他们能够使用汉语进行交流。但是,由于生态移民整体文化水平较低,汉语使用能力较差,这又进一步限制了他们学习汉语的主动性和积极性。长期的放牧生活使他们除了畜牧业生产方面的技能之外,对其他生产方式几乎一无所知,这导致他们在新的社会环境中难以获得新的职业。尽管政府组织了不同的生产技能培训,但是由于自身文化水平低等原因,技能培训的实际效果仍然有限。面对当前藏族生态移民自身素质普遍不高的现状,提高生态移民的职业技能、提高移民的语言交流和科学文化水平、扫清藏族移民在日常交往及工作当中的障碍、促进生态移民这一主体自身的发展能力是紧迫的。

跨州移民的果洛新村

目　次

第一章　走进果洛新村 / 94
　　一　地理位置：移民飞地与象征吉祥幸福的草场 / 94
　　二　外紧内松：田野调查进入难 / 97
　　三　搬迁原因：三种类型 / 100
　　四　移民记忆：搬迁的那天晚上 / 102
　　五　告别草场：抛弃的命根 / 107

第二章　移民的社会适应 / 112
　　一　从"高海拔"到"低海拔" / 112
　　二　从"游牧"到"非牧" / 113
　　三　"我们是牛尾巴拽大的" / 118
　　四　传统藏服和现代穿着 / 121
　　五　传统帐房和现代住所 / 123
　　六　传统牛马和现代交通 / 131
　　七　"亲缘""地缘"与"业缘" / 132
　　八　"牧民"与"城里人" / 137

第三章　移民的文化适应 / 145
　　一　喇嘛与寺院 / 145
　　二　转经与丧葬 / 148
　　三　"念书"和"上学" / 153
　　四　"汉语'阿拉巴拉'"与"听得懂的交流" / 157

第四章　移民的后续产业发展 / 162

第五章　移民对搬迁政策的评价 / 167
　　一　执行与结果："黄河水歪来歪去"与"天上的飞机变成鸟" / 167
　　二　搬迁与补偿：牧区"城镇化"和"现代化"的必经之路 / 169
　　三　对政策完善的启示："理想生活"和"家庭富有"的标志 / 170

第一章 走进果洛新村

一 地理位置：移民飞地与象征吉祥幸福的草场

果洛新村是三江源生态保护和建设项目实施过程中由生态移民搬迁形成的。它是果洛州唯一一个跨州安置的生态移民新村，其居民来自玛多县黄河乡和黑河乡，基本上全是藏族，共189户731人。果洛新村距迁出地黑河乡约412公里，距黄河乡约455公里。全村规划面积551.67亩，189户搬迁户实际用地499.68亩，规划发展用地52亩。养畜户161户，户均住房面积63.15平方米，畜棚100平方米，旱厕3.55平方米；商铺房28户，户均住房面积75平方米。189户户均投资8万元，总投资1512万元。水、电、路、学校等配套设施投资491万元。果洛新村建设工程于2005年8月开工，2006年10月完工，10月底完成了189户移民群众的搬迁入住工作。

果洛新村地处省道S101西久公路路边，所在位置是同德县城东部巴滩青海省牧草良种繁殖场。该村距同德县城22公里，距玛多县城400公里，距果洛州政府驻地大武镇180公里。果洛新村所在位置比较特殊，这从图1中可以清楚直观地看出。如果用一句话概括果洛新村所处地理位置的话，就是其地处"三州、两县、两乡一队、三路"的交叉处。"三州"即果洛州、海南州和黄南州，果洛新村村民原属于果洛州玛多县，搬迁后却地处

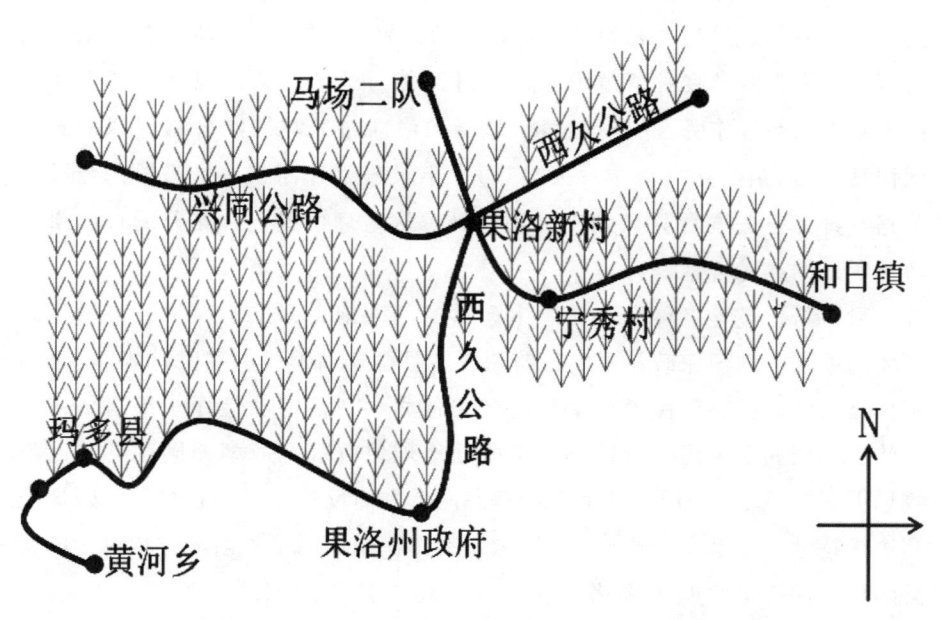

图1　果洛新村地处"三州、两县、两乡一队、三路"的交叉处

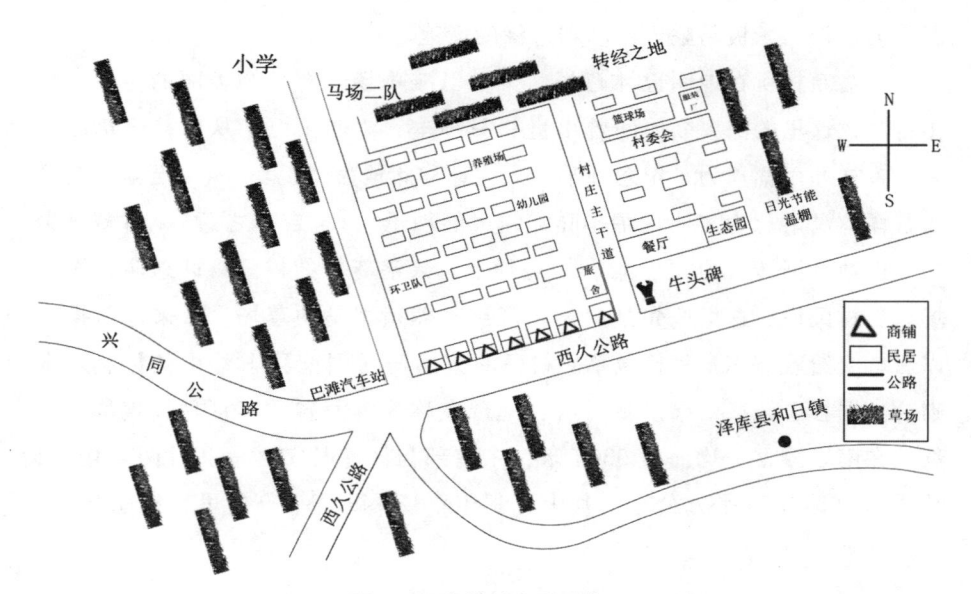

图2　果洛新村平面示意图

海南州，同时紧靠黄南州；"两县"是指隶属于海南州的同德县和隶属于黄南州的泽库县，果洛新村就处于这两县的交界处；"两乡一队"是指果洛新村紧邻青海省牧草良种繁殖场二队（村民称为马场二队，现隶属同德县）、泽库县王家乡和宁秀乡；"三路"是指果洛新村处在兴同公路（兴海县—同德县）、西久公路（西宁—久治县）/宁果公路（西宁—果洛州）与泽同公路（泽库县—同德县）的交叉路口处。从地理位置上，充分反映出果洛新村所处的尴尬境地。

果洛新村被学者称为三江源生态移民的飞地，即出于保护三江源生态环境的原因而在国家政策下实行跨州或跨县搬迁而形成的移民村落。① 果洛新村是三江源生态移民项目中的跨州飞地之一，其特殊性在于果洛新村的行政仍然归属于果洛州管辖，但是所处地理位置却在海南州同德县的巴滩牧场上。"飞地"一词，从动态和静态两个方面反映出果洛新村的特殊地位和边缘特性。从动态上讲，"飞"这一动作，既说明了果洛新村相对于同德县的外来性，也表明了果洛新村原属地玛多县与同德县在距离上的遥远；从静态上讲，果洛新村这个"飞来的"村子在行政管理和经济发展上相对孤立，新村移民没有比较稳定可靠的生活保障，村子社会经济文化发展脆弱，无所依靠，极易陷入被动和边缘的境地。

果洛新村所在地叫巴滩草场，关于巴滩草场还有一个美丽的传说。相传古时，这里的深溪断崖间曾出世一只神羊，欢叫不已，从此，给草原带来了吉祥和幸福。为了纪念神羊，人们遂称此地为"巴塘"（"巴塘"是藏语音译，汉语意为"听闻绵羊咩咩叫声的坝子"，含吉祥之意），后藏汉聚居，巴塘逐渐转音为"巴滩"②。习惯上，果洛新村的村民将此地叫作军马场。据村民说，这里原先是兰州军区用来养殖军马的草场，后来部队撤走以后就交给政府用来种植牧草。村民的叙述与《同德县志》中的记载基本吻合。据县志记载，果洛新村所在地现在称为青海省牧草良种繁殖场，场部就在南巴滩，平均海拔 3300 米，东南部与泽库县宁秀、和日两乡接壤，总面积为 212.53 平方公里，其中可利用草场 149.2 平方公里，耕地 57.66

---

① 杜发春：《三江源生态移民研究》，中国社会科学出版社，2014，第 63~64 页。
② 同德县地方志编纂委员会：《同德县志》，民族出版社，1999，第 34 页。

平方公里,下设3个服务站、6个科室。① 巴滩的历史显然要比军马场的历史长。1958年7月,出于平叛的需要,巴滩曾作为同德县的临时县址②,直到1961年5月县政府重新迁回尕巴松多为止。③ 事实上,也就是在巴滩作为县址所在地期间,即1960年,河南省3000名青年在此建立了农场,即巴滩青年农场,播种农作物6万亩;1962年的时候,由于国民经济调整,巴滩青年农场被撤销,人员也被遣返原籍,这里就被青海省军区所接管;到1963年3月份的时候,中国人民解放军兰州军区同德县军马场就在此地成立,军马场是一个团级建制的军事单位,这一军事单位一直延续到1976年1月此地移交青海省畜牧厅为止,军马场于是也被改称为青海省同德牧场。④ 1979年青海省同德牧场又改为青海省牧草良种繁殖场,这是青海省畜牧厅所属的7个县团级农牧企业之一,这一名称一直持续到现在。⑤ 而果洛新村的正北面,距离村子3公里的地方就是马场二队,即青海省牧草良种繁殖场二队,它静静地坐落在果洛新村的背后,似乎是历史的遗留,也为我们验证着上述简短的历史。

二 外紧内松:田野调查进入难

2015年8月11日,我们一行三人从甘肃夏河县出发,路经青海热贡艺术之乡同仁县,之后乘坐钓鱼车"不打表的出租车",到达泽库县和日镇。

夏河到同仁的汽车早上7:40左右出发,我们在汽车站附近的一家包子店匆匆解决了早餐。车票是夏河县发改委韩工提前一天通过熟人帮忙预订的,车子比较破旧,车上坐着几个穿着僧袍的喇嘛。从甘南到青海,沿途经过了大草原到丹霞地貌再到草原的地质转换,不断变换的风景不会让人感到太多的疲劳。我们旁边坐着一对出来旅游的情侣,自湖南而来,一路畅游西北地区的美丽风光,他们有着极高的热情,兴奋地浏览着沿途的

---

① 同德县地方志编纂委员会:《同德县志》,民族出版社,1999,第62页。
② 同德县地方志编纂委员会:《同德县志》,民族出版社,1999,第16页。
③ 同德县地方志编纂委员会:《同德县志》,民族出版社,1999,第18页。
④ 同德县地方志编纂委员会:《同德县志》,民族出版社,1999,第18页。
⑤ 同德县地方志编纂委员会:《同德县志》,民族出版社,1999,第18、62~63、240~241页。

草原风光,欣赏着与南方不一样的景色。长途汽车中途在黄南州同仁县瓜什则乡停留半小时,最让乘客们难以接受的可能是来到藏区后公共厕所稀少的问题。询问司机哪里有厕所,司机理所当然地指着一片空旷的野地,那是天然的"公厕",只要能找着隐蔽处,都可就地解决。瓜什则乡有一座瓜什则寺(藏语音译"瓜什则加萨尔雪扎图丹群科",汉语意为"瓜什则加萨尔圣教法轮讲经院"),路过这里时,坐在车里透过车窗,可以看到金碧辉煌的瓜什则寺院。该寺位于县城东南10公里处,据传建于明代,最初寺址在加卜察沟,后来迁寺于今瓜什则乡政府所在地绒穹多(即现址)。瓜什则寺由拉卜楞寺的二世嘉木样活佛晋美旺布命名,采用郭莽扎仓之学经教程,一切法事活动均仿效拉卜楞寺。[1] 中午12点左右,我们到达了同仁县城。

  同仁县是热贡艺术的发祥地,是著名的藏族画家之乡,这里到处能够看到高大的在阳光下闪耀着金光的佛像。同仁县辖2镇9乡,农区居多,只有3个纯牧业乡,所以路经同仁县城时并没有宽广的草原,而是紧密的村庄和院落。因为从同仁县到泽库县也就一个多小时的车程,于是我们决定包一辆"钓鱼车"直接开往泽库县。在经历了一阵子的讨价还价之后,终于定下1人30元的价格。到达泽库县城的时候,已是下午1点多。在县城菜市场附近一家名为"重庆小炒"的饭馆吃过午饭后略作歇息,菜市场后面是厕所,我们在那里巧遇一位从江苏来藏区旅游的南方妇女,她衣着白净,喋喋不休地抱怨着藏区的卫生差劲,以及厕所环境让人不堪忍受。之后,我们继续赶往泽库县和日镇,与在那里做调查的团队成员汇合,一同参观了素有"高原石刻第一村"美誉的和日村及石经墙。实际上,我已是第三次到这里。站在山顶上看到远处金光闪闪的佛教寺院和周围安静的村落,总会感觉到一种宗教的神圣和庄严肃穆。在和日村略作停留,当天下午,我们就从泽库县和日村出发前往果洛新村。和日村距果洛新村约24公里,途经泽库县宁秀乡,乘坐"钓鱼车",每人需付15元,大概耗时40分钟。沿途尽是高低起伏的草场,草场间围着栅栏,会看到牛羊如珍珠般点缀在草原上,也会看到大量的鼠洞,如果眼睛锐利的话,在急速行驶的

---

[1] 高文德主编《中国少数民族史大辞典》,吉林教育出版社,1995,第584页。

出租车上，偶尔还会看到肥硕的老鼠在草场上发呆。果洛新村就坐落在公路边上，交通十分便利。村子前面，靠近马路边上，是一排两层砖混结构的楼房，大多是店铺，有小卖部、百货店、饭馆、肉铺、馍馍店、蔬菜店、瓜果店、修车铺，等等，果洛新村警务室、玛多县果洛新村卫生室也设置于其间，可能最明显的就是破旧的"修车""加水"的牌子，以及停在路边的"钓鱼车"。村子周围尽是草场，茂盛的牧草被栅栏分割成一块一块的，这就是青海省牧草良种繁殖场。

进入果洛新村是困难的……我们到达果洛新村的时间大约是下午 6 点钟，刚下车就匆忙寻找住宿的地方，一路询问，很快在村子前面的两层商铺房找到了一个可选择的住处——和平旅社。老板才让卓玛是村里人，中年女性，个子不高，不似传统藏族女性那般皮肤黝黑和明显的"高原红"，相反，才让卓玛皮肤白净，乍一看像是来自南方。她家房子一楼用作小卖部，二楼则用来出租，供路过的司机和游客住宿。西久公路和兴同公路都穿过这里，不论是去果洛、西宁还是同德县城，都会经过这里。因此，这里交通便利，来往车辆较多，经常有车辆在此处停车加水。搬迁时，才让卓玛就已离婚了，她有两个女儿。大女儿桑杰卓玛，和爸爸住在玛多；二女儿加毛吉，和妈妈住在果洛新村。桑杰卓玛刚结束高考，暑假就在母亲这里住着，已经住了 2 个多月，所以对村子里的情况有一定的了解。桑杰卓玛和爸爸、继母一起在玛多生活，爸爸、继母都是汉族，可能出于这个缘故，她汉语比较流利、藏语也不错，心直口快，热情善良，正好充当我们的翻译。我们住的房子大概五六十平方米，摆了 6 张床，房子里东边的 3 张床与西边的 3 张床中间搭 1 根铁丝，挂上帘子，就是我们的短期住所了，为了方便与安全，我们用 70 元 1 天的价格租下了整间房子。放下行李不久，还没来得及休息，一抬头就发现已经有一个穿着警服的壮硕男子站在了屋子里，这使我们格外吃惊和不安。瞬间，我们就感受到一种紧张的气氛，预感到这次田野调查可能不会如设想得那么顺利，随即猜测到可能是旅店老板通知了村里警卫室的人。按照要求，我们取出各种证明材料，下楼到老板铺子里面的屋子时，几位领导正端坐着，严肃的表情预示着似乎有什么在等待着我们。他们再三确认我们的身份和调查目的，虽然我们有充足的证明并百般解释，仍然得不到进村的许可，必须等村里一位叫 BDJ

的书记回来之后，征得其同意，并要求玛多县政府发传真开具相关证明，才能开展调查。盘问我们一行三人的干部说，之所以这么严格，是与之前发生的一桩事有关。据当地政府部门工作人员透露，2014年10月左右，有国外来访者未经当地政府允许便进入玛多县，对当地有关问题进行调查，并在国外一些重要媒体报道，造成不良影响。因此，当地各级政府对于进入且调查玛多县情况的人员核查十分严格，学者必须持有玛多县政府盖章的证明并经果洛新村村委领导同意方能开展调查，否则不能进村，随便走走也不允许。就是在这样的氛围中，我们满怀着忐忑焦虑和不安度过了艰难而漫长的一夜。第二天一大早，我们和玛多县三江源办公室王主任取得联系并说明情况后，把这次出行时携带的田野调查证明用微信传给了他，在他的协助和周旋下，玛多县政府通过传真给果洛新村发来了同意我们进村调查的函件，先前的焦灼和紧张方才得以缓解，可以正式开始对果洛新村的田野调查时，已是午后。而真正走进村子里，你就会感受到果洛新村村民的热情与好客，外紧内松，村里村外的气氛，截然不同。

三 搬迁原因：三种类型

虽然就三江源生态移民的整体情况来说，我们可以认为生态移民是由于国家的生态保护政策而搬迁的，但是具体到每一位移民个体身上，移民搬迁的原因就呈现出多样性。村民搬迁的原因可以归纳为三种类型。

第一类是由于国家政策的要求而搬迁，并且国家将草场收回了。可以说，这类村民其实是在国家政策的强制基础上做出的一种被迫的自愿选择。由于搬迁之初政府承诺牧民只需在此地居住10年，10年后可以选择搬回原居地，也可以继续留在迁入地，因此一部分村民仍然期望着10年到期后可以搬回牧区，2015年10月果洛新村的移民搬迁即满10年。在田野中能够感受得出，政策的强制性与很多移民返迁的强烈愿望深深地交织在一起。

国家把草场收了，就搬这了。（SG，男，50岁，果洛新村生态移民，从黑河乡迁来）

国家说，你在这儿住10年，10年以后可以回去。（SMC，男，45岁，果洛新村生态移民，从黑河乡迁来）

草原上牛羊也没了,希望政府多给点钱。(NS,男,48岁,果洛新村生态移民,从黑河乡迁来)

别的人搬来了,我也就搬来了。(AB,女,37岁,果洛新村生态移民,从黑河乡迁来)

第二类村民搬迁,是为了享受由搬迁所带来的各种优惠政策,希望通过搬迁改善生活和工作环境,获取更多的生存机会,因此受到政府所承诺的各种优惠政策的吸引。出于这类原因而搬迁的村民,比第一类村民更积极和主动。

刚搬来时有补助,低保啊,草山钱啊,所以就过来了。……政府说这边好得很,啥都白给呢!(LM,女,23岁,果洛新村生态移民,从黄河乡迁来)

有国家政策,所以选择来这里。生态移民多,搬迁的人比较好。(JT,男,66岁,藏医,僧人,果洛新村生态移民,从黑河乡迁来)

搬来好,国家给钱。(DD,男,47岁,果洛新村生态移民,从黄河乡迁来)

这边生活好一点,国家政策好,给的钱多。(DJC,AL的老婆,29岁,果洛新村生态移民,从黄河乡迁来,村里的新增户)

干部做思想工作,说比牧区生活好,我们就选择来了。(SJ,女,41岁,果洛新村生态移民,从黑河乡迁来)

第三类村民搬迁,则是明确知道为了保护三江源,并伴之以国家的优惠政策。但是这并不意味着移民是出于保护生态环境的大义而选择的搬迁,而是说较之前两类移民,这类村民对于搬迁政策及各种补助的原因有更为清楚的认知。

为了保护三江源而搬迁的。……刚来时听说政策项目多。(GJ,男,59岁,果洛新村生态移民,从黑河乡迁来)

移民到这里,草山要保护,政府答应给补助。(DZCR,男,53岁,果洛新村生态移民,以前是玉树县结古镇人,2006年迁来)

国家说到这来,钱给得多,就搬来了,要保护草山,保护三江源,

所以到这里来了。(LJL,男,43岁,果洛新村生态移民,从黑河乡迁来,被认为是村里最富的人)

草山成沙漠了,国家要减少人口。原来全国说的话,四川、甘肃、云南,牧区最好的是果洛的玛多县和海西的天峻县,全国牧区首富县,现在成最穷的了。这是为啥?草山成沙漠了,所以我们就搬家。(草山)变成沙漠和过度放牧有关系。我跟你说个历史,玛多县成立"人民大会"的时候,牛、羊、马全部算上12万,1982年75万,所以成沙漠了。现在牛羊10万不到,你说穷不穷,天峻县现在还富着呢!(JC,男,73岁,果洛新村生态移民,从黄河乡迁来)

从上述情况中,我们探知了牧民搬迁原因与政策层次性之间的对应关系。根据生态移民的叙述,可以把造成搬迁的原因归纳为三种,即保护三江源、国家强制、搬迁享受优惠。这三个与生态移民相关的政策是具有从高到低的层次性的:保护三江源,可以说是大义之所在,是最高层次的原因;国家强制是中等层次的原因,是保护三江源这一原因的具体手段;搬迁享受优惠则是最低层次的原因,是最终能够落实到生态移民个体的实效。因此,越是低层次的与牧民实际生活相贴近的政策,对牧民越是具有吸引力,与牧民的切身利益也就越紧密,而越是高层次的脱离牧民生活范围的政策,越是抽象,越不具吸引力,牧民对政策的了解和认同也就越低。

与搬迁牧民们的意见不同,政府官员就搬迁问题有另一番看法。玛多县政府办公室的一位干部认为愿意搬迁的那些牧民都是穷人,牛羊很多的人是不愿意搬的。那些有牛羊的富裕户还在草场上。[1]

四 移民记忆:搬迁的那天晚上

从2006年搬迁至今,已整整10年了,许多村民对于当年搬迁时的情况和心情仍然记忆犹新。搬迁是在2006年10月的一天进行的,村民对于到达果洛新村的时间记忆深刻,那是一个冬天的晚上,大概是夜里12点至凌晨3点到达。村民对于搬来时的情形叙述较为详尽,普遍的叙述是由

---

[1] 杜发春:《三江源生态移民研究》,中国社会科学出版社,2014,第40~41页。

于搬来的时候较为匆忙，食物和水都没有携带，到了果洛新村后，"电也没有，牛粪也没有，水也没有"，果洛新村民族服装加工厂23岁的女职工拉毛这样说。在牧区生活了世世代代的牧民一觉醒来，发现身处陌生的环境中，一下子连东南西北都分不清了。

根据果洛新村村民们的叙述，他们搬迁时的心情大致可分为两类。

一类村民将搬迁的那天作为最失败、最困难的一天，村民沟角给我们讲述了这样的情景。

> 我们是晚上到的，老板安排的，12个老板监修房子。晚上11~12点到，来的当晚啥都没看见，啥也不知道，直接睡了，行李带着，第二天起床东西南北分不清。有个指挥部（当地村民习惯将村委称为指挥部），很多东西拉下来，第二天去取东西，找不见。最失败的一个晚上，亲戚们哭着……心情特别不好，最困难的晚上。

59岁的沟角，是一位会说一些汉语的男性村民，他的老婆赛多今年47岁。沟角一家有5口人，是2006年从黑河乡搬到果洛新村的。搬来前，沟角是一个地地道道的牧民，而现在是一个手工业者，他在村里的服装厂上班，主要做藏族服装和帐篷。在他的叙述中，我们通过"啥都不知道""南北分不清"这样的话语，可以理解牧民刚搬来时的迷茫和不知所措。而"哭着""心情特别不好""最困难"等描述，给我们勾勒出了对于沟角这样的村民来说，搬迁那晚的情形。

与沟角的感受相反，另一类村民则将搬迁的那天视为值得高兴的人生中最重要的一天，这在电工索南较为详细的叙述中能够充分体现。

> 开会是九月二十几号，名字签好以后必须搬。05年（2005年）签的，06年（2006年）搬，后悔是不可能的。那天晚上搬过来是我人生中最大的一件事情。搬的时候，二十几天前通知我们说你们把这个东西该卖的卖掉、该扔的扔掉，因为一辆卡车只拉四五家的东西，东西太多装不下，会议上传达的。我坐的那辆车拉四家人，人还坐不上车。从西宁派来的车不全，我们在玛多县政府门前等着呢，县委书记和几个领导过来以后问："你们是干什么的？"我说："我们是走的，也是

搬走的。""那你们的车呢？""我们没有车。"那时候车少得很，"你去把他们几个拉上。"我们八九个人，从早上10点出发，晚上2点半的时候才到，2006年10月25号的晚上两点，现在已经10年了，大家一起过来的，搬东西的车十几辆，班车4辆，警车跟着呢，县政府的领导跟着呢，有一部分领导和房子的老板在这里等着。上面发了个牌子，工程的每个老板不同，照着牌子找老板给钥匙。白天没吃上饭，早上起来喝个茶，开了个会，什么会也没听清楚，天气冷得很，路上没停，饿得不得了。（为什么不停？）不能停，停的话集中不了，按时到不了。1辆车上派2个人，买了点吃的，没钱，钱方面紧张，自己买的，买得不多。到了以后饿得不行，问了一下老板，"有没有饭馆"，指挥部有馍馍，没拿上，电也没有，下雪了，把东西卸完，火生上，指挥部找了一点水，不知道干净不干净，烧了点茶，看了下表，5点了，睡了一会儿。出去以后不知道东南西北了，雾大得很，太阳看不见。过去开了个会，把东西搬进去，当官的过来检查了一下，炉子支好了，四个月以后发了电视。

索南是村里的电工，比较健谈。我们到他家的时候，他刚从外面回来，左肩上挎着一圈白色的电线，右手还提着一小桶刚买的酸奶。索南今年48岁，家里有6口人，4个小孩，3女1男。索南最大的女儿已经21岁了，在果洛州一所寄宿制学校上高中。索南的汉语很流利，以至于我们的小翻译都用不上，大家完全可以畅快地聊天。索南有很丰富的人生经历。他小时候很喜欢上学，那时大概是1978年，小学在乡上，是寄宿制学校，离家远得很。但是由于家里放牧，需要人手，家里人就将他从学校领回去放牧，因此他在学校只是间断地读到了三年级，之后就一直在放牧。小时候的学校生活对于已到中年的索南来说，真是五味杂陈。那时上学的时候一年只能回一次家，冬天的时候家里人骑马送过去，秋天冬天家长来学校1次（秋天或冬天家长来1次），家长来的时候会给索南1块钱。索南清晰地记得有一次家里给了六毛钱，而那时两毛钱就可以买一帽子的糖果。在学校的时候总是稍微大点的学生帮小一点的学生洗衣服。也许，对于家里把他从学校领回去放牧有些耿耿于怀吧，谈话中他两次重复这一点。索南说他后来还跑回学校一次，但是又被家里人赶回去了。对于小时候自己的好学，索南还是很骄傲的。他说他那时候最爱念书，学校考试的时候从来没有考过第三名——通常考前两名，放牧的时候总是把书放在衣服里面看，特别想上学。而如今他的那些同学们都已经是县处级干部了，索南的语气中多少带些后悔和羡慕的意思。后来他就进部队当了兵，当兵是在海南州武警二支队，当兵的地方距果洛新村有200多公里。索南18岁当兵，到他21岁退伍的时候却由于牧民户口不安排工作，所以他没事干，就在青海地质大队做翻译，同时兼着做些杂活，如保护帐篷之类的工作。这份工作仅持续了三个月，这三个月他能挣到1天10块钱的工资，其中"马出6块，人出4块"，那是1991年到1992年的时候。索南在当兵之前想当一个修理工，当兵回来后由于挣不了几个钱，于是就在牧区开着手扶拖拉机帮牧民拉东西，跑一次最多的时候能挣180块钱，一般也就七八十块钱。索南总是感慨，虽然那时候挣钱不是很多，但是钱很值钱，可以买很多的东西。之后索南在乡上、县上打工，自己学会了修理机器，柴油机、发电机等，他都会修。起初他自己买本说明书和修理机器的教材，自己看着修理，拆开自己的机器，看哪个正常哪个不正常，就这样学着修。他说那时候北京吉普多得很，他自己就有1辆，然后他把自己的车拆开来修，修着修着就学会了。那时他负责修车，收修理费，配件则由车主自己出，1个月能挣2000多块钱。那大概是1996年到2001年或者2002年的时候。

  手扶拖拉机和北京吉普可以说是一个时代的标志。农业的机械化浪潮始于20世纪70年代，载重汽车、大型拖拉机、手扶拖拉机、柴油发电机等都是在那个时候进入牧区的，那是牧区牧业机械化的开端。据《玛多县志》记载，到1978年玛多县全县共有载重汽车12部，大型拖拉机17台，手扶拖拉机25辆，磨面机7台，牛奶分离器843台，架子车200辆。到了80年代初的时候，牛奶分离器已经达到了全县几乎每户1台的程度。而90年代初，正是牧民生产积极性高涨，大量牧民购买"东风""解放"牌卡车的时候，也就是那时，北京吉普、手扶拖拉机和摩托车等运输工具购买人数大增。[①] 可以想见，索南正是那一批赶上牧业机械化浪潮的牧民。后来

---

① 《玛多县志》编纂委员会：《玛多县志》，中国县镇年鉴出版社，2001，第160页。

索南在和同学们交流的时候,同学们告诉他国家有一个政策,不知道什么时候落实,但是如果政策落实了,牧民就要搬到某个地方去,可以享受优惠政策,以及生活补贴什么的。索南那时就想好了,一直在等待着。那次同学聚会2年之后,政策就实行了,就是现在的这个政策——生态移民项目。索南说,有一次乡政府的领导找他谈话,说有一个项目要求牧民搬迁,问他"走还是不走",他说"自己肯定走,第一个就走,因为出去的话,肯定要比我在牧区好得多,肯定好得多"。

索南详尽地讲述了他的人生,并在此过程中表明生态移民这一政策对于他来说意味着什么。很明显,我们能够看出索南的人生可以划分为两个阶段,而生态移民政策就是他生命中两个阶段的转折点。从索南的叙述中,能够感受得出,在人生的第一个阶段,他的生活充满了各种后悔、无奈、羡慕及艰辛。

还有一些孩子表达了初来果洛新村时的欣喜之情,与成年人相比,孩子们的叙述更多地集中于那些欢乐的事件,而这些事件在成人的讲述中却不曾出现。23岁的藏族姑娘拉毛还清晰地记得刚搬来时当晚的欢乐情景。

> 我有点高兴,那时候小得很,人也多得很。晚上他们跳个锅庄舞啊,有点高兴。好像是同德县城的,演了个节目,唱了几首歌,我觉得高兴得很。(拉毛,女,23岁,果洛新村生态移民,从黄河乡迁来,果洛新村唐卡制作室员工)

与拉毛类似,SMC 17岁的儿子昂秀也表达了刚搬来时见到新房子的喜悦心情。

> 刚来时房子也不清楚,在哪里也不清楚,来时天黑着,冷!新房子有了,小孩高兴得很。(昂秀,男,17岁,果洛新村生态移民,从黑河乡迁来)

与拉毛和昂秀形成鲜明对比的,是拉毛的母亲 ZM 和 SMC 的讲述。

> 刚来时心情不好,过了五六年才变好。牛粪没有,水也没有,自己带了一点点牛粪,从二队专门买回来的水,1家1桶2块钱,大概持

续了一年半,从马场二队买。1天得四五桶水,1年吃水三千多元。(ZM,女,53岁,果洛新村生态移民,从黄河乡迁来)

  刚到这儿时,心情一般,高兴也就那样,不高兴也就那样,国家说搬到这里钱给得多,就来了,但后来国家没给那么多钱,很多(人)又回去了。(SMC,男,45岁,果洛新村生态移民,从黑河乡迁来)

村民从果洛州经过16个小时左右的车程来到海南州同德县巴滩牧场,这是他们从未有过的经历。这一长途跋涉,也是生态移民从游牧到定居的过渡,不论牧民们将这次搬迁在其人生中如何定位,它都将是他们生命中的一次重大转折,而这一长途跋涉仅仅是这种转折的开始。

五　告别草场：抛弃的命根

玛多县建县前,是以家庭为单位的部落制经济,牧场和牲畜资源主要掌握在牧主手里。新中国成立后,1957年玛多县有牲畜25万头,1958年年底全县实现合作化,紧接着就实现了人民公社化。除对剥削阶级的牲畜依法没收之外,其余一律采取记账的办法作为畜股入社。经过了1958~1961年"左"的错误,到1961年年底公社体制调整,2个大公社划分为6个小公社,核算单位由大队改变为生产队。在"文化大革命"期间集体生产和分配出现平均现象。后来又纠正了这些错误,退还了社员的自留畜,完善了牧业生产责任制。1983年后,玛多县根据国家政策推行大包干责任制,同年又将大包干责任制改为"草场承包、牲畜作价归户、定额提留"责任制。中共十四大以后,政策逐步放宽,允许牧民将承包的草场有偿租赁、合作经营,并支持和鼓励有条件的人搞规模经营,兴办家庭牧场。[①]

县志的记载不会让我们清楚地了解当时草场和牲畜包产到户的细节,但是在访谈中我们从牧民的叙述中了解了历史的一角。

  索南(男,48岁,从黄河乡迁来,果洛新村电工):1983年包产到户以后,把每一只羊和每一头牛,分了。你家里3口人的话,1口人能达到100只羊或者50只羊,或者10只羊,20头牛或者10头牛。给

[①] 《玛多县志》编纂委员会：《玛多县志》,中国县镇年鉴出版社,2001,第152~158页。

你分了以后，草山也规划给你了，草山怎么规划给你了？像我家里的话，那时候8口人吧、7口人，分的时候是按人头分的，像我的夏季草场和冬季草场，都算起来的话（有）4万亩。

笔者：你一个人的吗？还是……

索南：不，我们一家的。分了以后，50年不变。……我们这个生产队啊，1口人分了50多只羊、11头牛；其他的生产队分的时候，是1口人分上100只羊、50多头牛，因为草山不一样。我们的草山一直在沙漠化，草少得很，牛羊也少，分的时候也少。人家的草山就是草山，也有一部分草山根本就没沙漠，牲畜多得很，分得也多。

包产到户将草场和牛羊都分配给每家每户，调动了牧民的生产积极性，这可以说是一次重要的体制变革。而果洛新村的村民从牧区搬迁而来，同样面临如何处理他们的草场和牲畜的问题，这直接关系到牧民的生活状况、对政策的态度，以及对未来生活的期望。根据访谈材料，牧民对牲畜的处理方式大致有三类：一类村民将牲畜交给亲戚打理；一类村民将牲畜变卖；还有一类村民的牲畜在雪灾的时候已经遭灾全死了。

老家有舅舅，自己家都过来了，草场牛羊都给舅舅了。……舅舅给点酥油、曲拉。（拉毛，女，23岁，果洛新村生态移民，从黄河乡迁来，果洛新村唐卡制作室员工）

搬迁前自家没牛羊，雪灾家里牛羊全死了，牧区有草场，母亲去世了，后爸看着草场。（DD，男，38岁，果洛新村生态移民，从黄河乡迁来，果洛新村服装厂裁缝）

搬迁以前，我家牛羊有些病死了，有些因为雪灾死了，有些卖了，牧区草场给国家了。（ZSR，男，51岁，党员，果洛新村生态移民，从黑河乡迁来）

以前放牧，原来有60多头牛、100多只羊，牛羊卖了。（LJL，男，43岁，果洛新村生态移民，从黑河乡迁来，被认为是村里最富的人）

至于草场的处理方式也可分为三类：一类村民认为草场国家收回了，因此就不能放牧，但是牧民却知道草场还是属于他们自己的，因为最初草场承包的时候，国家规定每个人的草场50年不变，国家只是暂时保管而已；一类村民将牲畜连同草场都交给亲戚管理，而亲戚们会定期送一些牛奶、糌粑、曲拉之类的物什；还有一类村民则将草场转租，定期收取一定的租金。

  草场国家已收回，草场补偿费，黄河乡每年每人补8880元，黑河乡每年每人补9006元。当时说没搬迁的人，草原补偿费7000多元，现在和搬迁的补偿费差不多。……过去牛羊属于自己，现在牛羊、草场没有，没搬迁的人，草场自己用。（GJ，男，59岁，果洛新村生态移民，从黑河乡迁来）

  以前牧区草场有4万亩，没牛羊，草场给国家了，谁也不能占用。（DZCR，男，53岁，以前是玉树县结古镇人，2006年迁来）

  草场不能放牧了。（DD，男，47岁，果洛新村生态移民，从黄河乡迁来）

  草原是属于我们自己的，国家说要保护森林草场，户口转到同德，草场还是你们自己的。（SJ，女，41岁，果洛新村生态移民，从黑河乡迁来）

  搬迁前我家有50多头牛、100多只羊，都卖了。那时1头牛五六百元，1只羊二三百元，现在一年比一年贵。1头很好的牛1万多，普通的牛五六千元；1只最好的羊1500多元，普通的羊七八百元。卖时便宜，现在买就贵了，我家草场租给别人了，有9000多亩，每年给我们付1000多元。今年租给你，明年租给他。有些人家，草场像我一样租了，玛多草场1亩三四块钱，这里1亩草场卖三四十元。这里地小很值钱。……虽说禁牧，牧区还是可以放牧的，牧区最多的1户有五六百头牛、三四千只羊。（SMC，男，45岁，果洛新村生态移民，从黑河乡迁来）

  几家亲戚的草场在一起，能值11万多元，我家搬迁时卖了两三百只羊、一百多头牛。（NS，男，48岁，果洛新村生态移民，从黑河乡迁来）

  草场和牲畜是牧民最主要的生活来源，而不论出售还是转租，抑或是交给亲戚，都不足以弥补牧民的损失。因为一旦离开草原，就意味着他们将失去生活的依靠。这使得牧民必须在新的环境找"工作"挣钱，必须适应市场经济的物价起伏，必须习惯新的饮食结构……他们必须面对放弃草场及牲畜而带来的一切机遇与挑战。

果洛新村路边加水站

省道 S101 和 S311 从村庄前穿过 　　果洛新村 28 户砖混结构二层商铺房

村庄入口主干道 　　果洛新村的房屋

紧靠公路的果洛新村生态园

果洛新村村委

第二章 移民的社会适应

一 从"高海拔"到"低海拔"

果洛新村生态移民原先生活的玛多县，属于高寒草原气候，一年之中无四季之分，只有冷暖之别，其冬季漫长而严寒，干燥多风，夏季短暂温凉，多雨。年平均气温 -4.1℃，除 5~9 月份，各月平均气温在 -3.0℃以下，最冷的 1 月份为 -16.8℃，1978 年竟达 -26.6℃，极端日最低温 -48.1℃，玛多县是青海省极端日气温最低的地方。最热月 7 月份为 7.5℃，极端日最高温 22.9℃，累年气温≤0.0℃，日数为 94.8 天，即使最温凉的夏季，最少也有 10 天以上。玛多高原白天日照强，地面接收热量多，升温快，散热量大，温度急剧下降，气温日差较大，年平均温差 14.0℃。玛多县大风日数多，从 11 月至次年 4 月最为频繁，约占年大风日数的 70%~85%。大风的年际变化大，最多的 1966 年达 110 天，最少的年份仅出现 12 天。大风的连续日数最长达 8~10 天。最大风速 34 米/秒。各月大风风向大部在西北到西北偏北之间，这类大风最为普遍，风速大、持续时间长。玛多县年均降水量 303.9 毫米，但年际变化大，最多的年份 434.8 毫米，最少的年份 84.0 毫米。玛多县习惯上以 6~9 月为夏季，夏季温热多雨；11 月至次年 4 月为冬季，冬季时常有寒潮造成的剧烈降温。如果采用日平均气温小于等于零摄氏度来衡量寒冷期的长短，玛多县的冷期为 192~207

天，超过一年总天数的一半。而整体来说，玛多县气温随纬度和海拔高度的升高而降低，黄河乡与黑河乡所在地区是玛多县最暖的，年平均气温在 -2.4℃左右。黄河乡所在地海拔在 4286～4870 米，年平均气温 -4℃，年均降水 300 毫米；黑河乡所在地海拔在 4250～5267 米，年平均气温 -4℃，年均降水 300 毫米。[①] 而果洛新村所在地同德县属于大陆高原性气候，气候特点为"四季不明，长冬无夏，春秋相连"。土壤冻结在半年以上，冬季干旱多风，秋季雨水集中，全年最冷月为 1 月，平均气温 -13.3℃，极最低气温达 -36.2℃；最暖月为 7 月，平均气温 18.9℃，极最高温度为 27.8℃。年平均降水量为 371.5 毫米。果洛新村所在地海拔在 3200～3500 米。[②] 可见村民原住地果洛州玛多县与现居地海南州同德县之间，在气候上有较大差异，显然现居地的气候条件更好。调查中，村民普遍表示对于果洛新村的气候很适应，因为果洛新村海拔比玛多低，天气更暖和，冬季气候不像玛多那么寒冷。甚至有些牧民认为，果洛新村与玛多相比，除了气候好之外，一无是处。对于那些身体状况不好的牧民来说，搬到果洛新村有利于身体健康和疾病的康复，尤其是海拔的降低对于高血压患者极为有利。在访谈中，拉毛就说气候条件的改善对于老人很好，得了高血压的人来这边就好一些。但是，气候条件的急剧变化，对于一些有病在身的人来说却并非有益，上文中提到的沟角，他老婆赛多就觉得，刚搬来的时候她的肺结核更严重了，而现在好多了。

二 从"游牧"到"非牧"

拉毛一家是我们进入果洛新村后访谈的第一户人家，我们进去的时候，她家院子里搭着一个白色的帐篷，听说是这几天村里要维修房子，因此在帐篷里睡觉。拉毛会一点点汉语，用她们自己的语言表述，就是汉语"阿拉巴拉"（藏语音译，汉语意为"一点点"），这是典型的普通话加藏语，在村子里访谈时，我们经常听到一些略会汉语的藏族如此形容自己的普通话水平。拉毛一家是从黄河乡搬过来的，拉毛自己称没上过学，汉语是跟

---

① 《玛多县志》编纂委员会：《玛多县志》，中国县镇年鉴出版社，2001，第 19～21 页。
② 同德县地方志编纂委员会：《同德县志》，民族出版社，1999，第 67～68 页。

别人学的。她妹妹也会说汉语，现在在果洛州上高中。拉毛曾经在村子前面的清真饭馆打工。她还有一个哥哥，但是哥哥在果洛州的寺院里当阿卡（果洛新村藏语，"阿卡"，既是叔叔的指称，又可称为僧人）。而他们的父亲已经去世了，母亲现年53岁，身体不太好，现在家里主要靠拉毛的收入维持生活。眼下，拉毛在村里的生态园做唐卡，上午9点上班、12点下班，下午3点上班、6点下班，周末两天休息，1个月能挣2000多元。我们去的时候，她由于胃不舒服休假在家。

AL是村里一个30岁的年轻人，我们到他家的时候他刚刚醒来，正匆忙地穿起衣服。一张不太大的小床上坐着好多小孩，乍一眼看去全是女孩。AL刚搬到这里时才19岁，现在他们一家是村里的新增户，即搬到果洛新村之后才结婚成家的。他老婆DJC是一位29岁的漂亮藏族妇女。AL一家有六个孩子，5女1男，大女儿13岁，最小的则是一对双胞胎女儿，孩子在DJC怀里抱着，我们谈话的中间几个小家伙不时地玩弄爸爸乱糟糟的头发。AL现在跑出租，已经有一年了，一个月能挣300元左右。他说自己以前也曾经在玛多工地上打工，那时一天能挣30元。AL说村里像他一样跑出租的年轻人有五六个，有的年轻人在附近的工地上打工，而他自己因为家里孩子多，有些担心，所以不敢去远处打工。

需要适应从放牧到打工这种生产方式转变的绝不仅仅是上述这些年轻人，上文中提到的GJ是从牧民转变为村里的服装厂职工的。而50多岁的洛吉，2010年在村里的养殖场工作，喂牛羊，一个月能挣1200元左右，后来她利用小叔子空置的房子自己圈养牛羊，而她的老公由于患有食道炎，不能外出打工。

47岁的DD以前也在牧区放羊，他们一家3口人，妻子38岁，2006年从黄河乡搬来，自从搬迁到果洛新村后，他就在玛多县城的工地上打工。他说以前打工1天能挣50多元，而现在1天100多元。

年轻人、中年人可以通过打工、开出租等方式获得收入，但是老人该通过什么样的方式挣钱呢？66岁的久图是一位在家的僧人，他年轻的时候在寺院学习过十四五年，后来还俗了，他觉得这是一种缘分。他在寺院学过一些藏医知识，在牧区的时候就开过药店。2006年他们一家从黑河乡搬到这里，他在村里的卫生室当过藏医，一直到2014年年底，这项工作为他带来一年 8000 元左右的收入。现在他人老了，腿脚不方便，打针时手发抖，于是辞去了村卫生室的工作，在自己家的院子里搭了一个帐篷作为药店，卖些藏药，为村民诊治一些简单的疾病。这个小店能给他带来一个月 200 元左右的收入。而村里的多数老人，由于身体不便，则只能靠儿女供养。

从以上叙述我们了解了不同年龄层次的牧民是如何适应果洛新村不同的生产方式的。他们要么打工，要么依靠村里提供的工作获得收入来源。为了更加直观地了解果洛新村村民的职业构成，现将部分村民的职业状况列表如下（见表1）。

表 1　果洛新村村民的职业构成

姓名	年龄	性别	职业	收入
拉毛	23	女	果洛新村民族服装加工厂职工，制作唐卡	2000～3000 元/月
多杰措	29	女	家务劳动	0
昂保	37	女	家务劳动	0
桑杰	41	女	家务劳动	0
赛多	47	女	家务劳动	0
洛吉	50	女	养殖	—
昂洛	30	男	开出租	300 元/月
德丹	38	男	果洛新村民族服装加工厂职工，制作藏服	1400 元/月
LJL	43	男	做生意	—
沙洛	44	男	果洛新村治安民兵	—
三木材	45	男	果洛新村民族服装加工厂职工，制作藏服和帐篷	1600 元/月
党德	47	男	打工	100 元/天
南索	48	男	家务劳动	0
索南	48	男	果洛新村电工	1600 元/月
达哇	49	男	果洛新村民族服装加工厂职工，制作藏服	1400 元/月
桑嘎	50	男	果洛新村环卫工	1600 元/月

续表

姓名	年龄	性别	职 业	收入
昝晒绕	51	男	果洛新村金银绵羊育肥专业合作社合伙人	—
丹珠才仁	53	男	电焊铺、开车、做买卖等	—
沟角	59	男	果洛新村民族服装加工厂职工，制作藏服和帐篷	1600 元/月
久图	66	男	藏医	200 元/月

从表1可以看出，大部分藏族女性从事家务劳动，没工作，因此也没有收入来源，一个家庭的主要经济来源就是靠男性的工作，缺失男性的家庭，生活将异常艰苦。表中昂保一家4口人，由于同丈夫离婚，担心孩子在继母身边不幸福，于是昂保带着3个孩子艰难地生活。她与丈夫离婚已经11年了，自从2006年从黑河乡搬来之后，她就在家念经并照顾孩子。她说自己什么都不会，而且腰疼，什么都干不了，家里经济困难，只能靠亲戚朋友的帮助和借贷维持生计。我们走进她家的时候，昂保正在和孩子晒衣服。一进屋子，收拾整洁的客厅使人对于房子的女主人心生好感。客厅墙上挂满了活佛们的照片以及各种唐卡，柜子上摆着许多盏酥油灯，浓厚的宗教氛围彰显着女主人的虔诚信仰。

与村里的女人们相比，村里的男人们在外工作的也很少，大部分都是在村里提供的岗位上工作，收入来源十分有限。当然我们所说的是常住村里的村民，还有很多村民早已搬回了玛多或去果洛州政府驻地等地谋生，很少回村里居住。即使是开出租车和外出打工的中青年男性，所获收入都不是十分可观。表1中只有一个男性"南索"在家做家务劳动而没有外出工作，原因是他的妻子3年前去世，家里有4个女儿需要照顾，他的大女儿才14岁，"小小的就去四川的寺院当尼姑了"。LJL被认为是村里最富有的人，他家有7口人，4子1女。搬来之前他在牧区放牧，那时有60多头牛、100多只羊，现在他主要做生意。LJL家储存着许多包装好的青稞，整整垒满了1面墙，粗略地数下来不下52袋，而据他说，这样包装好的1袋子青稞能卖500元左右，装青稞的袋子看上去很精致，像精美的手工艺品，是LJL自己制作的，而青稞下面还叠放着许多包装整齐的砖茶。除了做有关藏服、青稞、砖茶方面的生意，LJL还依季节去挖虫草，他熟悉地讲述着近 5 年来虫草的价格起伏。通常挖虫草都在每年 5 月 15 日至 6 月 30 日，要事先支付草场主 1 万元，除去这个，他一般能挣六七千元。LJL 还从手机里翻出挖虫草时拍的照片给我们展示，他说这样的 1 根虫草能卖到 100 元，如果 1 个月能挖到这样 1 根的话他就发了。

  我们知道，传统上藏区的牧民在草原上过着游牧生活，他们通过放牧牛羊实现生活的自给自足，牛羊肉及其乳制品和皮毛能够为牧民提供生活各方面的需要，因此牧民们并不需要放牧之外的其他工作，甚至纸币对于他们的生活来说并不是必需的。但是从游牧到定居的转变，使这一切发生了变化。他们必须找到新工作以获得金钱，因为离开了牧区，一切东西都要用钱来交易。而他们除了政府因回收草场给予的各种补贴之外，并没有其他可靠且持久的收入来源。离开了草原，他们必须寻找新的生活来源，10 年的定居生活让他们充分体会到了定居所带来的工作和生活的压力，他们再也不可能靠着上万亩草场过着安定的生活。因此访谈中常有村民提到，在果洛新村除了水什么都要买，"以前吃得好，买的不要，现在主要吃稀饭馒头，现在啥都要买，钱没有，买不起"。他们的孩子们也体会到了这种压力。在牧区，成了家的孩子可以从父母那里独立出来并获得一份自己应有的草场，就像汉族农村男子成家能从父母那里分得一份土地一样。然而搬到果洛新村之后，一旦成家则意味着他们要自己找工作、谋生活，再也不能仰仗父母，更没有一份草场可以依附。与其说他们只能靠自己，不如说分家则意味着他们一无所有。也就是说，定居迫使牧民这个自给自足的群体参加到市场经济的社会分工中去，学会"工作"挣钱。

LJL 家的青稞   我们在 LJL 家

三 "我们是牛尾巴拽大的"

习惯于在牧区生活的牧民，平时以牛羊肉食为主。虽然有些村民说在牧区也能买到蔬菜，但吃得很少。一个叫昝晒绕的村民说："这里盖个房子，钱相当困难，水泥沙子都要买，养一些牛羊，院子里只有三五分地，外面打工的地方也没有，里面坐着啥也干不了，没宽余的地，蔬菜青稞种的地方没有，想干啥也干不了，我们是牛尾巴拽大的。"还有村民说："在老家的时候菜也吃，但是种的没有，这边吃菜特别多，芹菜啊、大白菜啊、黄瓜啊……"正是因为搬迁后吃的蔬菜变多了而肉变少了，所以村民都觉得还是在牧区的时候吃得好。

> 吃的方面的话那边有点好，因为那边的肉和这边不一样，这边有点少。（拉毛，女，23岁，果洛新村生态移民，2006年从黄河乡迁来，果洛新村民族服装加工厂职工）

> 玛多吃得好，有牛羊。刚来时，这边两三天吃拳头大点肉，早上有，晚上没有，这边肉价高，1斤牛肉30元，1斤羊肉21元。（沟角，男，59岁，果洛新村生态移民，从黑河乡迁来）

> 搬迁前吃得好，不要买的。现在主要吃稀饭、馒头、粉汤，现在啥都要买，没有钱，吃不下。（南索，男，48岁，果洛新村生态移民，从黑河乡迁来）

> 牧区比这里生活好，牧区奶子、酥油不用买，这里什么都要买。（昂保，女，37岁，果洛新村生态移民，从黑河乡迁来）

> 我们现在院子里养牛是为了喝牛奶，就养几头牛，多了养不过来，没钱。草什么都要买，村里养的全是母牛，养牛不杀，是为了产奶、喝牛奶，养公牛可以自己宰掉吃肉。（LJL，男，43岁，果洛新村生态移民，从黑河乡迁来，被认为是村里最富的人）

> 以前吃的啥都有，牛羊肉多得很。（索南，男，48岁，果洛新村生态移民，从黄河乡迁来，果洛新村电工）

对于世世代代生活在草原上的牧民来说，最困难的可能就是学会种蔬菜。村里每家都有暖棚，"暖棚"是村民自己的叫法，官方文件里叫作"畜棚",规划面积100平方米。事实上,村民对于暖棚有不同的用法,有的村民用来养牲畜,有的用来放牛粪或杂物,有的用来种菜等。暖棚的顶上全是玻璃,里面很热,十分适合种蔬菜。2008年的时候,村里还请来两个师傅教村民种菜,师傅教了一个月,集中授课,一种蔬菜一种蔬菜地教。拉毛说自己学会了种两三种蔬菜,并不是所有村民都像拉毛一样学会了种菜。29岁的多杰措就没有学会,她说:"自己不愿意种地,不会种,也不会种菜。村里组织培训时我打工去了,没赶上学种菜。菜好好(非常)不好吃,买菜钱不够。早上炒面,中午炒面,晚上炒面。"对于培训的过程,从与受访人索南的对话中可有所了解。

问:集体教了怎么种菜,你们家种了吗?

答:种了,我现在外面种的菜你们没见吗?不会种的(人)很少,现在都会种。刚来的时候不会种,有技术员在这里教,教了怎么种菜,怎么吃菜,怎么用。那时节人都在,我们当时来了以后,集体交流这个暖棚怎么用,种菜好还是放牛羊好,我们商量的时候都觉得种菜肯定好一点嘛,因为种上点乱七八糟菜的话,从外面不用买了。在不会种菜方面热播多得很,那肯定不会种菜的多。因为牧区的人上一辈子没种过菜,不懂。一个技术员在那边一个院子里边把我们集中起来学习,在黑板上写上几个字,用藏语写上、汉语写上,在图片上看,这是什么菜,名字叫什么,怎么种,它今天种了以后多少天能出叶子,多少天能吃,这里边农药怎么打,怎么杀虫,怎么浇水,都教了。教了以后,那时节人也比较多,都在这里,好像都在这里。有一家人可能是回去了,有些病人啊、岁数大一点的回去了,再就其他人都在这里。那两三年,每家每户暖棚里都有菜,现在人不住了,谁种啊!那……像我们几家都教了呗。

问:技术员有没有教怎么在暖棚里面养牛羊?

答:教了呗,教了以后,好多家都养了牛羊,养的有些家可以,我们在草原上放牛羊,早上按时间放出去,下午按时间赶回来,那牛羊吃得饱饱的。能吃上草,能喝上水,再什么都不管,不要丢了,不要狼吃了就行了呗。那容易得很,草原上舒服多了,放牛羊,草原上放牛羊舒服。

在牧区,牧民们的饮食所需基本上由自家养殖的牛羊供给就够了,因此对于蔬菜禽肉的价格不是很关心。但是搬到果洛新村后,不论什么东西都要从市场上买,村民们开始体会到物价对于生活的重要性。搬迁后,移民在饮食上由昔日的以肉食为主到现今蔬菜增多的转变,既是他们同自然关系变化的一种体现,又是离开牧区后,现代社会对搬迁牧民饮食结构的一种规训。对于他们而言,学会种菜吃菜并非易事,适应和接受都需要一个过程。

牧区的生活强化了他们对于当下生活的感受和对未来生活的期望,因此,才会有牧民觉得"自己理想中的生活就是有奶茶、酥油、炒面和肉",这就是他们认为的好生活。与此相比,当下的生活充满了各种矛盾和不尽如人意。20出头的拉毛说:"曲拉没有,酥油没有,都得买。""这边的东西有点贵,主要是米、面、油(做馍馍的那个油)、肉、酥油、奶子",来拉毛家串门的胖子也真切地说。牧民不得不适应现在的生活,适应吃更少的肉、更多的蔬菜。在拉毛家聊得正起劲时,一位老人进来了,不一会儿,拉毛就把话题转向了他,拉毛说他是我们的老村长尖措——刚搬来时果洛新村的村委会主任,他讲得好,让他说。于是,73岁的老村委会主任侃侃而谈,提及饮食他形象地叙说:"我们这个肉不吃还不行,你们菜不吃不行,不方便的地方就是这个。菜现在吃习惯了,也有人家不习惯,没见过的菜多,咋吃都不知道。现在这个馍馍吃着了呗。原来毛泽东说的,'大学生不下乡的话,小麦和韭菜分不清',和这个道理一样。"

饮食来源的不同,也造成牧民身体对食物的不适应,听丹珠才仁讲,他喝从街上买的牛奶有点不适应,感觉胃有变化,"搬迁前吃的是正儿八经的奶子,喝进5分钟就化了,这里半小时还没化,搬迁后我们主要喝蒙牛伊利牛奶……真正的奶子买不到,1斤10元,奶子不好,以前的胃和现在的胃不一样,现在胃不好"。

对由游牧到定居的生活方式的变化,或许我们从萨林斯比较原始经济与现代经济时所进行的分析中能找到一些共鸣,"在技术力量发展到顶峰的今天，饥饿变得司空见惯。我们要把另一个冠冕堂皇的公式倒转过来：饥饿人口总量相应并绝对地随文化进化而增长。……物质丰富但同时变得贫穷，享用自然资源但失去了个人财产。……人类前进的每一个脚步都使他双倍远离自己的目标。……世界上最原始的人们拥有极少的财产，但他们一点都不贫穷。贫穷不是东西少，也不仅是无法实现目标；首先这是人与人的一种关系。贫穷是一种社会地位。它恰是文明的产物。它自文明而诞，马上就成了阶级之间可恶的划分……"① 我想似乎没有什么比这个分析更能契合生态移民的生活变迁了。

四 传统藏服和现代穿着

由访谈和观察来看，搬迁而来的村民在穿着方面还是发生了一些变化，穿汉服的人增多，穿藏服的人减少，当然这些变化并非都出于移民搬迁这一原因，穿着服饰方面的变化集中体现在以下两个方面。

第一，穿藏汉服的差异在不同性别群体中表现较为明显。女性普遍多穿藏服，而男性多穿汉服。我们在村里访谈过的女性，如拉毛的母亲及其母亲的妹妹、沟角、洛吉、昂洛的老婆，以及昂保都穿着藏服，而男性如沟角、丹珠才仁、昂洛、老村长尖措、索南等都穿着汉服。

第二，穿藏汉服的差异在不同年龄群体中表现较为明显。年轻人多穿汉服，我们在访谈中遇到的几个年轻人如拉毛、拉毛的妹妹、胖子等，无论男女，都穿着汉服，与其父母相比，年轻人更多地穿着汉服。

一部分人喜欢穿藏服的重要原因是传统习惯。而一部分人喜欢穿汉服的原因，首先是气候的变化，搬迁后海拔有所降低，气候没以前寒冷，据说有时穿藏服有点热；其次是汉服本身的轻便性，不止一人讲，穿汉服干活方便；还有来自移民所处社会环境的影响，离开了牧区，进城生活，大家慢慢开始穿汉服了，自己也就跟着穿了。

虽然搬迁到了果洛新村，还是有一些藏族喜欢穿传统的藏服，这主要是受传统习惯的影响。37岁的藏族女性昂保说："虽说到城里来了，县城人穿汉服，不喜欢，还是喜欢原来那个样子，自己心里本来就不喜欢汉服，

---

① 马歇尔·萨林斯：《石器时代经济学》，生活·读书·新知三联书店，2009，第44~45页。

自己喜欢穿藏服,从小到大穿藏服长大的,你们小的时候穿汉服长大的,让你们穿藏服,你们也不习惯。"

从上文玛多县和同德县气候环境的比较族可以看出,相比玛多县黄河乡和黑河乡的气候,果洛新村的气候更加暖和,这在很大程度上影响了村民们对着装的选择,从受访人的叙述中我们可以清楚地看到这一点。

> 穿汉服凉快,牧区冷,女的汉藏服都可以穿,穿藏服干活不方便(沟角的老婆只有上身穿着藏服)。(沟角,男,59岁,身着汉服,果洛新村生态移民,从黑河乡迁来)
>
> 在牧区穿藏服,这边穿汉服,这边热,汉服轻、舒服。(南索,男,48岁,身着汉服,果洛新村生态移民,从黑河乡迁来)

传统藏服的特点是肥腰、长袖、大襟,这与藏族人民长期生活的自然环境有密切的关系。他们生活的青藏高原年平均气温较低,昼夜温差大,这就要求服装既要有很强的防寒作用,又要有很强的散热功能。[①] 搬迁后,不论海拔还是气温,牧民所在的果洛新村都要比玛多县适宜,因此促使他们自然改变穿着。同时,与传统的藏服相比,现代服饰的舒适性和轻便性,也成了牧民改变穿着的重要原因。当然,还有一部分牧民穿现代服装是受周围群体的影响。果洛新村所处的地理位置,使他们能更多地接触来自不同地区的人,这些人的穿着更具有现代性,这对果洛新村移民的穿着产生了影响,从老村长尖措诙谐而矛盾的话语中不难体察:"在牧区穿藏服,来这儿穿汉服,这个衣服不好,(但)大家都穿,我们不穿也不好。"

此外,从村民的谈话中,我们可以看出职业本身对于藏族服饰的影响,这在丹珠才仁、昂洛身上体现得较为明显。丹珠才仁是一个53岁的中年人,相比其他村民,他们家装修得要好一些,而且用彩钢板在主房前面延伸搭建了一个房子,使得住房的空间更大。丹珠才仁穿着一身现代的服饰,上衣是明显的唐装风格。他以前并不是果洛州玛多县人,而是玉树州政府驻地结古镇人。丹珠才仁从小没放过牧,一直开车,是一个有多年驾龄的

[①] 安旭:《藏族服饰的形成和特点》,《民族研究》1980年第4期。

老司机。后来他还做过一些手艺买卖、干过电焊、开过出租，搬到果洛新村后，他开了七八年的电焊铺。值得一提的是，他的汉语很流利，比较健谈。

> 过去和现在都穿汉服，习惯了，只有过节过年才穿藏服。我穿的这也不叫汉服，也不叫回族服，是国际服装。（丹珠才仁，男，53 岁，果洛新村生态移民，2006 年迁来，以前是玉树县结古镇人）

> 来了以后穿汉服，在牧区一直穿藏服，生活方式就是那样，在县城穿藏服跑出租，不太方便，汉服慢慢就习惯了。（昂洛，男，30 岁，果洛新村生态移民，从黄河乡迁来，以跑出租为业）

虽然很多牧民在搬迁到果洛新村后改变了穿着，但还是有一些东西是没有变化的。比如，有些男性村民还是留着很长的头发，而不论男女老少，他们身上都戴着各种各样的宝石，每个人总是喜欢手里拿着一串念珠，等等。从服饰上也间接地反映出，相比女性，藏族男性能够更快地适应新的生活环境并做出相应的改变，男性也更容易接受新鲜事物，相对不易受到传统习惯的束缚。

五 传统帐房和现代住所

果洛藏族的传统居所到底是什么样子，我们从现在的果洛新村无从得知。但是，《玛多县志》中较为详细地描述了果洛藏族的居所样式，可以为我们呈现一个较为清晰全面的景象。

> 玛多藏族住牛毛织成的帐房，有大有小，但式样大都是正方形，中间用三根木杆（呈"∏"形）支撑，四周用绳子牵引固定，再用木杆将牵引绳撑起，帐房四边垂至地面，冬暖夏凉，搬移方便，适应游牧生活。帐房里一般睡地铺。地上铺几张羊皮或毛毡（毛毯），白天穿的皮袄当成被子，蜷曲而卧，男女老幼一样。睡觉的地方男右女左，一般都头朝"塔夸"。"塔夸"是用石块或草皮、泥垒成的简易炉灶，没有烟筒，从帐房的天窗排烟。但帐房的主人还故意使帐房中布满烟雾，用烟熏帐房，据说这样可延长帐房的使用寿命，还可以增强帐房

的防雨能力。帐房上方用木箱和牛皮袋摆成"墙","墙"砌得很整齐,墙的高低一般视财物多少而定,粮食等财物储备多,则墙相应砌得高。"墙"前置一小桌或木箱,上供神龛和酥油灯,帐房内四周悬挂经布,上方一般悬挂佛像。信教人家帐房顶上挂许多经幡,风吹幡动,其声犹如旌旗猎猎,昼夜不息。帐房右边摆放被褥、衣物、鞍具及生产用具,左边放置灶具,左下角堆放燃料(大量为干牛粪)。客人进入帐房,依男右女左的习俗就座。帐房里没有凳子,一般是在毛毡或栽绒毯上盘膝而坐。冬天,用牛粪在帐房四周做成约一人高的围墙挡风寒,入夏以后,撩起帐房垂帘纳凉消暑。还有一种白布小帐房,用一梁一柱撑立,又称"马脊梁"小帐房,通常可住3~5人,携带方便,牧民临时外出或走圈放牧时常用此种帐房。近年来,随着科技进步,牧民生活条件改善,许多牧民购置规格多样、美观舒畅的新式帐房、折叠椅、钢丝床。新式帐房抗风、防雨、保暖,受到越来越多的牧民喜爱和欢迎。①

由上所述,我们对果洛藏族牧民的居所样式有了一定的了解,访谈中南索的叙述也可以同县志中的记述相佐证。

> 以前住的是黑色帐篷,固定永久地住,一般用黑色帐篷,后来用白色帐篷,一般两三年换一次帐篷,也不一定,烂了就补,啥时坏了啥时换帐篷。夏天帐篷舒服,冬天这里的房子舒服、暖和。(南索,男,48岁,果洛新村生态移民,从黑河乡迁来)

果洛新村移民现今的住所明显与以往有很大的不同,户均住房面积只有60多平方米,每户是一个包括住房、暖棚、牛粪房和旱厕在内的占地约400~500平方米的院落,院子比较空阔。这与他们传统上居住的帐房有很大差别。首先,帐房可以随季节而移动,院落只能永久固定在一处;其次,在草原居住的时候,牧民每家的草场虽然有大小之分,住所却没有明显边界,但是院落有明显的空间界限的划分,是属于我家、他家还是公共的,

---

① 《玛多县志》编纂委员会:《玛多县志》,中国县镇年鉴出版社,2001,第116页。

这些都有具体的区分；再次，正是因为草原相比院落要广阔得多，所以牧民从来不用担心孩子们长大后的住房问题。此外，在牧区牧民住所用的材料都是来自牛羊，帐房用牛羊皮毛制成，材料来源容易，不必购买，对于他们来说，不论是制作帐篷还是缝补帐篷，都不算是太难的活计。但是搬到果洛新村后，住上了水泥砖瓦搭建的房屋，与帐篷相比，这些建筑材料对于他们都是陌生的，建筑材料都需要购买，而建造和维修这样的房屋对他们来说更是困难的，所以才会有牧民说："这里盖个房子，钱相当困难，水泥沙子都要买。"

对于现今的住房，果洛新村移民有很多想法，主要集中在以下几个方面。

第一，不敢在院子里扩建房屋。虽然搬来果洛新村已有10年的时间，但是由于搬来时政府与村民们签订了10年的合同，在这10年里，他们要住在果洛新村，很多村民认为他们到期了还是要回到草原上去，因此不愿意在房屋建筑上进行过多的投入。同时，由于国家并没有给村民发房产证，因此村民事实上只有房屋的居住权而没有买卖权，这也是他们不敢扩建的一个主要原因。当然，国家没有发房产证是有其合理理由的，我们在甘肃玛曲县赛马场旁边游牧民定居点看到了发房产证所造成的问题，正是因为有房产证，所以在定居点他们可以买卖房子，致使定居点人员构成较为复杂，有些来自县外。对于这一问题，电工索南具有比较理性客观的看法。

笔者：院子这么大，为什么不在院子里面盖房子？

索南：人和人的想法不一样，像我们在座的，我们几个人，每个人的想法都不一样，不可能说我们的想法统一得很，那是绝对不可能的，是不是？像我的话，我把这个窗户改变了，我自己做的，这是。以前是钢窗，我把它改成铝合金，放大一点，放宽一点。因为我小孩看书，书本多得很，你看还没收拾好。在外面做个分隔（就是在房子外面又延伸出一间房子），来个亲戚啊朋友什么的，在里面坐一会儿，那暖和得很，坐着也舒服。我自己做的，这是，我自己掏钱做的。其他的人怎么没做呢？那他们的想法和我们的不一样。他们的想法呢，今天也想搬，明天也想搬。有些人传的是什么时候搬到哪嘛？什么时候搬，不可能搬。他所以不敢做这个，他说做这个，我搬走了以后，浪费，钱浪费了。……合同签了10年，但是这个项目是10年的。没说你住10年以后你回去，回到你自己住的地方，没规定这个。房产证没给，怎么没给呢？我们不住这里，乱七八糟的，这个人也走了，那个人也走了，那肯定不给你。房产证给了你以后，这个房子是你的私人财产了，是不是？私人的，那你卖掉了咋办？国家领导，他们是这样考虑的，他们把这个房产证暂时不给你，你不住，今也搬，明天也搬，像我觉得，房产证不给，这样住着一样，这个房子——索南你的房子，你就在里面住着，你的房子上面这个能搞的你自己搞着，你自己平平安安住着，没人说。

第二，随着孩子们长大成家，房子不够住。牧民们的孩子普遍较多，就我们所访谈的家庭来看，1户一般至少有4个孩子。而从2006年至今的10年，很多孩子都已长大成人，这就面临结婚成家盖房子的问题。从果洛新村村委会提供的数据来看，全村现有264户共789人，其中新增75户，共计145人，占全村总户数的28.4%。这些新增户都面临住房的问题。正如昝晒绕所说："尕娃们长大了，都十七八岁了，睡觉不方便，院子就这么大，院子外面草场啥都没有，宽余的地方没有。"但是，牧民们当初搬过来的时候，这个村子的面积只有500亩，房子也就那么多户，并没有多余的土地用来新建房屋。结婚成家的儿女只能去购买那些搬回去的牧民们留下的房子。访谈中老村委会主任尖措也说："刚搬来时189户，现在200多户，娃娃们结婚以后不够住，这个地盘扩大不了，500亩地，住不下。"

第三，房屋的布局问题。对于这个问题，只有一位受访村民明确地提了出来，或者说大部分村民并没有把这个问题当作一个问题。但是从住户对房子的布局和修改来看，他们还是有要求的。电工索南、LJL和丹珠才仁这几家都对房屋进行了修改，不仅扩大了房屋面积，还明显分隔出了卧室、客厅、储藏室等。事实上，牧民们刚搬来的时候，屋子就是一个

60平方米左右的大房子，内部一堵墙隔出了一个不到20平方米的小房间，大部分村民将其作为一个小卧室。另外40平方米的较大空间相当于客厅，客厅正中一般都放着一个火炉，对着客厅门的那面墙，靠墙大都立着一排大柜子，另外靠窗户的一面墙则摆些沙发、茶几之类的家具。这就是我们见到的多数村民家里的格局了。房子没有像城市居民的楼房那样明显地布局成客厅、卧室、厨房、洗手间等。因此，问及理想中的生活，有村民说："希望有个好房子，专门有做饭的地方、吃饭的地方、睡的地方、放东西的地方。"从他朴实的话语和不太高的理想中，我们能感觉到一种淡淡的辛酸。

第四，房屋质量问题。在访谈中有不少牧民提到家里的房子漏水，房子漏水的问题甚至直接关系移民的返迁意愿，甚至有村民表示，"如果修房子就不想回去，如果不修房子就想搬回去。"还有村民认为，维修房子的问题是现在村里最该解决的问题。

> 家里的房子下雨就漏水，很多人家的房子都漏水，已反映，村里开会准备维修房子，我家的房子自己先维修了一下。（多杰措，女，29岁，果洛新村生态移民，从黑河乡迁来）
>
> （2015年）8月13日开群众会，讨论要重新维修房子的事，让明后天把东西搬出去，没住人的不修，房主支付大约百分之二三十的维修费。（三木材，男，45岁，果洛新村生态移民，从黑河乡迁来）
>
> 房子外面下雨，里面漏水。（昝晒绕，男，51岁，果洛新村生态移民，从黑河乡迁来）

村委会召集村民开会商议维修房子的事，我们也去了会议现场，会议室坐满了人，有的人站在墙边，但是由于语言问题和私密性的顾虑，我们进去环视了一下又出来了，并没有旁听，会后从村民零星的话语中，我们也能大致了解一些情况。对于这一事件的认知，SN的意见较为客观，他对村里的诸多事情都有自己的看法。一方面可能来自他丰富的人生经验，另一方面可能由于他的汉语流利，交流起来更为顺畅。SN在谈话中详细谈及房子的漏水问题，以及老板们（房子的承包商）和领导对于村民房子漏水问题的态度。从下面的谈话中，我们明显能感受到村民对漏水问题的无可奈何与不满。

　　SN[①]：像这个房子，做得不行，像我的房子，下雨的话，漏水得不行，那面，像那面（用手指墙）。我2006年10月25号搬到这个地方，第二年的春天下大雨的时候房子就漏水，一直到现在。那时候老板们都在这里，看了以后，我给他们说了，我说你看这个外面这些砖怎么砌的，我说，不是我技术好得很，是你们砌的砖，我的房子漏水呢！第二年就开始漏水了，我10月份搬来的呗，第二年春天3月、4月下大雨就漏水了。我给他们说了呗，说了以后，老板又带了个老板，都是老板——在我眼里、心目中，都是老板。不知道哪一个是技术员，哪一个是干活的，都是当官的，都是老板。我说了以后，他对一个说，你上去打掉，重新做个什么什么的。走了以后也没见人，也没跟我们说一声。到现在了呗，我就没解决、没动，下雨的时候水一直漏着呢，根本就没动。前一次我到青海湖旅游，到青海湖转了一圈，来回10天，回来以后，下大雨的时候，这个地下全是水，一直漏水着呗，从那时候一直到现在。

　　笔者：（维）修房子，你们自己是不是还要交点钱呢？

　　SN：这一段时间我到西宁去（了），传达的精神我没听上。一部分人说自己掏上几千块钱，是咋回事，不知道。我的想法是，这个领导，传达会议精神的这个领导，他当（我）面传达这个问题的话，比如说，SN你家的房子修的时候你掏三四千，我说绝对一份钱不掏。为什么不掏呢？因为国家给我们修了这个房子，漏水了以后问题根本就没解决过。到现在10年了，我这10年是怎么住过来的，你们知道吗？我可以给他提这个问题。我不但不掏这个钱，他们还要给我好好修，按照上面的规划、维修的政策来，按道理早应该修了。我这10年怎么住过来的，这10年我住下来，我是什么心情，你们知道吗？你们领导知道吗？是不是。

　　桑杰卓玛（翻译）：那个领导来了，前面的房子，挨家挨户地看

---

① SN，男，48岁，2006年从黄河乡迁来。

嘛，然后他就好像要说修一下，就你们（笔者一行）来的时候，就是那天晚上在我们家的那几个（领导）。

SN：你们来的时候，我们这里县委领导来了呗，来了以后开了个会。他们说是每家每户看一看，房子这些漏水，房子的质量，他们要看一看，看了以后怎么维修？他们重新决定。那天我在我那面办公室里，我忙了一阵子没出来，他们就走了。有人说到索南的房子里去看看，我以为他们到这里来了呢，结果我（回）来了以后——到家里，问了一下，"来了没"，"没来"。

桑杰卓玛：因为他们就在前面转了一圈，就没来。

SN：中间有一家来了，来了以后从那边转了一圈，再没转。

桑杰卓玛：后面不来，就前面的那道（排）楼房，他就走来走去的。

在搬迁到果洛新村后，牧民们远离了熟悉的牛羊和草原，来到陌生的地方，过着定居的生活。不住帐篷的现代生活，既让他们怀念昔日的生活，也让他们对未来生活充满各种期待。然而在迈向现代化的过程中，他们在怀念和期待的夹缝中生存，抛弃了逐水草而居的游牧生活，再也回不去了。现在的生活又充满了各种与期望不符的困顿和艰难，他们徘徊在返迁和停留之间，无所适从。从传统帐房到现代住所的过渡，一定意义上，是从传统到现代的一种象征性替换。而对于村民来说，住哪一种并不是主要的，关键在于能不能过上安定舒心的好生活。身体是心灵的居所，而房子是身体的居所，房子的不安定，最终是心灵的不安定。这也难怪村民在各种抉择中徘徊难定了。因此，才会有村民说："我们不多盖房，免得白投资。我们稳定的没有，空中飘着，等什么时候走，我们跟上走就是了。"

与村民们的意见形成鲜明对照的是玛多县干部们的观点。曾在玛多县当过干部的人员反映，果洛新村的房子实际造价是 8 万元，房子都是砖木结构，他认为房子的质量挺好，相比其他移民点上房子出现断裂等质量问题，果洛新村的房子质量算是比较好的。[①] 如果玛多县的干部们真的认真视

---

① 杜发春：《三江源生态移民研究》，中国社会科学出版社，2014，第 43 页。

察过果洛新村房屋质量的话，我们相信他们不会如此坚定地说出这样的话。事实上，据村民们反映，不仅房子的质量有问题，甚至用电和喝水都有困难。

>有些家还没通电。他们走了，走了以后电通了，（再）以后这个墙上根本就没电。我们找不出原因来，我们不知道，不会找。最后找了个稍微有点技术的人过来，他们拉来个明线，先把照明解决了，那是我们自己掏钱的。像我们三江源这个整体搬迁规划的，我们搬到这，这个线、灯泡啊，都是国家掏钱的，我们不应该掏一分钱。因为国家全部承担了，所有这些材料都是国家承担的，我们老百姓就不需要承担。（SN，男，48岁，果洛新村生态移民，从黄河乡迁来）

造成房子和用电问题的原因，除了搬迁工程的建筑质量问题之外，还有来自当地领导的疏忽。SN 认为，正是由于领导的不重视，才加重了问题的严重性，"到这里来了以后领导们不重视，给他们说了以后，领导们不重视。现在换了几回领导了，换过来换过去的。村上的领导，思想不集中。他坐在办公室里面，看着老百姓的眼，听着老百姓的话，应该搞好他的工作，但他的思想不集中。他作为一个领导，思想不集中以后，村里的医疗、用电、用水方面出现了很大问题"。用水方面的问题，主要体现为冬季村里时常停水，而且一停就是一个月，停水的时候村民只能去三四公里之外的一条河里拉水。当我们怀疑河里的水是否干净能饮用时，SN 回答说："没喝出病来，因为命好得很，就是菩萨保佑了。"现在村民所用的水来自山上引下来的泉水，但是每年春天依然会停水一个多月。最终，停水的问题在村民向果洛州政府领导反映之后得以解决。

牧民生活方式的变迁是一个复杂的过程，但是总强调他们生活变迁的艰难，不如关心他们当下的生活状况。到底是因为变迁的艰难造成了他们对新生活的不适应，还是新生活本身就存在问题？在某种程度上，政府和学者们总是将问题集中于牧民对生活的适应能力差，转变艰难。但是问题是多方面的，换个角度来看，正是因为牧民在牧区的生活相对艰苦，所以牧民对生活本身具有更强的适应性，他们的生存能力也更强，具有更强的韧性。牧民住所的变迁只是他们需要适应的一个方面罢了，房子的质量、用水、用电问题，都是和牧民的住所紧密联系的问题。以上反映出的既是牧民的适应性问题，也是变迁本身所存在的问题。我们应当具有同情心地去理解牧民所处的艰难境地，就像 SN 所说："我们人一生当中要住得舒服的话，那肯定要房子好一点，电稳定，水保持住，那过的生活就比较稳当，再把自己的工作干好，是不是。"

六　传统牛马和现代交通

对于那些家庭富裕的移民来说，搬迁之前和搬迁之后交通方式的变化很小，因为搬迁前，他们就已习惯于乘车出行。就丹珠才仁来说，他以前在牧区时就开车，搬到这里后，出行还是开车，而且他自己就有一辆价值 2 万元左右的面包车。而南索在搬迁之前有时骑牦牛，有时骑摩托车，搬来后有了一辆属于自己的"小破车"。但是对于那些不那么富裕的移民来说，交通方式的变化还是很大的。从访谈中得知，他们以前在牧区最主要的交通方式应该就是骑马了，马既是主要的交通工具，也是娱乐工具，牧民们从小练就了一身马上功夫。每年的赛马会，既是展示赛马的盛会，也是炫耀骑术的盛会。除了马之外，牦牛也是重要的骑乘驮运工具。牦牛号称"高原之舟"，既可以用来骑乘，也可以用来运货。当汽车行驶在蜿蜒于草原中的公路上时，黑珍珠般的牦牛随处可见。在一般人的印象中，牦牛更像是驮运工具而很少用来骑乘，当我们提出这一疑问时，牧民会回之以"当然可以骑啊"，似乎让人难以置信的理所当然的语气。远离草原，也使马和牦牛这种交通工具的作用随之消失，近处人们选择走路，远处则会开车或者坐出租车。值得一提的是，2012 年之前牧民们考取驾照是免费的，而现在则需交 1000 元左右。但是对于多数牧民来说，在草原上开车，没有驾照似乎更是常态。问及搬迁前后交通工具的变化，一些人是这样讲述的。

　　在老家骑马，现在坐面包车。（拉毛，女，23 岁，果洛新村生态移民，从黄河乡迁来，果洛新村民族服装加工厂职工）

　　以前骑马，现在出行走路，有时坐出租车。（沟角，男，59 岁，果洛新村生态移民，从黑河乡迁来）

　　出行，坐车或走路。（久图，男，66 岁，藏医，果洛新村生态移

民，从黑河乡迁来）

　　出行，近的（地方）走路，去远处开车，自己有车，4万元的。（桑杰，女，41岁，果洛新村生态移民，从黑河乡迁来）

　　以前出门骑马、骑牦牛，后来骑摩托车，搬迁后近处步行，（去）远处，自己有个破车，自己开，开了快一年了，车一万五。（南索，男，48岁，果洛新村生态移民，从黑河乡迁来）

由职业、饮食、住所、服装和交通构成的牧民生活方式的变迁，不仅仅反映出牧民们在搬迁之后的生存状态，同时，也反映出搬迁前后由生活方式体现的文化上的差异，以及牧民在果洛新村的文化适应状况。很明显，牧民们处在一种传统与现代、一元与多元、藏族与汉族交织的文化环境中。

七　"亲缘""地缘"与"业缘"

显然，伴随着生态移民项目的实施，搬迁后牧民在职业、饮食、服饰和交通方面的变迁和适应只是相对表层和外在的方面，真正能说明牧民融入迁入地生活的是他们对于社会关系的适应。这从他们与未搬迁亲戚朋友的联系，他们在迁入地社会交往的范围，以及他们与现居地当地人相处的融洽程度，当地人对他们的评价等，可多方面考察。

牧民们搬迁之后，随着地理距离的拉长，与还在牧区居住的亲戚朋友的联系渐少，而与居住在果洛新村的邻居交往较多。比较富裕和现代的丹珠才仁说："搬来后，和原来亲戚朋友的联系没啥变化，有手机，现在尤其是女人在微信里过着神仙日子，她不会，也要让她学会微信。"大部分村民还是像沟角和达哇一样，"搬来后，和以前的亲戚朋友联系少了，太远了，现在交往较多的是邻居"；"搬迁后和原来的亲戚朋友联系少了，他们三四年来一次，我们也是三四年回去一次，太远，没时间，这里交往比较多的是邻居，在牧区主要是亲戚。"交往对象由亲戚到邻居的转变，也就是从血缘关系向地缘关系转变的原因，是生活环境和居住方式的不同。搬迁前，牧民在草原上每人几乎都分有上千亩的草山，1户人家合起来草山面积可能有几万亩，草地范围相当大。1户与另1户在空间上较远的距离造成交往的不便。家庭又通过婚姻及分家将草山分配出去，草山的面积也就缩小了，原有的草地上生活的亲属增多了，亲属的范围也就扩大了。而随季节转换草场，又造成居住地点的移动性，不容易建立邻居式的地缘关系。虽然牧民的生活方式具有较大的流动性，但是牧区的整个社会结构是稳定的，缺乏变化，这一社会始终是建立在亲属关系之上的血缘社会，就像传统的中国农业社会一样。相比之下，搬到果洛新村后，由于生态移民政策造成的变迁，牧民们居住在统一的由政府规划的住宅里，空间距离很近，增加了交往的便利性。而搬迁造成的原有生产方式的破坏，一方面改变了牧民原来移动性很强的生活方式，使牧民的居住地点固定在一处，形成了邻里关系的客观基础；另一方面打破了原有的以血缘为基础的社会结构，形成了建立在共同的移民遭遇和苦难回忆基础上的群体认同和情感归属。一如费孝通所说："地缘是从商业里发展出来的社会关系。血缘是身份社会的基础，而地缘却是契约社会的基础。"① 那么牧民们由生态移民工程所造成的社会关系的变迁，就是从身份社会向契约社会的转变，即从"血缘"向"地缘""业缘"的转变，是社会性质的转变，也是社会结构的转变。

果洛新村的村民，自称是果洛人，搬到这里以后，普遍认为当地人对他们不友好、不尊重。村民认为当地人瞧不起他们，似乎当地人总歧视他们。23岁的年轻藏族女孩LM说："（他们）说果洛的人不好，好像果洛人没钱哈，住他们的地方，没钱搬过来的，后来就慢慢好了。"甚至于成年人之间的这种看法都延续到了学生身上。果洛新村西北3公里处，即沿着村子背后的水泥路一直到马场二队，路的西边有一所小学，两个村子的孩子都在那里上学。LM说："孩子们上课，本地人抢果洛小孩的书，意思是老师是我们的，抢了你的东西，老师也不管，事实上老师不是那样的。比如说买了个新书包，他们就抢。"老藏医的养子DL也讲述了类似的事情。

> 同德这边的人，有些人好，有些人不好，好的像兄弟姐妹一样，不好的……以前上小学时，同学有时说你们干啥来了，为此吵过架。现在慢慢长大了，大家都清楚。（DL，男，16岁，藏医JT的养子）

---

① 费孝通：《乡土中国》，上海人民出版社，2006，第61页。

在果洛新村村民的眼里，当地人不友好，不爱说话，不礼貌，爱骗人，爱打架，反复无常，今天是朋友，明天就骗人。……而果洛人诚实、忠厚、温和、不善争斗。因此，果洛人觉得自己总是容易被当地人欺负，我们也听到了不同的故事。

在村民的叙述里，让人难以忘怀的一个故事是果洛人买东西时受到当地人在货物价格上的欺骗。LM 说："本地人买个东西只要 2 块（钱），果洛人买的话要 10 块（钱）。"而 ZSR 所说的更为详细，"当地人看人给价，卖给当地人 20 元左右的东西，卖给果洛人则会提高到三四十元。"我们好奇地询问"果洛新村的村民是如何知道当地人卖东西时价格不一样的"，汉语不太流利且近乎失聪的 ZSR 这样讲述，"这个东西 5 块，卖给我们就 10 块。一个炉子本地 800 元，卖给我们就要 1100 元。我们就下去卖东西的地方，（别人买东西时）我们就跟着看，问价（炉子），老板说 1800 元或者 1600 元，不管买面粉买油，都是高价。"至于卖东西的老板们如何识别出本地人和外地人，村民们自有一番认识，"从说话的口音、看人都看出来了，脸上的青白（黑白）都能看出来了。上面（指果洛）气候干燥，脸黑，语言不一样，一看就知道，这个地方的人不是。人身上的味道都不一样，酥油奶子的味道。这里的人干净，牧区冷，想洗个澡、洗衣服都不行。我们满口说的是藏语，老板说的是普通话。"访谈中，我们一直听 ZSR 声音略有抬高且费劲地讲着。从 ZSR 的话语里可以感受到，一旦本地人和外地人的这种区别建立起来，村民们就会集合所有的生活经验加强这种边界意识，并将这种无形的边界反映到有形的物质上。

关于牛羊吃草的问题，也使果洛新村的村民深感困惑，同时加深了当地人给他们留下的"不友好"印象。果洛新村占地只有 500 亩，这 500 亩之外的广大地域都是其他村子的地盘。果洛新村村民圈养的牛羊有时候会因为门开了跑出去吃草，而牛羊一旦到人家草场上吃草，被草场主人逮着了就要罚款一两百元，很多村民都有这样类似的经历。而将这一事件演绎到高潮的是前几年发生的一起冲突，LJL 向我们回忆了这一事件发生的情景。

大约 2008 年、2009 年发生过一件事，SJZM（翻译）姨夫家的牛让泽库人抢走了。本来让他们帮忙养一下，最后牛没给。这里草山没有，他们有草山，20多只山羊、30多头牛抢走了，只给了她姨夫1万多元，亏了三四万。那边人多，这边人少，过去后要（牛羊）时没给，一两百人聚集在一起，用石头打、扔，赶回来了。果洛新村只去了20多个人，以前的村干部是黄南州泽库的人——S书记，他们是一伙的，最后去泽库法院（打官司）要钱。他们用石头砸车、砸摩托，人害怕，人就跑回来了，车全部砸坏了，在和日乡（今和日镇）打架。本来去了4个人想把牛羊赶回来，其中两个是牛羊的主人，我是4个人中的1个。这边害怕那边的人把这边的4个人杀了，又去了十几个人，结果那边人更多。他们扔石头就像下雨一样，专门骗人的——强盗，她（翻译）姨夫头受伤了，一年后自己骑摩托车在路上可能是病复发了，去世了。（我们是）半夜三更爬回来的，大约是凌晨1点多，离这里大约26公里。玛多草山广得很，打架的没有，一般就单挑，两个人打架。刚开始时去赶牛羊，那边的乡长、书记说你们等一下，牛羊我们要回来。后来他们很多人打电话联系，聚集起来，乡长、书记说我们也没办法，果洛新村派出所也跟着过去了，派出所的人也被赶回来了。打架之后，从马场买草，（牛羊）养着，在院子里。（起因）是泽库那边的人到这边，认识了，说我们做朋友，帮你们养牛羊——他们有草场，最后就翻脸了。

而对于村民的牛羊到人家草场上吃草被罚款这一现象，电工SN有着和大部分村民不一样的看法。

牛和羊、马跑到人家草山上，肯定不行，这是人工种的草，卖，草是草的钱，草籽是草籽的钱，牛羊去吃肯定不行。1头牛是200（元）或者500（元）罚款，牛粪可以捡，从来没人管。他们种草早了，以前是部队的地方，部队撤了就给社会了，用来种草。人工种草长得好。种草这个地方，同德县地方管辖，不是泽库管。这边放牛羊的老百姓没有什么文化，思想方面，好像思想没开放一样，互相发生矛盾。这边说是我的草山，那边说是他的草山，这方面有矛盾。我们是国家安排过来的，没人敢说这个话。草场的矛盾，因为国家的政策比较强大，现在社会还比较稳定。

村民们认为当地人之所以对他们有偏见，是因为果洛新村所处的地点不是自己的地方，而是别人的。村民 DZCR 打了个比方，这就像"宁夏人到上海，上海人也会说你们外来人干啥来了，反正是别人的地方，有点合不来。"在移民看来，正是因为生活在别人的土地上，所以果洛新村的村民们觉得"（本地人认为）地本来是他们的，他们觉得'你们来了影响了我们的生活'"。

果洛新村有关当地人的看法有远近亲疏的区别。就村民的意见来看，他们十有八九对同德人的好感要远大于泽库人，当然与这两者相比，他们认为玛多人是最好的。这一点在村民 SJ 的叙述中得到了体现，SJ 认为同德比泽库县的人要好，因为泽库县离他们更近一点，发生矛盾冲突的可能性更多。与 SJ 所说相反，ZSR 觉得同德县人比泽库县人好，是因为"泽库远一点，同德县（在）跟前，交往、买东西慢慢认识了，10 年了，钱不够，东西可以先拿走"。其实关键并不在于到底是同德离他们更近还是泽库离他们更近，而在于频繁或不经意的相处中交往的结果和深度。村民们对于泽库人的印象不好，长得像个领导的中年男子 SMC 心气未平地叙说："泽库人不好，果洛玛多搬来了，泽库县就看不起我们。你们玛多县人到这里干吗，你果洛玛多的到这里来干什么，人家的地盘。"而当村民将玛多人和同德、泽库的人对比的时候，认为玛多的藏族更好，只是因为他们同属一个地方，从小一起长大，比较熟悉。

此外，同德县和泽库县历史上长期的草场纠纷，在一定程度上影响了果洛新村村民对他们的看法。牧民 SG 就知道两县曾经发生过矛盾，因为"地盘"的问题打过架，两县都认为草场是他们的，"最后同德赢了，同德的地盘"。果洛新村所在的巴滩牧场在同德县与泽库县之间。同德县成立于 1935 年 5 月，之所以称为同德，是取"边民同服中央德化"之意，新中国成立后，虽县域几经变换，但仍沿用此名。《同德县志》大事记中记载历史上同德县与泽库县多次因为争夺草山归属权而发生争斗。1962 年 8 月，同德县巴水、尕群两乡与泽库县宁秀乡之间就草山纠纷达成协议；1971 年 7 月，同德县巴水公社与黄南州泽库县宁秀公社双方群众又因为争夺草山而发生械斗；1973 年秋季，同德县巴水公社部分群众和泽库县宁秀公社部分群众因草山问题再次发生械斗；1985 年 7 月，巴水乡欧沟、北扎村与贵南县塔秀乡达龙、些盖村因草山纠纷，造成了"贡卡流血事件"①；1998年7月，同德县巴水乡与泽库县宁秀乡因过往夏季通道问题再次发生纠纷，经省政府民政厅、公安厅的调解处理才避免了流血冲突。② 可以说，在一定程度上，同德县与泽库县的草山纠纷历史影响了果洛新村村民对两县牧民的评价取向。

八 "牧民"与"城里人"

百乐·司宝才仁在《试论三江源生态移民的文化变迁》一文中阐述生态移民的精神文化变迁时，认为移民身份的认定是精神文化变迁中最首要的方面，他从职业变迁和户籍管理之间的矛盾出发，说明移民群体身份的模糊性、职业的不确定性、归属感的缺乏性、族群的断裂性等。③ 周甜在百乐·司宝才仁的基础上，运用社会角色理论分析了生态移民政策造成的牧民角色冲突和角色中断现象，并明确提出生态移民挣扎在牧民、农民和市民的多重身份之中。④ 而杜发春在《三江源生态移民研究》一书中将移民称为"四不像"，"不是牧民，不是农民，不是城里人，不是工人和干部，移民处于社会的边缘地位"⑤。事实上，在果洛新村，绝大多数村民并没有至少在心理上没有学者们所说的角色冲突，他们能够很清楚地认识到自己的身份类别，并能在一定程度上对其所认同的身份做出自己的解释。学者们所说移民身份的模糊，事实上是移民心理上所认同的身份与现实状况之间的不匹配，而非体现在同一群体或个体上的对多重身份的困惑。大多数村民将自己的身份归类为牧民，原因可归纳为以下几个方面。

第一，移民们从小到大生活在牧区，这一辈子的绝大部分时间都是在牧区度过的，对牧民身份的归属感要强于其他身份。这种原因多见于中老年村民身上，可以说，这是一种带有浓厚乡土情结的故乡认同。

---

① 同德县地方志编纂委员会：《同德县志》，民族出版社，1999，第11~27页。
② 青海省地方志编纂委员会：《青海年鉴》，2000，第347页。
③ 百乐·司宝才仁：《试论三江源生态移民的文化变迁》，《复旦学报》（社会科学版）2007年第3期。
④ 周甜：《牧民？农民？市民？——浅议三江源生态移民社会角色的特殊性》，《青海民族研究》2009年第4期。
⑤ 杜发春：《三江源生态移民研究》，中国社会科学出版社，2014，第75~76页。

觉得自己还是牧民，心里那么想的，从小到大想的是牧民。（多杰措，女，29岁，果洛新村生态移民，从黑河乡迁来）

虽然在县里住着，觉着还是牧民，自己的身份不变。（南索，男，48岁，果洛新村生态移民，从黑河乡迁来）

牧民，在我心里觉得自己还是个牧民。（昂保，女，37岁，果洛新村生态移民，从黑河乡迁来）

67岁了，50多年的时间都在玛多度过的，觉得还是玛多人。（久图，男，66岁，果洛新村生态移民，从黑河乡迁来，藏医）

很久在牧区没干过，但从小生活在牧区，也没忘掉，那种生活已经习惯了，不算太累。（桑杰，女，41岁，果洛新村生态移民，从黑河乡迁来）

第二，移民们认为自己现有的生活水平并没有达到城市居民应有的生活水平，并且村子所处地域并非农村，而是一片连农村都算不上的"干滩滩"。事实上，当我们在访谈中询问村民的身份认同时，村民达哇带着一种既愤懑又有些自嘲和鄙夷的语气反问我们："你们觉得这是不是个城市？不是城市，不是农村，也不是牧区，我们的房子比不过大城市的厕所"。从有见识的达哇略有些不满的话语中，我们能感到果洛新村村民的居住条件与城市居民的明显差距。同时，由于牧民搬迁之后没有稳定的职业和生活来源，在某些方面，生活境况远不如在牧区的时候好，因此对牧区有更多的认同。

感觉自己现在还是牧民，过去我们在牧区，现在城里的生活我们过不上，条件达不到。（丹珠才仁，男，53岁，以前是玉树县结古镇人，果洛新村生态移民，2006年迁来）

我，达不到城里人吧！那肯定达不到城里人。（牧民呢？）差不多吧，那绝对是牧民。（索南，男，45岁，果洛新村生态移民，从黄河乡迁来，果洛新村电工）

现在还是牧民，城里住的话，可以说居民，这个是农村啊。这里不放牧的话，吃的没有，喝的没有。年轻人也回去，这地方啥都没有，年轻人也愿意回去。上去（果洛）的话自己有草山，10万亩有的，有的人家30万亩有的，不回去，在这里生活不下去。这个院子里，不劳动（就）没吃的，天上掉不下来。打工的话，还是自己家比较方便，还是果洛好。（尖措，男，73岁，果洛新村生态移民，从黄河乡迁来，刚搬来时果洛新村村委会主任）

牧民，以前是牧民，现在也是牧民，县城里的人比不了，不可能的，永远是牧区的人。（拉加洛，男，43岁，果洛新村生态移民，从黑河乡迁来）

第三，移民2006年从玛多县搬迁过来的时候，与当地政府签署过合同，合同规定牧民只需在果洛新村居住10年，10年之后就可以选择重新返回牧区。2015年就是合同的最后1年，从政府到牧民都在考虑果洛新村村民合同到期之后的去向问题。很多村民主张在合同到期之后返回玛多，或者说，正是这种10年之后允许返回的希望，使他们能够在果洛新村居住10年。所以，大部分牧民只是把果洛新村作为一个暂时的居住地，并不是永久生活的地方。因此，在此居住和生活并不会影响他们对于自己牧民身份的认同，因为他们认为迟早是要重返牧区的。

觉得自己现在不是这里的人，还是玛多人，因为是家乡，只签了10年合同，10年后还回玛多。（党德，男，47岁，果洛新村生态移民，从黄河乡迁来）

没有放牧也是牧民，10年过了后，回去还是放牧。（尖措，男，73岁，果洛新村生态移民，从黄河乡迁来，刚搬来时果洛新村村委会主任）

第四，户口簿上对于果洛新村村民身份的界定在一定程度上影响了村民对于自己牧民身份的认同。而与村民在户口簿上的牧民身份直接相关的是牧民在搬迁之后所能享受的补助，一旦村民们将自己户口簿上的牧民身份改变为城镇居民，他们就有可能失去自己原有的大片草场和应享受的各种移民补助。正如老村委会主任尖措所说："村民们身份的选择是自由的，他可以把户口办成牧民，也可以将户口办成城市居民，这些都取决于个人意愿，但是牧民们将户口办成城市居民，没有一点好处，而牧民的话，孩子的费用由公家报销。"此外,村民们甚至不愿意将户口从玛多县转到同德县,村民 SJ 讲述了村里关于村民户口归属的事情,并表达了自己的看法。

> 如果就这样,户口由玛多县管,也挺好的。州上领导、玛多县领导都来了,开了个会,户口转同德县,谁都不愿意转,一分补助没有,也愿意回玛多。只要归玛多管,在哪都行,户口转同德县,也要搬过去。如果户口在同德县,还不如回牧区。

而电工索南则认为户口本上已经规定了一个人的身份,并不能因为生活环境和职位变迁等因素就随意地否定自己原有的身份。

> 就是没放牧,但是我的户口上是牧民户口,那肯定的,我是牧民呗。没人说是,啊……你现在是工作人员了,干部了,厅级了,什么处级,没人说我。那我是老百姓,就是老百姓,牧民就是牧民,我也不能说我是工作人员,从今天起我是工作的、上班的,在哪个办公室待着了,我刚下班或者上班去了。那有什么好呢?那不行,我牧民还是牧民。

只有极少数村民认为自己已经慢慢地变成城里人了,原因仅仅是现在既不放牛也不放羊,不具备牧民的生活习惯和身份特征。这似乎是一种非此即彼的选择,既然不是牧民了,那就是城市居民。但是,这并不意味着村民就完全认可了他们的非牧民身份。相反,如果一旦有搬回玛多草原的机会,他们会毫不犹豫地返回草原,做一个自由自在的牧民。

> 生活在城里,已慢慢变成城里人了,不放牛,不放羊。(桑杰,女,41 岁,果洛新村生态移民,从黑河乡迁来)
>
> 城里人,牛羊没了,不可能是牧民,牧民干的都忘了。(三木材,男,45 岁,果洛新村生态移民,从黑河乡迁来)
>
> 感觉现在是城里人,如果可以,愿意搬回去,可以放羊。(昂秀,男,17 岁,三木材的儿子)

与村民们的身份认同密切相关的是他们的返迁意愿,移民的返迁意愿一定程度上反映了移民融入当地社会、文化的程度，以及生态移民政策的有效性。截至2015年年底，果洛新村的生态移民与政府签署的10年合同即将到期，从村委到村民都在考虑合同到期之后村民的去向问题。老村委会主任尖措就说，10年到期之后他们要求搬回去，哪怕是回到玛多没有房子，他们搭帐篷住都行，但是政府不允许他们搬走。

> 10年的合同，今年年底就到期了，到了以后我们要求再搬回去。现在我们要求回去，我们现在要走的话，公家不让。房子不在的话，把帐篷搭上。草场的话，50年不变。原来国家说的草山成沙漠了，草场好了再回去。现在10年到期了，说你们再不能回去。做唐卡，回老家一样做。没来的不后悔，现在户口还是玛多的。（尖措，男，73岁，果洛新村生态移民，从黄河乡迁来）

果洛新村2006年搬来的时候一共189户731人，但是当我们走在果洛新村的村道上时，很明显地能感觉到那种缺乏人气的荒凉。虽然房子修建得整整齐齐，但是一眼望去尽是残破的院墙、生锈的铁门，很多人家院子里长满了高高的杂草，有些住户院子里专门种着牧草。多数人家大门紧闭，看上去很久没有人居住的样子。拉毛向我们讲述，村子里搬回去的人家要比留下的多，有的人家住了一两年就搬回玛多了，现在依然留在村子里的大概只有80多户了，而他们空下的房子租给了其他人。至于吸引村民搬迁到果洛新村的移民补助，GJ则表示，没有搬来的人和搬来的人，所享受的补助其实差不太多，而随着年龄的增长，对家乡的思念也会越加深切。同时，孩子们长大后的结婚住房问题，以及户口的归属问题都加剧了他搬回玛多的意愿。与此同时，大批村民搬回玛多，也造成村里人心的不稳定，丹珠才仁就说，由于很多人都搬走了，所以现在村里"人心惶惶，走的已经走掉了，什么时候搬呢，想坐想待也不是办法"。村里留下的村民则对于那些没有从牧区搬来的牧民和搬回去放牧的村民充满了羡慕，"看他们过着牧区的生活，挺羡慕，我们以前也是牧区长大的"。

从村民想搬回玛多的意愿看，大致有如下原因。

首先，与果洛新村相比，牧区总是充满着美好、自由、生活富足的想象，而果洛新村则是贫穷、边缘、困苦的象征。

笔者：现在如果有机会回去，愿意搬回吗？

三木材：愿意，很高兴。这儿除了水，都要买，牛粪、酸奶也要买，如果上去，就不用买了。很想搬回玛多，你们能帮忙的话，就帮一下忙。在玛多，上去想开个小卖部，但上也上不去，还是想搬回去，一直住玛多。

其次，与玛多相比，果洛新村较少的打工机会和微薄的打工收入，使村民更愿意回到自己熟悉的环境中去。

如果有机会，想搬回去，从小在那里长大，想家乡。有返迁的想法，天天想，我们以前在县上住，打工很方便，生活那边挺好的。没搬迁的人，就算在城里打工，也挺方便的。我们去同德县城打工，村里干部不作证，那边就不让干，毕竟不是本地人，干了活钱好好不给。玛多好，这边打工不方便，那边打工方便，说一句话就行了，来这里后悔了。（DJC，女，29岁，果洛新村生态移民，从黄河乡迁来）

在这里不知道怎么挣钱，那边自己家乡好，这里挣钱不容易，有干活的地方，果洛新村的也轮不到，没那个份，被同德县的人占了。到玛多打工，1天能挣250多元，所以很多人走了。这里只有一些老人、孩子，能干活的那些人都上去了。那边挣钱容易，给别人放牛，1年能挣三四万元。有些人在那边做生意、盖房子、扫大街，通常1天能挣200元。这里干活不容易，但是重活"挖土"让我们干。1天五六十元，干活的人全是他们自己当地人，不找果洛新村的，果洛的人是牧民，干不了重活，希望搬回玛多。有的住了一两年就回去了，陆陆续续回去了，这里人1年比1年少。他家今年回了，明年我家回了。玛多领导说是10年住够了就可以回去，所以一个一个都走了，但是10年了还是没搬。（SMC，男，45岁，果洛新村生态移民，从黑河乡迁来）

再次，据搬迁后的移民讲，搬到果洛新村的移民所享受的政策优惠并没有当初政府承诺的那么多，搬来的和没搬来的，并没有太大的差距。因此，有些牧民后悔搬离草场、卖掉牛羊。

当时愿意搬迁，草原补偿费黄河乡每人每年补8880元，黑河乡每年每人补9006元，当时说没搬迁的人草原补偿费7000多元，现在和搬迁的补偿费差不多。现在想搬回去，搬迁的和没搬迁的补助一样，年龄大了，想着自己的家乡。（GJ，男，59岁，果洛新村生态移民，从黑河乡迁来）

最后，移民搬到这里，远离了熟悉的生活环境，举目无亲。亲戚朋友都在玛多，而果洛新村则人生地不熟，社会关系的密切程度决定了牧民的返迁意愿。

搬这不好，不是我们出生的地方，这里没有亲戚，曾想搬回去，是故乡，亲戚都在那边。现在10年了也没个通知，想回去。（DW，男，49岁，果洛新村生态移民，从黑河乡迁来）

想搬回去，10年待这，10年了，想回去。（为什么那么多人回去了？）人生地不熟，草山没有，人不认识，再不想住了，就想回去了。（DD，男，38岁，果洛新村生态移民，2006年从黄河乡迁来，果洛新村服装厂裁缝）

刚来时特别想念家乡，慢慢适应了，刚来时去玛多一次哭一次，毕竟是女的，刚来时爸爸还在玛多县，近几年，爸爸已没了，现在住哪都无所谓了。（SJ，女，41岁，果洛新村生态移民，从黑河乡迁来）

正是由于到了10年合同期满的关键时刻，所以果洛新村的村民对未来的去处都充满了疑惑和迷茫，甚至抱着政府让回去的幻想，就像老藏医久图所讲："10年的合同到了，搬还是不搬，不搬怎么处理，搬什么时候搬。"这是2015年8月下旬我们调查时村民们最关心的问题。当然，也并不是所有人都像上述村民那样有比较强烈的返迁意愿，有极个别村民虽然认为还是玛多老家好，但在一定程度上能够更加理性和客观地分析返迁的问题，提出和其他村民不一样的想法。昝晒绕是党员，他家里挂着新一届国家领导人的头像，是从同德买来的。他说如果能走的话，他也会搬回去，但是他清楚地明白搬回去的可能性有多小，"国家花了这么大的代价，修房子，水电……想是想，我老家肯定好，回去、搬迁、修家，花费都很大。搬回去啥也没有了，草场国家都收掉了，牛羊也没有，回去还是国家的一个负担。"与昝晒绕的想法类似，电工索南也倾向于认为搬迁不可能，他的理由与昝晒绕相似，但想得比昝晒绕更远，"我确定不可能搬，绝对不可能。为啥呢？国家投资了这么大，投资到这个地方来，谁的名义？是我们的名义，是不是？谁的工作？是我们的工作。未来这些事，不可能扔到这个地方走了。那个房子和院子——8万多块钱，搬走了，钱来得容易吗？！国家投资的，我们自己没交钱。"

事实上，在村民谈论返迁的问题时，充满了他们对果洛新村与玛多的对比。他们将这两者置于完全不同的两端，通过这种对比能够感受得出，他们对于果洛新村生活现状的不满和对玛多生活的美好回忆。在这里，玛多似乎成了村民们所渴望的幸福生活的象征，而果洛新村则是不幸生活的来源。

第三章　移民的文化适应

一　喇嘛与寺院

调查期间，发生了一件有意思的事情，这件事情可以让我们了解果洛新村藏族的一部分文化风俗。2015年6月，之前提到的小翻译桑杰卓玛刚参加完高考，她在沈阳的藏族内高班读了3年高中，我们在村子里做调查的那段时间正好查询高考成绩。但是，桑杰卓玛的准考证找不到了，不知该如何是好。去询问老师吧，担心被老师责备，于是就向我们求助。可能是因为我们这群人里既有大学教师，又有硕士研究生，一定能帮她解决问题吧。可是，不论是准考证号还是她所填报的志愿，有关报考院校的所有信息她都不记得了。大家一筹莫展，绞尽脑汁，最后出主意劝她给高中班主任打电话，请求老师的帮助。当我们忙碌于每日的调查已逐渐淡忘这件事的时候，桑杰卓玛传来了好消息。有一天晚上，她突然对我们说她的准考证找到了。原来前几天，她的一位在寺院当僧人的叔叔来家里做客，当地人习惯上将藏传佛教的喇嘛叫作"阿卡"。于是，她将自己找不到准考证的事告诉了阿卡，希望阿卡能帮她算算准考证丢在了哪里。那位阿卡告诉她不要着急，只要在家里仔细地找一找就能找到，还告诉了她方位。在遇见阿卡的第二天，桑杰卓玛在家里无意中找到了之前怎么找都没找到的准考证，于是欣喜地向我们讲述这件离奇而又幸运的事情。我们第一次如此近距离地听人述说这既巧合又让人好奇的事情，同时对那个神秘的阿卡产生了兴趣。

  藏传佛教的喇嘛在藏族的日常生活中有很重要的地位，上述这位阿卡并不是村里人，但是他经常来村子里做客，听说他会制作唐卡。除了这位喇嘛，我们还在村子里遇见了另一位喇嘛，那就是久图。事实上我们到现在也没搞清楚久图到底是还在修行的僧人，还是已经还俗，不过可以看到久图一直穿着藏传佛教喇嘛们所穿的绛红色僧袍。久图今年（2015年）66岁，有1个女儿和1个儿子。女儿已经30岁了，但并不是他亲生的，严格来说，久图只是女儿的继父。儿子16岁，名字叫德力，也不是他的亲生孩子，而是收养的义子，但是德力习惯上叫久图为"爷爷"，可能是因为两人的年龄差距比较大吧。这不由得让人对这个老喇嘛心生敬意。久图23岁时就开始在四川色达寺出家，在寺院生活了十四五年，学习藏医有三四年。他说这边有的僧人是允许结婚的，但是他还俗了，他觉得这是一种缘分。至于他所说的缘分是与佛的缘分还是与妻子的缘分，那就难以言明了。村里似乎有人知道一些他的经历，但我们并未获悉。色达寺位于四川甘孜藏族自治州色达县，也称色达佛学院，是世界上规模最大的藏传佛教佛学院之一。而色达县就位于四川省阿坝州、甘孜州和青海省果洛州的交界处，其北部与青海省班玛、达日两县接壤，来自玛多县的久图选择色达寺也就在情理之中。他所学习的藏医应该就是五明佛学院中的"医方明"，就是要掌握治病的各种医术。自牧区算起，久图开药店有25年了，从果洛新村卫生室退休后，他就在自家的院子里搭了一个帐篷，当作药店，卖一些藏药。村里的老人们习惯吃藏药，这些藏药有些是久图从西宁、内蒙古等地购买的，也有的是自己上山采的。久图通常诊断的疾病都是风湿性关节炎、痛风、头疼等病症，太严重的病看不了。以前在卫生室的时候，他还给病人打针，现在老了，"手抖得很"，都是通过号脉来看病。我们正在交谈时，有一位村里的妇女找久图买药。这是一位中年妇女，身材高大，体型较壮，穿着一身藏族服饰。久图带她进入自己的药店，我们于是跟着进去看了看。不大的帐篷里有些凌乱，里面放着一个柜台，柜台后面是一个货架，柜台和货架上都摆满了各种装在瓶子里的藏药，看起来各种颜色都有。地上还放着几台医疗器械，不知有什么作用。久图从柜台上的玻璃瓶里抓出一些药材，有的是粉状，有的是颗粒状，用废报纸分别包好，并嘱咐病人如何服用，事后询问，得知久图开的药是治疗胃病的。与寺院外的生活相比，久图觉得寺院内的生活更好，在寺院的时候他还没有结婚，生活上的事情不用操心，自己一个人自由自在。久图讲述自己之所以去当僧人，是因为小时候当僧人是他的一个目标，既是自己的理想，也是父母的希望。当僧人是父母信仰的寄托，同时僧人的生活在他们看来也是挺幸福的。

从小就出家当僧人的，在村子里并不只久图1个人。48岁的南索，有4个女儿，妻子3年前就去世了，他自己又当爹又当妈地照顾着几个女儿。南索的大女儿14岁，3个月前去四川的一座寺院当尼姑了。南索说大女儿之所以去当尼姑，是因为在学校学习不好，自愿去的，南索没能劝住。不过从我们的观察来看，南索的大女儿之所以去当尼姑，可能是因为家庭经济状况不好，不想给家里增加负担。去南索家时，房子里有些凌乱和破旧，我们围坐在客厅里炉子旁的沙发上，炉台上还放着少半锅剩饭，南索有点心酸地指了指——就吃这个，我们探头看了看，像粉汤似的，里面杂七杂八，真的不怎么样！和南索家的情况类似，昂保多年前同丈夫离婚，独自照顾3个孩子，其中最小的儿子8岁，已经当僧人了。这个小儿子当僧人的故事和前面所说桑杰卓玛找准考证的事情一样充满了离奇色彩。在玛多黑河乡有座寺院，昂保8岁的儿子在寺院已经待五六个月了。据母亲昂保讲，之所以把儿子送到寺院，是因为儿子很小的时候就有个大活佛说"小儿子8岁了要当僧人"，结果就去当僧人了。孩子在寺院的钱由昂保出，等到孩子14岁要在寺院建自己的房子，昂保就会把为孩子攒的属于孩子的那份钱给他。现在孩子还小，住在寺院不要钱，阿卡会时常接济家里。寺院的阿卡认为昂保一个女人家照顾孩子不容易，所以小儿子由寺院的堪布照料。昂保说小儿子1年会放1次假，今年7月的时候放了10天假，往返车费都由寺院堪布解决了。本来昂保想把两个儿子都送到寺院当僧人，但是大儿子不愿意，"他自己想上学，班主任说他学习好"。他对小儿子的期望很大，希望他将来能成为寺院的堪布。对于村里很多人把孩子送到寺院当僧人，电工索南表达了自己的看法。

这是我们的宗教问题，这我们不能勉强，不能勉强！这是我们宗教信仰的问题。像我家里有两三个孩子，国家的教育这方面不行的话，那我肯定送他到寺院当僧人。当一辈子僧人的话，也不用劳动，经济来源也有，在寺院念个经，寺院给他发点补助，他一个人用不完那么多。

从上述几件事例中可以看出，藏传佛教的寺院和喇嘛与果洛新村村民的生活有着千丝万缕的联系。一方面，村民在日常生活中遇到的困惑和烦恼，通过向喇嘛求助而获得解决；另一方面，贫穷人家总是会把自己的子女送进寺院，既是信仰的寄托，也是解决家庭经济困难的一种途径。通过入寺为僧，接受寺院教育，形成了一种完全与现代教育体制迥异的教育制度。在某种程度上，果洛新村的孩子们就身处在这两种截然不同的教育体制之间，并根据命运、意愿、家庭境况和学习成绩做出不同的选择。

二　转经与丧葬

虽然从遥远的果洛州玛多县搬迁到了同德县巴滩草场，但是村民们的信仰习惯并没有因此发生太大的改变。果洛新村的背后就是村民们自己凑钱修建的转经房。老村长尖措说那个房子是他组织人修建的，"后面的转经的，是我建的，我组织村里人建的，想投资的话投资点，不投资就算了"。村民们依然保持着转经的传统，老藏医久图有时会去后面转经，和寺院里的人也有来往。他说："经转得越多越好，念经也是越多越好，磕头越多越好，这样生活等各个方面都会心想事成，死了以后做过的不好的事情都可以得到弥补。"同时，他觉得定居下来对藏族的文化没有影响，"只要自己能念经，能磕头，能转经，在哪里都可以"。昂保更是把客厅完全装饰成佛堂，昂保给我们讲述了她去拉萨朝拜的经历，这在一定程度上可以帮助我们了解村民的宗教信仰。

问：为什么专门腾出一个房间做经堂？

答：因为宗教信仰，过得舒服也好，不舒服也好，吃饱了，穿暖了，每天拜佛转经。也想去很远的地方转经，去色达、玉树、班玛、达日这些很远的地方转经，但没钱。不管在哪里有寺院都愿意去，念经拜佛，近处去玛多县的寺院。去拉萨的寺院，想了很多次，没钱，远处的寺院活佛多得很，很好的活佛有呢！2013年10月去拉萨，半路上（被检查）让回来了，到格尔木时就返回了。走拉萨时，2个儿子上学住宿，把女儿带上了，挺后悔的，没走成，没拜上佛，也没转上经。是和3个老人一起坐火车去拉萨，其中有1个60多岁的老人，是玛多的邻居，他对我很好，大家商量好了一起去的。

问：拜佛转经有什么好处？

答：爸爸妈妈都去世了，有的亲戚也去世了，我念经拜佛主要为了祈祷让他们走好。在玛多比这里转经多，这里转经的地方小得很，玛多有很多转经的经轮，上千呢！

同时，能否转经或者转经的方便性，以及所住地区寺院的多少，也会在一定程度上影响牧民对此区域的评价，昂保很想搬回玛多就是因为那里"转经的地方更多"。此外，搬迁到果洛新村之后，新的环境在一定程度上影响了村民的转经频率。老村委会主任尖措表示，他来到果洛新村之后平时也转经，并没有太大的影响。而老藏医久图则认为，"在牧区没有这里转经多，这里有闲时间，牧区放羊"。与尖措和久图相比，中年男子丹珠才仁只是"有时候转经，转得少"。他认为"自己懒得很，老人转得多，（自己）有时候下下象棋"。29岁的多杰措也说："自己有时间就去转经。"当然并不是所有人都如尖措和多杰措一样保持着转经的习惯，也有村民由于忙于各种事情而顾不上转经。

平时像女人一样，空都没有，做家务，这么多孩子，没时间转经。（南索，男，48岁，果洛新村生态移民，从黑河乡迁来）

平时转经很少，因为我是个电工，忙得很，一天工作多得很，事情多得很。（索南，男，48岁，果洛新村生态移民，从黄河乡迁来）

众所周知，藏族普遍信仰藏传佛教，对于处在社会经济文化变迁之中的果洛新村村民来说，信仰和发展之间的关系值得探究。在访谈中，电工索南叙述了对这一问题的看法。

　　笔者：信仰对你们的发展有影响吗？

　　索南：宗教信仰方面对我们发展没什么影响，因为宗教是宗教。我们念个经啊、转个经啊，在哪个寺院，最大的活佛，给他磕头朝拜，这是我们宗教信仰方面的问题。我们党的民族政策方面，领导给我们传达会议精神，我们肯定要学习，领会会议精神，把民族团结搞好。

　　笔者：这个村子里面都是什么派，格鲁派还是宁玛派？

　　索南：格鲁派、宁玛派都有，我也不知道他们家是什么派、我家是什么派，我不知道呗。但是格鲁派、宁玛派都是佛教，是一个宗教信仰，不是两个信仰。但是，这个怎么分呢？一个是新的，一个是旧的，旧式和新式的区别，格鲁派、宁玛派这样分。

　　笔者：哪个是新的？

　　索南：呃，格鲁派是新的吧，宁玛派是旧的。

　　至于宗教信仰，党员昝晒绕有自己的看法。昝晒绕入党已经四五年了，与大多数果洛新村村民家里挂着活佛照片不同的是，他家里挂着新一届国家领导人的头像，是他从同德买的。对于很多村民"平时转个经，拜个佛、磕个头"的行为，在昝晒绕看来，这是锻炼身体的一种方式。

　　除了转经，藏族都有祭山神的传统，但是果洛州玛多县的村民搬到这里后，是祭哪里的山神呢？丹珠才仁说："祭山神一般在 10~11 月，果洛人一般会去祭阿尼玛卿山，山神不能随便供，哪地方生，哪地方供。"所以对于果洛新村的村民来说，祭山神还是要回到他们以前居住的地方。除此之外，当有人去世之后，尸体也要运回玛多天葬。

　　　　桑杰卓玛（翻译）的姨夫去世后天葬了，拉回玛多天葬。来回车费 240 元。找喇嘛念经要看家里的条件，这么遥远的地方，喇嘛来也不来。条件好的，多找；条件不好，一两个喇嘛也行。1 个喇嘛念 1 天经 100 多元，一般念 50 天。家里如果有 5 万元的话，1 万元必须给亡

人花掉。天葬要看日子，只有喇嘛知道，算卦算出来的。（LJL，男，43岁，果洛新村生态移民，从黑河乡迁来）

与LJL的叙述类似，杜发春对移民返迁玛多的调查，也反映出同德和玛多在丧葬习俗上的差异。牧民反映同德没有请活佛的习惯，也很难请到活佛和喇嘛。① 而请活佛念经，在玛多是一件很重要的事情。

佛塔

拉什则（藏语音译，汉语意即插箭垛）

---

① 杜发春：《三江源生态移民研究》，中国社会科学出版社，2014，第81页。

果洛新村背后转经之地

在藏医久图家的院落里　　　　　　昂保和她家的佛堂

　　果洛新村的村民也会参加附近村子举办的宗教活动。2015年七八月份，正是果洛新村附近地区进行宗教活动的时间，老村委会主任向我们讲述了这件事情。

　　　　（8月）28号开始，在这个地方念经，10万~15万人，自己拿帐篷，离这里30多公里，我们也去。（尖措，男，73岁，果洛新村生态移民，从黄河乡迁来）

　　而说起节日，汉语流利的丹珠才仁则明显更具有现代性思维，这可能与他经常做生意、思想比较开放有关。

　　　　这边主要过三八妇女节、春节、六一儿童节、国庆节。（丹珠才

仁，男，53岁，果洛新村生态移民，以前是玉树县结古镇人，2006年迁来）

三 "念书"和"上学"

很多牧民选择从牧区搬到果洛新村的一个很重要的原因是教育条件的改善，正是为了让子女接受更好的教育，有些牧民才千里迢迢地搬迁至此，即使有了返迁的念头，也由于孩子们的上学问题继续留在果洛新村。访谈中，果洛新村村民们经常将牧区与果洛新村进行各种对比，总体来看，村民认为果洛新村最明显的两大好处就是气候和教育条件。

> 教育条件这里好，最方便的是上学方便，老师教得好，这边最后一名，到玛多可能是第一名。……搬到这里最大的好处是子女上学方便。（丹珠才仁，男，53岁，果洛新村生态移民，以前是玉树县结古镇人，2006年迁来）

> 搬这里最大的好处是子女上学方便，牧区离县城太远，100多公里，上学不方便。牧区还要放牛羊，挺忙的，在牧区如果小孩在县城上学，家长忙，放寒、暑假，没法去接。孩子小，也会想家，小学到初中的学费、住宿费倒是全免。（党德，男，47岁，果洛新村生态移民，从黄河乡迁来）

> 孩子在这里上学，自己也有点收入。（三木材，男，45岁，从黑河乡迁来）

> 教育这里好，老师教得好，如果学生整体考得不好，要罚老师款。（达哇，男，49岁，果洛新村生态移民，从黑河乡迁来）

> 教育方面教得好，老师好。（南索，男，48岁，从黑河乡迁来）

> 想搬回去，孩子在这里上学，搬不了。（拉加洛，男，43岁，果洛新村生态移民，从黑河乡迁来）

天下的父母对自己的孩子都有很大的期待，所谓"望子成龙、望女成凤"，果洛新村的村民们也不例外。他们都希望孩子们将来能有出息，他们认为孩子们将来有出息的根本就在"念书"和"上学"上，我们能从他们朴素的话语中体会到他们对孩子们的期望。祖祖辈辈在草原上生活的牧民，并不是所有人都希望孩子们继续从事放牧的工作，相反，有不少村民希望孩子能够读书、识字、懂汉语、上大学，从而找到工作。所以，他们认为家里的钱花在教育方面是很值得的。

希望自己的孩子将来书念的可以就行了，只要找上工作就满意了，专业自己挑。（丹珠才仁，男，53岁，以前是玉树县结古镇人，2006年迁来）

希望小孩将来继续上学，不像我们，就算他们只上了六年级，会懂汉语。……家里的钱花在子女教育上比较好，其次是生活方面。（党德，男，47岁，果洛新村生态移民，从黄河乡迁来）

最大的希望是（孩子）上大学，希望（认）识汉字，能听懂汉语。……（未来的打算）孩子们上大学出来找一份好工作。（昂洛，男，30岁，果洛新村生态移民，从黄河乡迁来）

（你想过让德力当僧人吗？）以前是想过让德力当僧人，现在想让他继续上学，以后上大学，现在重视教育，学校里什么都教，寺院里只教藏语。……希望德力将来上大学，能找上一个稳定的工作。（久图，男，66岁，果洛新村生态移民，从黑河乡迁来，藏医）

希望小孩将来继续上学，考大学，有个好工作。（桑杰，女，41岁，果洛新村生态移民，从黑河乡迁来）

希望小孩将来找到工作，有稳定的收入，学费还是有点困难。（三木材，男，45岁，果洛新村生态移民，从黑河乡迁来）

希望孩子努力上学，国家扶持这么好，就想办法上学，学习文化是首要的。没文化没知识，啥也不懂，给个工作拿不下来，出门没知识，车到哪里了不知道，比方说一个老板让我操作机器、电脑，没知识我能干啥，啥工作也干不了，我一辈子拿铁锨到处干活，一家人就这么过来的，识字不用受苦，给人开车也可以，就这么简单，再别说过日子了，以后慢慢发展都是机器干活。（答晒绕，男，51岁，果洛新村生态移民，从黑河乡迁来）

大儿子自己不想当僧人，他自己想上学，班主任说他学习好……

（昂保，女，37岁，果洛新村生态移民，从黑河乡迁来）

（将来希望小孩干什么）这个我也不能确定将来干什么工作，你干什么工作，这个我不能确定。我希望他通过教育成才了以后，上个大学出来，到内地去上个学啊什么的，学上好了以后，就是回来以后干个什么工作，当地政府适当地安排一下，以后就不用抓铁锹就行了。我是抓铁锹过来的人，这个生活太艰苦太艰苦，相当艰苦。（你是放牧的时候抓铁锹吗？）我是放牧的时候放牧，不放牧的时候抓铁锹，抓铁锹就是工程上当个小工什么的，那个生活艰苦得很哪。我的小孩，我不希望他们这样做，他们把这个学上出来以后，政府部门给他安排个适当的工作，有饭吃，那就行了，劳动就行了。（索南，男，48岁，果洛新村生态移民，从黄河乡迁来）

那么，孩子们对自己的将来是如何设想的呢？首先，我们要对村里的孩子们有一个大致的了解。在果洛新村我们接触过几个孩子，他们有的还在上学，有的已经是家里的顶梁柱了。比如，23岁的拉毛已经是家里最主要的劳动力，拉毛的妹妹还在上高二，她哥哥是寺院的阿卡；丹珠才仁的4个女儿都在上学，所以他既骄傲于"藏语、汉语、英语，我家小孩都懂"，也心疼地讲述"女儿在辽宁上高中，就剩一口气回来了"，孩子吃不好；洛吉的儿子毕业于青海湟源职业技术学校，现在玛多县政府办公室工作，这可能是我们所知的最有出息的年轻人了；老藏医久图的养子16岁的德力开学即将上初三；41岁的藏族女性桑杰的大儿子正在念高中，寒暑假的时候她的儿子还要在牧区守草场，儿子上学的时候她丈夫则替儿子守草场；三木材有两子一女，老大是女儿，今年18岁，和17岁的儿子昂秀是同班同学，正在同德民中上初三；达哇有两子两女，其中，大女儿格拉毕业于石家庄城市经济学院，准备到玛多县城就业，二女儿在果洛州读技术学校，大儿子在果洛州藏中读高中，二儿子在同德县读初三汉语班；南索有四个女儿，最大的女儿14岁，已经去寺院当尼姑了；昝晒绕有三个儿子，老大19岁，初三毕业，老二18岁；昂保有两子一女，大儿子13岁，在上学，小儿子8岁，在寺院当僧人；LJL有四子一女，最大的孩子19岁；电工索南则有四女一子，最大的孩子21岁，还在果洛州上高中。村里的几个孩子给我们讲述了他们将来的打算。

> 将来想当僧人,老家病的人很多,念经对那些人有好处。(昂秀,男,17岁,三木材的儿子)

> 对将来有两种想法,一种是想当医生,考上大学,"爷爷"(养父)是医生,我也想当医生;另一种是想当一名职业篮球队手,经常在村子里打篮球。(德力,男,13岁,老藏医久图的养子)

> 13岁的儿子:自己想当老师。(昂保,女,37岁,果洛新村生态移民,从黑河乡迁来)

当然,果洛新村也存在一些教育方面的问题。

首先,孩子们受到果洛新村与同德县本地人之间社会关系的影响而转学的问题。前文中提及当地人对果洛新村村民的看法,这在孩子们的身上也有体现。拉毛所讲当地孩子们对果洛新村孩子们的"欺负"只是一个很小的方面,有的孩子甚至因此而转学,回到果洛州上学。

> 笔者:刚来时最大的困难是什么?
>
> SG:两个孩子要交学费,现在都上大学了,初中在玛多藏中读的,高中在果洛州上读。
>
> 笔者:为什么不在同德上学?
>
> SG:同德县本来上过,学生之间有矛盾,后来转学了,学生通常会说"果洛的人怎么怎么了,开玩笑也那样说"。

其次,男女受教育机会不平等的现象在一些家庭中仍有体现,有些父母对于女孩子的受教育问题不是很重视,将女孩的未来托付于所谓的命运。

> 笔者:你希望孩子们将来干什么?
>
> AB:希望寺院里的孩子成为堪布,大儿子在学校里好好上学,以后在社会上能站得住脚。
>
> 笔者:你希望女儿将来做什么?
>
> AB:还不知道,她自己的命。

也有的孩子由于其他一些原因早早辍学。

　　一个孩子，18 岁，上过学，生病了就再没上，在玛多看草山，当护林员，1 年工资 16000 元。……生了 3 个孩子，2 个已经不在了。（德丹，男，38 岁，果洛新村生态移民，从黄河乡迁来，果洛新村服装厂裁缝）

再次，孩子们的学费问题，这是果洛新村许多父母担忧的问题之一，有不少村民反映，他们最希望解决的问题之一就是孩子们的学费问题。

　　最大的担忧是娃娃上大学的学费……希望孩子将来去个好大学，北京一个好大学，希望能交上学费。我一直是这么教育孩子的，将来当上一个领导，如果有脑子，对老百姓要有利，对很多人有帮助。这是我对孩子的教育，这样我死了，也没什么遗憾的。（南索，男，48 岁，果洛新村生态移民，从黑河乡迁来）

　　去世前想让孩子念上书，交上学费。（昂保，女，37 岁，果洛新村生态移民，从黑河乡迁来）

　　刚来时的困难是 3 个娃娃都上学，要交学费，（持续了）大概两三年时间。（洛吉，女，年龄不详，果洛新村生态移民，从黄河乡迁来）

四　"汉语'阿拉巴拉'"与"听得懂的交流"

语言是人类共有的有意义的体系，是人们用于表达事物、动作、思想和状态的一个系统，一种人类用于进行现实观念交流方式的工具。[①] 通过对果洛新村藏族牧民语言习惯的了解，可以更好地认识果洛新村牧民的社会关系，加深对移民问题的思考。就像村民在访谈中所说，语言能否顺利交流的问题，在很大程度上会影响两个不同民族之间的交往。

　　拉毛上过学——初中，一年级"b、p、m、f"学着了呗，玛多县初中出来的，初中的话，藏汉全部学。……和回族不打交道，我们说

[①]　徐黎丽：《民族学原理》，人民出版社，2014，第 250 页。

的话,他听不懂;他说的,我们听不懂,所以这个交流不下。(尖措,男,73岁,果洛新村生态移民,从黄河乡迁来)

青海果洛州、黄南州和海南州同属于汉藏语系藏缅语族藏语支中的藏语安多方言,但是这并不意味着来自果洛州玛多县的果洛新村村民,与海南州同德县、黄南州泽库县的藏族在语言上没有任何交流障碍。相反,果洛新村的村民表示,虽然自己村子里的人和本地人都是藏族,说的都是藏语,但是互相之间都听不懂,只能用手比画。在调查中,我们深有感触,究其原因,主要是不同地方藏语口音所致。

> 本地人是藏族,都说藏话,但是听不懂,就只能这样那样地指,现在慢慢都懂了。刚来藏话不懂,汉话懂的话还能说说,不懂的话就没办法交流。(拉毛,女,23岁,果洛新村生态移民,从黄河乡迁来,果洛新村民族服装加工厂职工)

> 和当地的藏族来往的有几个,语言不通。(党德,男,47岁,果洛新村生态移民,从黄河乡迁来)

反而是如果两个陌生人都会一点汉语普通话的话,交流起来更方便一些。老村长尖措很形象地类比了他们语言上的这种差异,他说:"话都不通,和你们一样,北京话和上海话不通,四川话和河南话不通,没法交流。在玛多,人也认识,话也通。现在这边藏族说话能听懂,70%能听懂。"搬迁之前,对于大部分牧民来说,他们说的都是藏语,汉语普通话不会讲。

> 搬迁前后说的都是藏语,不会汉语,以前在生态园打工端菜,在养殖场也打过工。(昂洛,男,30岁,果洛新村生态移民,从黄河乡迁来,以跑出租为业)

> 搬迁后主要使用的是藏语,丈夫能听懂青海土汉语,他自己觉得老了,不会说(汉语)。(桑杰,女,41岁,果洛新村生态移民,从黑河乡迁来)

但是搬迁之后,由于生活环境和谋生需求,有些村民产生了学习汉语的想法。前面提及的有6个孩子的30岁的昂洛,从小一直在牧区长大,生活中相处的都是藏族，因此不会说汉语。但是，"现在想学汉语，说不出来。买东西时不懂汉语，只能用指头指，现在大部分汉民会说藏语，汉民做生意时间久了，能听懂藏语，他们找钱时（我）自己会算"。我们在拉毛家中进行访谈的时候，拉毛的母亲卓玛还用汉语笑着跟我们说："对生活满意，生活好着呢。"访谈中，许多村民像拉毛的母亲一样，会说一些简单的汉语，他们通常用"汉语'阿拉巴拉'"来形容自己只会一点点汉语。可见，不少村民在适应新环境的过程中，也开始适应汉语在生活中的影响。

和县城接触的汉族多了，汉语有进步，和附近同德的藏族见面打个招呼，不是特别好的朋友。（党德，男，47岁，果洛新村生态移民，从黄河乡迁来）

想学汉语，买菜、买生活用品时用得上。（党德的妻子，38岁，果洛新村生态移民，从黄河乡迁来）

读高中时能听懂汉语，但不会说，上课老师说的是普通话，下课后都是藏族同学，说的全是藏语；上大学时没办法，周围都是汉族，开始学普通话。（格拉，女，达哇的大女儿，大学刚毕业）

会一点点汉语，从电视上学的，买东西时找个会说汉语的帮忙翻译，或用手指，钱找没找错，自己不知道，平常我自己去买东西。（南索，男，48岁，果洛新村生态移民，从黑河乡迁来）

我没有上过学，汉语是跟别人学的。前面有个清真饭馆，在那边帮忙，以前打工，跟着老板学会的。在玛多的时候有点会，没有上过学，人家说过就会了，藏文也会，哥哥教的。（拉毛，女，23岁，果洛新村生态移民，从黄河乡迁来）

也有一部分村民，因为生活环境和交往人群的不同，搬迁前后使用较多的是汉语普通话，丹珠才仁说"搬迁前使用较多的是汉语"。这是因为丹珠才仁以前是玉树县结古镇人，从小和一个江苏汉族小孩一起长大，打交道的多是汉族，因此他不仅会说汉语，而且能看懂汉字，连他的孩子们也都会说汉语。他有些高兴和骄傲地向我们叙述他的孩子们会说三门语言，"藏语、汉语、英语，我家小孩都懂。"他认为藏族、汉族都是一样的，但是为了民族团结和交流，他主张藏族最好是先学汉语再学汉字。

　　上了小学3年，从小和汉族打交道，汉字能看懂，认识得多，汉字你们懂得多，生活经验我们就……搬迁前后使用比较多的是汉语。（丹珠才仁，男，53岁，果洛新村生态移民，以前是玉树县结古镇人，2006年迁来）

　　会说汉语，在老家就会。（沟角，男，59岁，果洛新村生态移民，从黑河乡迁来）

　　从小到大认识的都是汉族，学会了汉语。（昝晒绕，男，51岁，果洛新村生态移民，从黑河乡迁来）

　　（小时候上学）藏语、汉语、数学都有，学了点汉语。（索南，男，48岁，果洛新村生态移民，从黄河乡迁来）

事实上不单单是果洛新村的村民在语言上与同德、泽库两县的藏族有差别，即使在果洛新村村民内部也有语言不通的现象。我们的小翻译桑杰卓玛由于父母离婚，长期和父亲住在玛多，父亲和继母都是汉族，她母亲是藏族，在果洛新村开着一间杂货铺。桑杰卓玛总是觉得自己藏语说得不好，因为他和村里人交谈的时候，别人总是笑话她。她自己也知道，她讲的藏语和果洛新村村民所讲的藏语是有些差别的。我们在访谈中也遇到了这种情况，有时候她说的一些话，村民们并不能理解，而且有些词语，桑杰卓玛不会说与其对应的藏语，比如"生活"一词，我们就是在访谈中听到她问村民这个词的藏语怎么说，我记得大概的发音是"搓哇"（藏语音译）。

语言的适应和习得是双向的。一方面，果洛新村村民通过适应新的生活环境逐渐学习汉语；另一方面，当地的许多汉族商人在与藏族打交道的过程中也学会了用藏语交流。此外，藏汉两族人民在交往过程中发展出了独特的交流方式，除了前文提到的用手势比画之外，许多村民说自己能听懂一些汉语，但不会说。这在我们这些外人看来是很不可思议的，而这种现象在果洛新村却很常见，毕竟，我们没有切身体验过。

妹妹（汉语）说得好，她上过学，我自己没上过学。村里会汉语的人多，每家都会，有的就是娃娃们上学呗。……他（指胖子）父亲是汉族，他能听懂，母亲是藏族，自己户口本上写的是藏族，汉语阿拉巴拉，父亲不会藏语。从玛多过来的，他父亲是汉族，母亲是藏族，（这样的人）大概有6个。他爸爸能听懂，说不来，有一点不好交流。父亲说的，他妈妈明白；妈妈说的，他爸爸能明白，互相能听懂。（拉毛，女，23岁，果洛新村生态移民，从黄河乡迁来）

刚来时，一周或者一月去县城一次，买东西或买菜，老婆不会汉语，人家说的时候能听懂，不会说，村里70%的人能听懂汉语，不会说。（党德，男，47岁，果洛新村生态移民，从黄河乡迁来）

会说和能听懂一点汉语，小时候就能听懂一点，爸爸会一点点，跟爸爸学的，有些人没上过学，也能听懂一点点汉语，我就属于这一种。（昂保，女，37岁，果洛新村生态移民，从黑河乡迁来）

第四章 移民的后续产业发展

果洛新村的后续产业有四个：一是金银绵羊育肥专业合作社，二是民族服装加工厂，三是果洛新村生态园，四是炒面加工厂。

金银绵羊育肥专业合作社成立于2011年，由25户牧民合作组建，投资140万元生态移民发展扶持基金，形成"公司＋合作社＋牧户"的形式。2012年合作社通过开展奶牛养殖、绵羊育肥、养猪等获得纯利润20万元，2012年年底为村里189户户均分红1058元。同时解决了村里13户人家每户1人的就业问题，职工月均工资为1200元左右。2013~2014年为了规范化养殖场达标，养殖场进行基础设施建设，引进塔尔牛128头，藏丝羊685只。看上去，给人的感觉似乎是村里的养殖场经营得还不错。事实上，村民们对于养殖场有很多意见。首先，养殖场对外承包后，承包人是一个回族，对于外人经营养殖场，村民没有信任感且怀疑他骗走了养殖场的资金；其次，村民对于村委会所说的分红不满意，事实上养殖场分红只分过一次，偌大的一个养殖场经营了这么多年，却只有那么一点利润，显然村民不太满意。

民族服装加工厂则是由27户村民在2012年成立的，主要制作帐篷和藏族服饰。县政府投资了40万元周转金，县财政支付每人每月保底工资600元，加上每月的收益提成，月收入在1300元左右。同时，果洛州财政局投资60万元改扩建厂房等基础设施建设项目资金，先后在果洛州政府驻地大武镇和玛多县城开办销售点。2012年获得纯利润12万元，其中8万元购买运输车辆1辆，4万元用于27名职工年终奖金发放；2013年获得纯利润10万元，分别发放给189户村民，户均300元，并对27名职工发放奖金每人1600元；2014年获得纯利润10万元，对全村的困难户、孤寡老人及职工发放慰问金和奖金6万元。村民对服装厂还比较满意，说是服装厂，其实就是村委办公大院后面的一座大房子，有几台缝纫机，十几位村民在制作藏服、帐篷等。

> 我以前是牧民，现在是服装厂的裁缝。干了快3年了，主要做藏服、帽子和帐篷，月工资1400元。服装厂这些东西做好以后，有1个老板专门来收，是村里玛多的人，再卖出去。服装厂有2个技术好的人，工资高一点，月工资1600元，沟角裁剪帐篷，俄金裁剪藏服，会裁各种各样的。（三木材，男，45岁，果洛新村生态移民，从黑河乡迁来）

而唐卡制作室，在生态园一间二三十平方米的小屋里，有几个20岁左右的年轻人在制作唐卡。

> 现在我们这边做唐卡，在生态园，做藏服的也在里面。唐卡天天做，每天去，村里集体做着。早上9点上班、12点下班，下午3点上班、6点下班，现在有7个人。星期六、星期天休息，1个月两千多三千，只有1个男的。还有做服装的，主要是藏服。唐卡做好，村里负责卖，有老师教，是湟中的一个老师，不是阿卡，（我）画了2年了，学了一年半。（拉毛，女，23岁，果洛新村生态移民，从黄河乡迁来）

> 村里做唐卡，投资40多万元，老乡最喜欢做唐卡、裁缝，钱赚得可以。（丹珠才仁，男，53岁，以前是玉树县结古镇人，果洛新村生态移民，2006年迁来）

至于果洛新村生态园，则于2013年4月底正式投入营业，但是由于效益不佳，今年（2015年）经村委会研究决定将生态园进行改建。所以，当我们走进生态园的时候，只是看见一所空空的房子，里面有点空寂，门口摆着柜台和破旧的空调，空调上还贴着转卖的标签和价格。这也就不难理解，为什么有村民说"生态园对我们没什么帮助"。

环卫队开办的炒面加工厂，每年通过加工炒面获得的盈利作为环卫设备的购置和村公益资金，2013年、2014年村环卫队通过挖掘机和运输车的出租获得资金18.5万元，分别发放给189户村民，每户978元。但是我们调查期间，并没有见到所谓的环卫队，而所说的炒面加工厂也不过是一排门窗紧闭的黄色房子而已。

此外，2014年果洛新村村委会将蔬菜温棚对外承包，承包后解决了本村8人的就业问题。而据村民说，对外承包是因为蔬菜温棚没人利用，村民对于种植蔬菜和圈养牛羊还是不太精通。村委会还帮扶商铺房移民9户，自主经营小卖部、修车、补胎、洗车、五金焊接、餐饮服务等，年均收入12000元左右，19户移民出租铺面，年租金收入6000元。

通过以上叙述可以看出，虽然果洛新村通过政府投入大量资金建设了几个勉强算得上规模的产业，但由于不善经营，如养殖场和生态园，并没有给村里带来多少经济效益，偶尔的一次分红，竟和环卫队建设的炒面加工厂给村民的分红差不多。而且由于所谓的产业收益低、见效慢、投资多，引起村民的不满，甚至有村民更希望政府把投资直接换成补助，同时也造成村民对于村委会领导能力的怀疑。

对于果洛新村发展面临的问题，SN是这么认为的。

> 现在面临的问题是要团结起来，政府部门回来开个会啊，传达什么会议精神，都学习一点。谈后，上面省上、州上领导回来以后看看，这个村子搬迁回来以后住的稳定得很，思想稳定得很，工作干得好，教育上、团结上都好得很，那国家肯定有眼睛的，给我们很多的补助，很多的项目呗，肯定有呗。但是村里现在说住得不好，那个也说不行，怎么怎么说上一大堆问题以后，那上面领导心也不稳定，那这个项目给还是不给啊，存在的问题还是多得很，原因还是多得很。

跨州移民的果洛新村　165

金银绵羊育肥专业合作社养殖的牛羊

民族服装加工厂制作帐篷和藏服的村民

唐卡室制作唐卡的年轻人

玛多县生态移民后续产业产品销售点

后续产业产品销售点售卖的产品

2014年8月在销售点偶遇果洛新村会计

第五章　移民对搬迁政策的评价

一　执行与结果:"黄河水歪来歪去"与"天上的飞机变成鸟"

对于政府的三江源移民搬迁政策,牧民们有着自己的理解,大部分牧民对于搬迁政策有一点了解,但知之甚少。

对政府搬迁补偿政策了解一些,刚建时新村项目一百多万。(沟角,男,59岁,果洛新村生态移民,从黑河乡迁来)

青海三江源生态移民,玛多县搬迁的先后顺序是从玛多县扎陵湖乡搬往玛沁县大武镇,之后是果洛新村,再往后是三岔路口移民点。(党德,男,47岁,果洛新村生态移民,从黄河乡迁来)

当时县上干部开会做思想工作,所以我就知道(搬迁的政策)了。(久图,男,66岁,果洛新村生态移民,从黑河乡迁来,藏医)

生态移民工程一般,不好也不坏,好的不是,坏的也不是。(南索,男,48岁,果洛新村生态移民,从黑河乡迁来)

(对三江源政策了解吗?)不知道,别的人搬来了,我也就搬来了。国家给的补助,(有)草山费、低保,娃娃也有补助,钱基本上够用。(昂保,女,37岁,果洛新村生态移民,从黑河乡迁来)

DZCR 对政府的政策有一段很有意思的评价,他既能认识到国家保护草原环境的必要性,也很明白没有一个政策能够圆满,三江源生态移民政策亦然,用他的话来说就是"下面跟黄河水一样歪来歪去"。他觉得国家的政策总体上是好的,但是政策在从高层到底层人民的执行过程中发生了扭曲和变形,致使政策施行不太成功。他认为国家的政策对人民是有好处的,但是经过层层下传之后,一方面,项目经费会逐层减少;另一方面,对项目的管制也会越严格,不利于百姓的发展。当然了,说到国家领导,村民心目中自有一番认识。

(知道习近平吗?)习近平是这样的——竖起大拇指,从电视里看着把贪官抓了,心里高兴,非常好,从电视里看习近平给的项目那么多,实际上(到了下面)没那么多,国家给了,所以一直这么待着。(SMC,男,45岁,果洛新村生态移民,从黑河乡迁来)

习近平以老百姓为主,为老百姓着想,老百姓可以向上反映官员不好的行为。(NS,男,48岁,果洛新村生态移民,从黑河乡迁来)

政策相当好,习近平对老百姓关心、疼爱、喜爱,老百姓这样下去,发展希望相当大。(ZSR,男,51岁,果洛新村生态移民,从黑河乡迁来)

习近平把老百姓放在首位,中国那么多人,他一个人看不住,村里的干部本来可以用2辆车,现在就1辆,干部们还有点不太满意。幸亏习近平弄得厉害,不然汤都喝不上。习近平——我们心中的活佛!(一边说着,一边伸出一个大拇指)(DZCR,男,53岁,果洛新村生态移民,2006年迁来)

DZCR又用了一个形象的比喻来形容政策下传过程中的这种变形,"上面一个飞机掉下来了,飞机下来变成一个鸟了"。

生态移民政策好是好,后面结果没说得那么好,全世界人来也解决不了,下面跟黄河水一样歪来歪去。黄河沿途牛羊太多,草山破坏,泥石淌下来到内地,易于发洪水。听说草山要改成国家公园,开放好,对国家好。人太多,养牛羊多,草山破坏,畜牧也多,人太多,踩踏,国家保护对着呢。搬迁政策好,国家投资了,把我们养着,前8年生活补助费每家每年8000元，后来改成草山补助费，每人9000元，有4年了，搬迁政策圆满的结果没有。精神上享受一点，希望肯定多，等着看，老百姓有啥要求。上面（天上）一个飞机掉下来了，飞机下来变成一个鸟了，国家如果投资五六百万，到下面10%只能干一个项目。倒霉的是老百姓，钱中间飞掉了，打水漂了。

SMC也表达了与DZCR相似的想法，"国家，不是说不好、给得少了，国家给得多，中间官员拿走了。"

二 搬迁与补偿：牧区"城镇化"和"现代化"的必经之路

电工索南与DZCR、SMC的观点不同，他的观念更现代，考虑的问题比一般牧民要多。他认为"国家保护草原、实施生态移民相当好，是牧区'城镇化'和'现代化'的必经之路。如果在草原上分散居住的话，就不利于牧区的城镇化，而牧区城镇化对于牧民的生活、工作、教育和医疗都有很大的好处"。索南还举例说："西藏自治区正是由于在1993年、1994年左右实施了搬迁政策才会发展得那么好，现在是轮到青海三江源的时候了。"

大部分村民并没有电工索南那样超前的观念，村民们的要求很简单，他们只是希望政府的政策能够继续施行下去，尤其是对于移民的搬迁补偿政策，只有这样，他们才能在果洛新村安定地生活。老藏医久图说："如果这个项目一直在，有很大的好处。一旦没有，县上草场没了，生活会更加困难。"

> 对政府的搬迁补偿政策不太满意，刚搬来时听说项目多，过去牛羊草场属于自己，现在牛羊草场没有。没搬的人，草场自己用，我家原有草场1万多亩，开始说1亩补6~12元，现在1亩1元。（GJ，男，59岁，果洛新村生态移民，从黑河乡迁来）

> （希望）政策性的补助很多，（如）低保等。如果一直有，就能过上富人的生活，如果这些没有，没工作，又没有牛羊，一下子就不行了。（SJ，女，41岁，果洛新村生态移民，从黑河乡迁来）

> 草原上牛羊也没了，希望政府多给点钱，（搬回去）国家没有计

划，我也不知道怎么办，钱不给多一点就维持不下去，娃娃那么多，我没打过工，干不来，啥也不懂，牛一样太笨了！现在想得最多的问题就是钱给多一点。（NS，男，48岁，果洛新村生态移民，从黑河乡迁来）

各种补助有的话，啥问题也没了……（村里有什么问题）不清楚，每年过年能按时给钱就好了。（NB，女，37岁，果洛新村生态移民，从黑河乡迁来）

钱给多点，就谢谢了。（ZSR，男，51岁，果洛新村生态移民，从黑河乡迁来）

那么政府原先设想的通过移民搬迁保护草场的目的达到了吗？村民的答案是"没有"。村民SG觉得之所以保护草场的目的没有达到，是因为国家说移民搬迁之后要将草场用铁栅栏围起来，但是国家并没有这么做，每家每户的草还在吃着。而且，他认为并不是所有的牧民都搬迁过来了，搬迁的只是很少的一部分，"黑河的大部分牧民没来，黄河的牧民也一样，不是全来了"。

三 对政策完善的启示："理想生活"和"家庭富有"的标志

我们已经从多个方面了解了移民对现状的各种认识，那么对于这些移民来说，他们理想中的生活到底是什么样的呢？许多村民在访谈中讲述了自己认为的"理想生活"。他们对"理想生活"和"家庭富有"的标志的描述，反映出移民搬迁的现实状况与理想生活之间的差距，同时在一定程度上为移民政策的完善起到了一定的启示作用。村民们对理想生活的认识大致可分为三种类型：第一种类型是将理想生活集中于物质资料的获取；第二种类型是将理想生活寄托于孩子们的未来；第三种类型是认为理想生活就是单纯地有钱。

第一种类型，将理想生活集中于物质资料的获取，所说的物质资料主要是村民在牧区时生活必需的牛羊制品。

奶茶、酥油、炒面、肉，这就是好生活。你们吃个虾米，这个、那个，我们不行。（尖措，男，73岁，果洛新村生态移民，从黄河乡

（好生活）我们也跟他们（指老村委会主任尖措）一样，吃奶子，跳舞唱歌。（拉毛，女，23岁，果洛新村生态移民，从黄河乡迁来）

（家庭富有的标志）没过过富人的生活，不愁吃不愁穿就行。（昂洛，男，30岁，果洛新村生态移民，从黄河乡迁来）

（家庭富有的标志）有牛羊，因为牛羊值钱，现在牛羊也没了，以前我们富得很，有牛羊，舒服得很，现在有钱就是富。（未来打算？）国家给点钱，自己打工，做裁缝多挣点钱，通过各种方式挣钱。（党德，男，47岁，果洛新村生态移民，从黄河乡迁来）

第二种类型，将理想生活寄托于孩子们的未来，希望子女能够上学，找到一份好工作。

精神上享受一点，希望肯定多，等着看，老百姓有啥要求？！对今后的生活担忧也没用。理想的生活是有房子、有车，有吃、有喝，我这一辈子可能干不下，有4个女儿，不要累死就行了，女儿最大的22岁，希望子女平平安安，不愁吃，不愁穿，能过得去就行了，别人吃肉，我们喝个汤也行。（丹珠才仁，男，53岁，以前是玉树县结古镇人，果洛新村生态移民，2006年迁来）

国家政策不变，养子考上大学，就是好生活。（久图，男，66岁，果洛新村生态移民，从黑河乡迁来，藏医）

希望孩子们能有工作。（拉加洛，男，43岁，果洛新村生态移民，从黑河乡迁来）

希望寺院里的孩子成为堪布，大儿子在学校里好好上学，以后在社会上站得住脚。（昂保，女，37岁，果洛新村生态移民，从黑河乡迁来）

子女都过上好日子，上大学，能有个稳定工作。有工作也好，没工作也好，靠自己能力过上好日子就行，靠自己，不要靠别人，靠天靠地不如靠自己。（达哇，男，49岁，果洛新村生态移民，2006年从黑河乡迁来）

第三种类型，认为理想的生活就是单纯地有钱，不用为钱操劳。

不愁吃，不愁穿，不需要用别人的钱来维持生活，比如贷款。自己挣的钱够吃够用，不要东拼西凑。（党德，男，47岁，果洛新村生态移民，从黄河乡迁来）

钱多了就富了。（南索，男，48岁，果洛新村生态移民，从黑河乡迁来）

有钱，买东西有钱，吃得好，穿得好，住得好，可以做买卖，到处赚钱。钱多，舒坦，过日子容易。人家的地方过日子，啥也拿钱买，经济相当困难，人都一样，我们的想法也都一样，没钱，西宁都去不了。（答晒绕，男，51岁，果洛新村生态移民，从黑河乡迁来）

当然，也有像电工索南这样的村民，他觉得"现在的生活就不错。走到哪里都是共产党的管辖范围，哪里都安全"。所以对他来说，当下的生活就是好的，好生活与去哪里并没有太多必然的联系。所谓幸福，每一个村民的含义不同；所谓富有，每一个村民的标准不一；所谓好生活，却是一种共同的企盼。

质朴的村民有时也会说出一些颇有哲理的话语，达哇叙说了这样一段话，既说明了村民们的现实状况，也点出了好生活的本质。

（家庭富有的标志）人的心是空的，有一个穷人看我家，有吃的、有喝的也算富，家庭富有没什么标准。如果我们看到人家有个宝马，也是富；如果有钱，我要坐飞机。人最大的幸福是家人、亲戚不要生病，吃得好、穿得好就是幸福。

乡内移民的和日村

目　次

第一章　和日村的轮廓 / 176
　　一　地理景观 / 177
　　二　历史追溯 / 187
　　三　人口 / 193
　　四　村民的生计 / 194

第二章　搬迁后的石刻业 / 199
　　一　石材选取：吉隆的石头与哈达的石头 / 202
　　二　石材加工：石刻大师与他的学生 / 207
　　三　产品去向：去往何处与意义何在 / 214
　　四　"公司 + 农户"："和日石雕公司"的成立与运行 / 221

第三章　后续产业的社会文化效应 / 228
　　一　移民的文化模式调适 / 228
　　二　社会组织的运作 / 235
　　三　村民的参与 / 239

第四章　生态移民的文化产业展望 / 248

第一章　和日村的轮廓

截至 2014 年 10 月,在总结一期工程 10 年经验的基础上,青海三江源国家生态保护综合试验区二期工程正式启动,总投资 160.6 亿元。三江源二期保护工程始终以生态环境保护和建设为核心,在加强以草原为重点的生态建设与环境保护的同时,积极推动经济发展方式转变,大力促进民生改善[①]。实施生态移民工程,其中一个重要问题就是生态移民在安置区生产和生活的可持续发展,在很大程度上,即生态移民后续产业发展是否能让移民在搬迁之后真正实现"迁得出、稳得住、能致富"的目标。因此,了解生态移民工程的后续产业发展情况,也是对生态移民工程效益的综合评价。正是在这一背景下,为了解三江源生态移民后续产业发展情况,我们先后于 2014 年 7 月、2015 年 7～8 月、2016 年 2 月和 7 月前往青海省泽库县和日生态移民新村进行田野调查,历时 2 个多月。调查发现,牧民搬迁后,他们通过不断的尝试,实现了对本民族传统文化的自我探索和自我发展,融合传统的手工业,使石刻业逐渐成为移民新村重要的支柱产业,顺利完成产业转变的同时,也带动了村落整体经济水平的提升,真正达到生态移民"搬得出,稳得住,能致富"的目标。基于田野调查,现就和日村生态移民后续产业关联问题予以事实呈现,见微知著。

---

① 赵凛松:《三江源生态好转二期工程不再"应急"》,中国新闻网,2014 年 1 月 10 日。

一 地理景观

2015年7月19日，我和我的硕士生一行三人早晨8：40乘坐快客从银川出发前往田野点"青海泽库县和日村"——生态移民新村。出行途中，适逢回族等民族一年一度非常隆重的节日"开斋节"，7月18日（星期六）为开斋节，7月18日~22日宁夏放假调休。由此，这是一次艰难的旅程。可能正是因为赶上了休假，又是甘青一带的旅游旺季，短假期间，人们一窝蜂地涌向了户外。汽车行驶在高速路上，除了个别路段车速正常，大部分路段，沿途车辆都是走走停停，高速路上堵得严严实实！当日，轿车相撞、高速公路护栏被撞的交通事故不止一起，还有大货车着火事故，因而影响了其他车辆的正常通行。到西宁时已是晚上9点多了，抬眼望去，夜空中繁星点点，走在灯光闪烁的西宁街头，略微有点凉。这一次，我们在高速路上比平时多走了4个小时。这比在银川市内开车上班还要缓慢。拖着疲惫的身躯，在西宁住了一宿。第二天一大早，吃过早餐，我们就从距住处不远的八一客运站出发了，继续乘坐长途客车前往泽库，一路间或平坦或蜿蜒或颠簸……这是我第二次去泽库。7月20日，是个晴天！早晨8：00我们乘长途客车驶离西宁时，阳光已洒满大地，凉爽中透着温暖。

触景生情，仍清晰记得先前在西宁中转及田野中的一幕幕……

那是2014年7月22日，我从宁夏银川乘坐快客先抵达青海西宁，在西宁和青海民大三位女性会合，次日清晨，我们一起从西宁前往甘青藏区调研，其中两位是硕士生。从西宁出发当日，阴雨连绵，虽是夏季，穿着秋装，还有点寒气袭人，坐在一辆看上去有些破旧且不太宽敞的长途客车上，走向陌生的田野，一路难免奔波与辛苦。那也是我首次驻足青海藏区进行田野调查……由于各种不可预见的因素，加之时间有限，我们此行不断地调整计划。离开西宁后，汽车行驶了5个多小时便到了我们的路经地之一"泽库县"，过了泽库县，还有40多公里的路程，感觉很快又到了我们停留的第一站——河南县政府驻地优干宁镇。之后的调查路线则调整为"河南县优干宁镇、宁木特镇浪琴村—泽库县和日村—优干宁镇，以及甘肃夏河县—碌曲县—玛曲县—迭部县—舟曲县相关调查点"，最后从舟曲返回兰州，再分别回到各自最初的出发之地——银川和西宁。这次田野考察，对整个甘青藏区尤其是牧区的整体有了初步的印象，也直接或间接了解了三江源生态移民的基本情况，以及甘青一带从政策上有别于生态移民的游牧民定居概况。一路的风景，一路的愉悦，一路的奇特遭遇，人地生疏，让我体验了与以往不一样的田野。对我而言，这一次更多的是踩点，在来回反复、迂回曲折、披星戴月中结束了第一次对青海省泽库县和日村的田野之行。我们在和日村只停留了1天，走访了几户人家，观看了村展览室的精美石刻艺术品，初步了解和观察了村子四周的环境，并且到和日寺及和日石经墙实地一览。远远望去，石经墙肃穆巍然，绛红色的石砌墙基，墙基之上刻有佛经、佛像的黑色片石码放齐整。在石经墙南侧向西南远眺，视野非常开阔，置身这片天地，深感心神俱静，心境也自然舒畅宽广起来。

2014年7月27日首次驻足和日石经墙

同行者

石经墙东北侧的拉什则（藏语音译）

石经墙上的石经　　　　　　2015年8月11日第三次领略石经墙

七八月之交的和日寺

黄昏时远眺石经墙

一年后，甘青藏区迥异的风土人情把我再次带向青海泽库。这一次，我们乘坐的客车驶离西宁后，道路两旁的农田渐渐变成了油菜地，高大的树木也伴着我们的前行变得稀少，11:00左右快到同仁县城时，不时可看到路边山上蓝白相间的经幡，经过黄南州政府（同仁县政府）驻地隆务镇时，为了满足乘客小便的需求，司机停下车，稍做歇息。

置身隆务镇，明显感受到一种浓厚的文化气息四散开来。隆务镇位于青海省东南部，黄南州东北部，同仁中部，隆务河畔，处于青海农业区与南部牧业区，是全州政治、经济、文化的中心，也是著名的热贡艺术发祥地之一，是青海唯一一座国家历史文化名城，人文景观独特，宗教文化源远流长，特别是"热贡艺术"作为热贡文化的表现形式和重要载体，其精湛的制作技艺，艺术价值之高，在国际上享有盛誉，尤其是精美的唐卡艺术闻名于世。隆务镇是青藏高原与黄土高原结合部的中心点，也是西藏文化、西域文化与中原文化的融会地，各种文化曾在这里冲突、渗透、交流、吸收。清真寺、二郎庙、圆通寺、隆务寺在不足1公里的古街上一字排开，伊斯兰教、道教、汉传佛教、藏传佛教共存，这是民族包容与交融的结果，也是隆务镇最大的特点和亮丽的风景线。停车休息的间歇，我们来到路边的旅游商店中，看到巨幅的唐卡艺术品，各种色彩搭配下的佛像显得生动而庄严。商店另一侧的墙上，用藏汉双语写着"藏族画家之乡"。短暂的停留，还来不及细细领略博大精深的热贡文化，我们的客车又启动了，转而驶向泽库县境内。

穿过森罗万象的泽库县"麦秀原始森林"，道路两旁已是广袤的大草原，再一次行驶在青海牧区，看到湛蓝的天空和从身旁穿梭而过的羊群，心中的惬意油然而生。快到泽库县城泽曲镇时，路边的藏式平房逐渐多了起来。泽曲藏语意为"高山地带的河"，泽曲镇也因此而得名。午餐就在县城解决了，到下午上班时，我们去县政府办公室、三江源办公室进行了必要的联络。在县政府办公室我们有幸得到了一本《泽库县志》，很是欣慰，初步的接触，感觉到了泽库人的友好与直率。在县城办完事，经过简单的休整，随处打听我已去过但记忆有点模糊的和日村的方位，几乎无人不知，人们首提的就是和日寺与石经墙，我们坐上了一辆自称是和日镇的司机驾驶的两厢出租车，继续向西北方行进，再有近70公里就到和日镇了。在前行途中，有一处路边的风景，看上去的确很美！翠绿的草原，成群的牛羊，在蓝天白云的映衬下，禁不住有一种想拍照的冲动，于是让司机停下车，在路边平整的草地上以牛羊和远处的草山为背景，我们饶有兴致地拍摄了一阵子，还和能听懂一丁点汉语的藏族司机合了影，随后继续赶路，向我们此行的终点——和日村进发。就这样一路走来，到和日村时已下午 6：00 多了。在头一年认识的和日镇①干部完德扎西的帮助下，我们与和日村、镇干部取得了联系，到村委会简单接洽后，我们就在和日中心超市旁边的华庆德宗宾馆住下了。说是宾馆，实际上比较简陋，标间价位 1 天 35 元，用的是公厕，出行倒也方便，晚上有点冷，屋子里有一个简易的铁炉子，燃料是牛粪，牛粪储存在宾馆大门入口右侧的一间小房子里，随用随取，虽是七八月份，但每晚仍需用牛粪生火取暖。

又到和日村，衣食住行，一切安排就绪后，便继续在这里开始行走与思考。

和日村隶属青海黄南州泽库县和日镇，是和日镇下设的 11 个行政村之一（见图 1）。

图 1　和日村位置示意图

---

① 2014 年 7 月 15 日，和日乡撤乡建为和日镇，当地群众依然习惯于说"和日乡"，文中表述根据语境和村民的习惯使用"和日乡"或"和日镇"。

黄南州位于青海省东南部,地处九曲黄河第一弯,东南与甘肃甘南州夏河县、碌曲县、玛曲县和本省果洛州玛沁县为邻,西北与本省海南州同德县、贵德县及海东市的化隆县、循化县接壤。州政府驻地同仁县隆务镇,距省会西宁182公里。全州面积1.88万平方公里。黄南州下辖同仁县、尖扎县、泽库县、河南县,有28个乡和7个镇。全州辖7个镇、28个乡、7个居委会、251个村(牧)委会。黄南州地势南高北低,南部泽库、河南两县属于青南牧区,海拔在3500米以上,是本州发展畜牧业的主要基地;北部为尖扎、同仁两县,海拔1900米~4118米。黄南州气候属高原大陆性气候,雨热同季,干湿季差别明显;热量不足,无霜期短,降水变率大,时空分布不均;光照时间长,太阳辐射强;冷季漫长干冷,暖季短促润凉,多灾害天气。

泽库县成立于1953年12月,位于青海省东南部。泽库系藏语,意为"山间盆地",因地势得名。地处北纬34°45′~35°32′,东经100°34′~102°8′。东与甘肃省夏河县为邻,南与河南县毗连,西与海南州同德县相望,北与海南州贵南县分界,东北与同仁县接壤。东西长142公里,南北宽85公里,总面积6658.06平方公里,占黄南州总面积的37.18%,占全省总面积的0.91%。泽库县辖3个镇、4个乡,即泽曲镇、麦秀镇、和日镇、宁秀乡、王家乡、西卜沙乡、多禾茂乡;有60个行政村,1个国有牧场。县府所在地泽曲镇距州政府驻地隆务镇97公里,距省会西宁约285公里。据史料记载,泽库地区,古为羌人牧地。魏晋南北朝时期,泽库地区由吐谷浑统治。天宝十四载(755),唐朝发生安史之乱,唐军内调,吐蕃乘机东进,今泽库县境遂成吐蕃地。元属吐蕃等处宣慰司辖,明为积石州千户和贵德守御千户所辖,清属钦差办理青海蒙古番子事务大臣和循化厅管辖,民国十八年(1929)置同仁县。民国二十九年(1940)今同仁、泽库两县的大部分地区,隶属青海省第七督察专员公署。新中国成立后,1953年,由同仁县析置泽库县,隶属黄南藏族自治州。①

和日镇距县政府驻地68公里,位于县城西南巴滩次哈吾曲沟口周毛多则塘("多则塘"是藏语音译,"周毛多则塘",汉语意为"周毛积石

---

① 泽库县志编纂委员会编《泽库县志》,中国县镇年鉴出版社,2005。

滩")。相传格萨尔王王后周毛为背水方便，曾在这里的次哈吾曲河岸边修砌过石阶而得名。镇政府所在地街道呈"T"字形，两旁皆为平房。沿次哈吾曲河北岸呈三角状分布有和日卫生院、兽医站、和日镇人民政府、信用社、公安派出所、农技站、和日完小。① 全镇占地面积1037.47平方公里。1954年8月，泽库县第一区（后改为和日区）人民政府建立。1958年设和日公社，1962年设和日乡，1969年改设和日公社，1984年设和日乡。2014年7月15日，和日乡撤乡建为和日镇，正式挂牌。

和日村就在和日镇政府驻地向东500米处，村镇相连，浑然一体（见图2）。

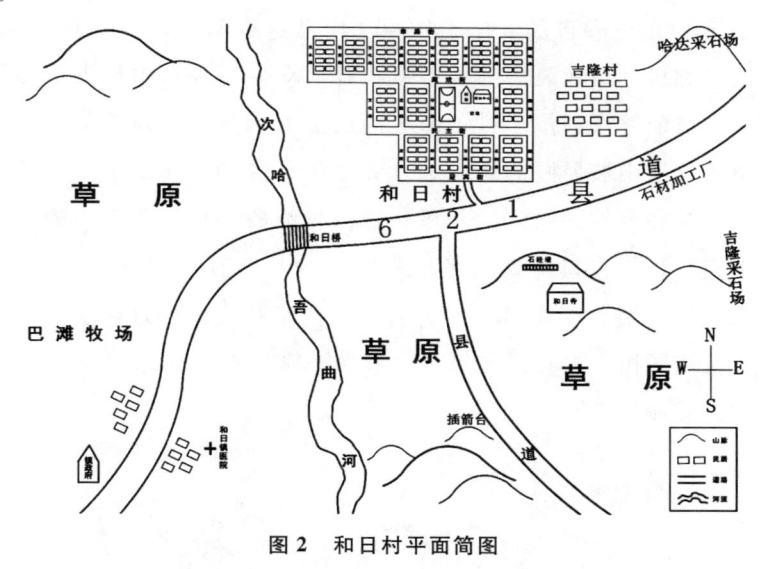

图 2　和日村平面简图

目前，和日村尚无有关气候记录，下面以泽库县气候信息为参照来观察和日村气候状况。

泽库地区气候受海拔高度影响，冷季漫长而干冷，暖季短促而温凉，气温日差大，降水集中，光照丰富，日射强烈，多大风天气，无绝对无霜期。全年日平均气温小于0℃的日数在164～207天，年平均气温-2.4℃～2.8℃。最暖月平均气温8.6℃～14.1℃，最冷月平均气

---

① 完全小学的简称，从一到五年级有完整的设置，在当地，这样的小学才能称为完小。

温 -10℃~-14.8℃,气温年均差 23.2℃~23.5℃。全年平均气温 -2.4℃。年降水量 437.2~511.9 毫米,年蒸发量 1340.9 毫米。年平均风速为 4.1 米/秒,大风日数平均 44 天,最多可达 98 天。泽库地区气候高寒,四季难分。全年没有夏天,春秋季也只有几天,冬季则长达 11 个月之久。一般把季节分为暖湿季和干冷季[①]。

从和日镇政府所在地出发,沿着镇上仅有的县级公路向东步行 500 米,经由次哈吾曲河穿流而过的和日桥后,便可看到矗立于路边的写有和日村三个大字的牌楼,牌楼左侧下方立着一块石头,上面刻着藏汉对应的"石雕艺术之乡"几个醒目的大字。作为泽库县远近闻名的生态移民示范村,宽敞的大门和极具藏式风格的牌楼是和日镇众多行政村中最大气和最讲究的。站在村口能够看到位于村子南边的山坡上和日寺建筑群的一部分,和日石经墙则位于山坡另一侧靠近和日寺主体部分的山崖之上。次哈吾曲河自南向北流经和日村的西侧,紧邻和日村东侧的是和日镇下辖的另一个行政村——吉隆村。村口附近的平房是几家商户,有小食品、日用品商店、粮油食品店、菜铺、馍馍店、酸奶店、摩托车和汽车修理店、早点铺、藏医诊所、藏族餐馆、清真餐馆等。这里作为镇上商业中心的延展地带,有比较完整的商业体系。

和日村入口

---

① 泽库县志编纂委员会编《泽库县志》,中国县镇年鉴出版社,2005。

沿着进出和日村唯一的水泥路向北走大约200米,才能看到整个村子的第一户人家。笔直的路面,整洁的街道,风格统一的民居和每户平房外侧墙体上雕刻精美的吉祥八宝[①]图案,无一不吸引着局外人的眼球。

值得一提的是,和日村的村容、村貌是我们所见青海生态移民村落[②]中最出色和最完善的。村里的道路可谓四通八达,从北至南有四条东西走向的村道,依次叫幸路街、藏戏街、民主街、迎宾街;自西向东有八条南北走向的村道,依次为天水路、致富路、文化路、发展路、环科路、甘珠路、石刻路、团结路。一栋两层的楼房位于整个村子的中心位置——和日村村委会办公室、医疗室、村民活动室、图书阅览室等村子的职能部门就集中在这栋最醒目的楼房内,村民们都称这栋楼为活动室。活动室坐北朝南,前面是一大块空地,并设有一个篮球场;东西两侧是两排平房,用来堆放村委会财产和对村民进行石刻培训。这里是村民日常生活的公共空间,虽然打篮球是仅有的娱乐活动,但这里的篮球场还是吸引了村里各年龄段的男性在闲暇时间前来运动,小到刚会走路的孩童,大到已年近60岁的男子,都跃跃欲试地拿起篮球冲向篮筐。妇女们时常三五成群聚在空地上,有的一边聊天一边做手中的刺绣,有的排练起自编的舞蹈,有的带着自家小孩来空地上散步。每一个天气晴朗的下午,这里便是和日村村民聚集的中心地带。村里的大小活动也都在这块空地上举行。这为我们提供了进行参与观察和访谈的良好条件,总能在这里找到一些有用的信息。诸如谁刚刻出的一尊佛像卖出了好价钱,某某家从吉隆[③]那边弄来了质量很好的石头,村里准备在冬天举办今年的石刻培训,等等。有时,还能从这里聚集的人中打探到我们一直寻找的一个重要信息提供者的去向。

和日村目前已实现家家户户通水、通电、通电视信号。村民的日常饮食有馍馍、牛羊肉、糌粑、蔬菜,现今能每顿喝上奶茶和酸奶的人家在村上已经不多了。村民们平时在工作和生活中都不穿藏服,有村民说:"出去

[①] 又称八瑞吉祥,包括宝伞、宝鱼、宝瓶、白海螺、吉祥结、胜利幢、金法轮、莲花。
[②] 笔者曾于2014年、2015年暑假实地走访青海省黄南州、果洛州、玉树州、海南州大小七八个生态移民新村。
[③] 吉隆,当地地名,和日村所用的石头有一大半从这里采掘,与吉隆村不是同一地点。"吉隆"是当地人对位于和日镇不远处的一个采石场及周边范围的统称,是吉隆村搬迁前所处的地域,如今吉隆村的大部分人已搬迁到现在和日村所在地的东边。

打工，穿藏服干活很不方便，不如穿汉服轻松。"只有参加宗教节日、民族节日等重大活动的时候，村民们才会把自己珍藏的藏族传统衣着和配饰穿戴出来。村里人的商业活动基本上在和日镇进行，他们的商品交易有毛皮、牛奶、日常用品、采集的野山货、小型家电、装饰品等，集中在镇政府附近的空地上。两家小型超市能够满足村民们日常的采购需求。另外，镇上有两家藏医馆和一家诊所，方便村民就医。

和日村远近闻名，原因之一就是这个村为泽库县培养了许多大学生，有的毕业后成为公务员，村党支部书记才让南杰[①]曾骄傲地讲起："我们村里出过县级、州级，甚至省级干部"，有的毕业后去外地创业，成为在泽库地区经商成功的典范。所以，和日村对子女的教育问题一向看重，村委会专门设立了奖学金制度，每年对村里考上大学的学生给予奖励。村里孩子上学基本上都遵循一种模式：小学就读于镇上的完全小学，初高中去县城的泽库县民族中学，考上大学的会去外省就读，还有考上大专的会在青海省内继续学习。谈及孩子的教育，"好好念书"似乎成为这个村里大人的期盼和小孩改变命运的一种途径。和日村除了几个村干部和个别外出打过工的村民会说汉语、正在上大学的大学生用汉语交流外，其他村民只会说藏语。

摩托车是村民出行必备的交通工具，几乎每家都配有 1~2 辆摩托车，条件较好的有小轿车。在这样宽广的地域，有 1 辆摩托车的确方便许多，父母骑着摩托车每天接送孩子到离家近 1 公里的完小上学；摩托车的后座可以悬挂桶装的牛奶；有时在和日镇上买不到的商品，村民们会去离家 50 公里外的同德县[②]购买。参加法会或听经会[③]是每个藏族必须做的，泽库县的寺院较为分散，但只要有这些活动，村民们都驱车前往。和日村全民信仰藏传佛教，附近有 3 个藏传佛教寺院，村民对和日寺的归属感较强。村里有老人讲："我们的祖先最早都来自这个寺，先有的和日寺，僧人在这里

---

① 2015 年暑假在和日村做田野调查时才让南杰任村党支部书记。2016 年暑假调研时，村委会主任和村党支部书记都更换了。
② 同德县位于青海省东南部，地处海南、黄南和果洛三个藏族自治州的交界处，隶属于海南州。
③ 听经会，主要内容是活佛向信众讲授藏传佛教经典。从和日村前往参加听经会路途较远，听经会通常设在泽库县和同德县交界处的一个寺院，以及距和日寺较远的一处山上，且一些举办地的道路状况很差，需要机动车才能进入。

讲经、接济穷人，四面的人们聚集到这里，人多了就变成了和日村。"和日村的村民几乎每天都会赶往和日寺，他们沿顺时针方向用手依次转动围绕寺院大殿摆放的转经筒，同时默念六字真言，以此表达对佛祖的敬意，也是对自己和家人的祈福。

二　历史追溯

初到和日村，问起"和日"这个词的来历和它所表达的藏语意义，但包括村委会主任在内的大部分村民都说不出来，只知道村子的形成与离这里1公里远的和日寺有关。另有年长的村民说："我的爷爷告诉我，这里过去被蒙古族统治过，藏语里面没'和日'的意思，'和日'好像是蒙古语的发音，就跟擦哈河①一样，是蒙古族取的。"

继续追寻和日的来历，2015年8月的一天，与关却三知老人谈起了此事。老人今年80岁高龄，以前当过和日村的村党支部书记，并且从之前的谈话中能感受到老人思维清晰，比较了解当地的情况，1958年青海及甘南地区的叛乱和宗教改革、"文化大革命"、人民公社等重大事件，他都经历过。

> 很久以前就有个和日村（指移民迁出地的和日村，下同），跟宁秀和巴滩牧场是一个地方，"和日"是整个地区的名字，和日村有很多有名望的人，一起生活在村里。
>
> "和日"这个词没什么意思，藏文没什么意思，汉语也没什么意思，这个地方最早有河南县的蒙古人，我们村里的人最早是从热贡同仁那个地方来的，我们到这儿时他们就走了。"和日"跟蒙古语无关，是藏语，这一点我很确定。河南县的蒙古人是跟内蒙古的人有关系（的），蒙古人以前待过这里，关于蒙古人的这些是听老人说和看书知道的。我以前看书，看过"蒙古的国家"有叫"和日"的。
>
> 以前分民族的时候，具体时间记不清了，大家就讨论我们的"和日"是不是蒙古的那个"和日"过来的，我自己去看蒙古文的历史书，我能确定这个，我们的"和日"不是蒙古族的"和日"。那时候

---

① 村子西边的次哈吾曲河，村民都叫这条河为"擦哈河"。

我跟和日寺院里的活佛一起，那个活佛从别的寺院找来一本书，让我用三四天时间读完，然后我没有找到我们这个"和日"和蒙古的"和日"之间的关系。之后我们就去看热贡最大的历史书，名字记不起来了。通过这部书才找到"和日"是从我们拉萨那边过来的，我们这个"和日"，和热贡那边、拉卜楞那边、甘孜那边，都是从拉萨过去的，它们都是来源（于）拉萨。

我读过的历史书里面丝毫没有找到蒙古的"和日"和我们的"和日"的联系。我们不同意他们把我们说成蒙古族。传说中《江格尔》（蒙古族卫拉特部英雄史诗）和他的后代跟我们这里的"和日"没关系。有人说我们是蒙古人，有人说我们是拉萨过来的，我认为我们是拉萨过来的。当时有人把我们当蒙古族有两点原因。第一，我们的"和日"和蒙古族的"和日"是同一个字。第二，有一种传说，说我们是蒙古族。我们这个"和日"最初是松赞干布，领一些人过来，这里是领地交界的地方，他派人去守护这块地方。尖扎县那边有个寺院，在同德和果洛交界的地方。上面的传说，是口头传说，没有书籍。我们"和日"这边有个千户大人，统治着这个地方，他就是说我们是属于拉萨的。拉萨有个叫和日广久（藏语音译）的县，我去过拉萨，和广久的阿卡们讨论过"和日"的来源问题。

我们和日村与和日寺就是没法分开的，先有和日寺，我们这个村的先人才来到这里，慢慢形成了和日村。石经墙是依靠这个村子建起来的，别的村子有别的村子的艺术，这个石经墙是对和日村特别的，石经墙没被破坏之前①就是和日村的，一直都是。别的村对石经墙没有任何关心，就是和日村的，我们这边人刻出石头，不是和日村的，一般不放到石经墙，"石雕之乡"，就是指和日村。

遗憾的是，我们并没有找到老人所说的那部史书。但根据老人谈话的重要信息，随后查找了一些文献。和日寺，亦称"切更寺""切更尔寺"

---

① 和日石经墙，1958年甘南地区叛乱（或称宗教改革时期）及"文化大革命"期间曾遭到严重破坏。改革开放后，先是由寺院和村民自发进行重建修复，之后政府出资进行了最后的完善工作。

（藏语称"和日贡特却扎西林"，汉语意为"和日妙乘吉祥洲"），是藏传佛教宁玛派寺院，早年为帐房寺。[①] 约在清道光十一年（1831），第一世德尔顿活佛德钦卓多在和日部落头人昂钦的支持下首建。第三世德尔敦·晋美俄合丹增为讲经说法，把寺院迁至现址。[②] 另有资料显示，泽库县和日部落最早见史书于明代，明万历年间（1573~1620）的《西宁卫志》中和日族归入占咂族。至清乾隆年间（1736~1795），和日族已成为一个独立的族分，和日部落经历了程度不一的合并与分解，一直延续至今。[③] 可以推断，和日村的来历可能与和日大部落有关系。

说起和日村的历史，不得不提及和日石经墙。可以说，和日石经墙形成、被毁、重建的历史过程与和日村整个村庄的历史有着紧密的联系，并且直接与和日村的石刻艺术，以及后来形成的独具特色的石刻产业密切相关。

和日石经墙由4处构成，主墙坐落于和日村和日寺（以前叫德敦寺）后的山坡平台上，长165米，高3米，宽2.7米，镌刻了经文的青绿色经石板整齐地堆叠在墙的上部，有1米多厚，用大小不等、厚约1~5厘米的3万余块刻有经文的不规则石板块，按藏文经籍版式分部垒叠而成。所刻经文为世界著名的藏传佛教经典《甘珠尔》和《丹珠尔》。《甘珠尔》是藏传佛教大藏经两大组成部分之一，包括显、密两宗经律，刻两遍约3966万余字。《丹珠尔》，即论部，包括经律的阐明和注疏、密教仪规及五明杂著等，分四大类，即赞诵类、咒释类、经释类、目录类。其中经释类又分为12类：中观、注疏、瑜伽、小乘、本生、杂撰、因明、声明、医明、巧明、世论、西藏撰述及补遗等，刻3870余万字。另有《檀多》经，共刻108遍。除经文外，在一些石板上镌刻着大小不等的佛像、民间图案、佛教故事等图画。经历150多年的岁月，和日寺历代僧人和附近的民间艺人不断地雕刻和堆砌，形成了今天石经墙的规模，充分展示了藏传佛教的博大精深和藏族文化艺术的无穷魅力，成为青藏高原上规模最大、内容最丰富、雕刻工艺最精美的石刻文化精品。

关于和日石经墙的创建年代，没有可靠的文字记载，但据和日寺僧人

---

① 建寺初期由于条件有限，寺院建筑多为用牦牛毛搭建而成的毡房或帐房。
② 泽库县志编纂委员会编《泽库县志》，中国县镇年鉴出版社，2005。
③ 黎宗华等：《安多藏族史略》，青海人民出版社，1992，第25页。

和当地藏族世代相传的说法推算,大致创始于清代嘉庆年间,完成于20世纪50年代初,前后历时150多年。和日寺的前身是草原帐篷寺院,后迁到和日乡重建。据黄南州志记载:首次发起并组织和主持石板经文刻书者,是和日寺第三世主持活佛德尔敦·久美桑俄合丹增。他从果洛草原请来一位雕刻绘画兼通的叫阿乃亥多的高僧作为首刀人,并挑选了几十个寺僧和牧民为他当帮工做学徒,为寺院刻制3部可以永世长存的石经,即《普化经》《噶藏经》《当僧经》。经过几十年不懈地凿刻,3部石经全部告成,这就是和日最早的石经。这些作品虽经历150多年的风蚀雨淋,至今风貌依然。接替德尔敦活佛大规模刻建石经墙的人,是德尔敦活佛的后任第四世主持洛加仓活佛,他所处的年代为社会比较动荡的清末民初。洛加仓自幼出家,20多岁时就已是一位佛学造诣高深的宁玛派活佛了。他立志要让完整的"大藏经"《甘珠尔》和《丹珠尔》等著名佛教经典变成石书,与世长存,永远地护佑广大藏族信众得福承祥,便开始了大规模的系统的石经墙刻建。因为洛加仓是和日草原上的高僧大德,又是和日大头人的亲戚,资财充足,加上和日牧民和僧人捐奉的财物、牲畜、石料和劳力,石经墙的扩建进展非常顺利,历经30多年便全部完成。石经墙两面有很多供着石刻佛像的佛龛,这样,朝拜和转"廓拉"[①]的信众,便可以随时与佛见面。石经墙完成后,成为和日草原乃至整个安多藏区佛教信众的心中圣地,来这里朝拜和转"廓拉"的人终年不断。藏族认为,在这里转一圈"廓拉",就等于把这里所有的石经书诵念了一遍,福德无量。据和日的藏族说,石经墙建成后,和日一带果真没再发生过大的天灾人祸。当地人认为,是经石墙的圣灵为他们带来了平安吉祥。于是一代传一代,人们不断地往这里敬献各种经石。神秘的石经墙,成为藏地信众的精神图腾。不幸的是在1958年和"文化大革命"中,石经墙两度遭到破坏,不少经石散失了,成为路、桥、墙和屋顶的建筑材料,至今有些都没有找回来。[②]改革开放后,先是由寺院和村民自发进行重建修复,之后政府出资进行了最后的完善工作。和日石经墙1986年被青海省人民政府确定为省级文物保护单位。和日

---

① "廓拉"是藏语音译,汉语意为转圈,亦称转经,即围绕神山、圣湖或寺院佛塔绕行的祈祷仪式。围绕寺院或藏传佛教信徒心中的神山圣湖绕行一周或数周,即"转廓拉"。
② 林子:《石书之最和日石经墙》,《佛教文化》2005年第3期。

石经墙及和日寺于2013年被国务院确定为全国重点文物保护单位。

  第一次徒步爬上山坡，走近和日石经墙，就有一种撼动人心的感受，站在这里，放眼四望，辽阔美丽的草山，不时闪现的安静地吃着牧草的牛羊，远处山顶上飘着五彩经幡的插箭台，一切尽收眼底。在石经墙南侧，坐在这一片群山环绕的草地上，每每心旷神怡。凭直觉，始终觉得这是一块风水宝地。这处被誉为世界"石书奇观"的和日石经墙，静静矗立在草原深处，在蓝天白云的映衬下，成为藏地草原上牧民的精神图腾。作为重要的藏族文化遗产，和日石经墙石刻工艺规模之宏大，石刻经文之完整，令人叹为观止。独具特色的和日石经墙，无论规模还是艺术水准，堪称世界石书之最。虽然，和日石经墙地处偏僻的草原深处，但是这几年随着泽库县知名度的不断提高，很多游客对神秘的和日石经墙趋之若鹜。身临其境，和日石经墙何以远近闻名，我似乎也了然于胸。有论者写道：

> 人类的记载、书写、印刷无非是将一种有着非凡意义的事情和人头脑里思索出来的各种智慧的思想、神圣的启迪一一保留下来，再传诸后世。这个时候采用什么样的书写载体，一定长时间地困扰过各个民族的先知先觉们。在佛教广布的藏族世界，我们可以看到他们在室内和室外采取了两种不同材质的记载形式，室内的殿堂用柔软的纸来书写经文，而在室外，他们则利用大地之母馈赠的石头，来刻写经文、真言、咒语。在全国乃至世界各地，用纸张记载的形式我们已经司空见惯，可是把浩瀚的经卷刻写在石头上，袒露在天地之间，这就非常稀奇、非常神妙了，它所蕴含的崇高人类精神，不能不让人生出仰之弥高、叹为观止的感叹！如果说南太平洋上的拉帕努伊岛上的巨大的石像是从人的形体上显示了人类的伟岸与坚毅的话，那么，在青藏高原黄河南端的和日石经墙，则从人内在的精神世界显示出人类的智慧与慈悲。它代表着藏族人与日月同辉的一种罕见的宗教信力，精神信力。[1]

  目睹和日石经墙独具魅力的庄严与神奇，我一直在思索，从过去到现在，从牧区到城镇，和日村的人，在人与人、人与神、人与自然、人与社会之间，

---

[1] 赵青阳：《世界石书之最和日石经墙》，《青海文物》1994年第4期。

他们是如何沟通的，是什么促使石刻成为他们得以维系生计的主业。而今的和日村虽是一个生态移民村落，村民的生活空间不断变迁，但一代代子孙却不曾离开他们的精神家园，其历史和社会记忆早已深深刻在了石经墙的图像和经文之中。人们的历史记忆有时会是他们对自己现实生活的一种解释，可能偏离了历史事实本事，身处宏伟的石经墙下，回想起村里人讲起的关于石经墙的种种事迹，似乎不难理解他们那种强烈地对自己身份的探知欲，以及由此所作出的对自身历史进行建构的尝试。毕竟，"对人类来说，当代社会的政治、经济、族群关系以及现实处境等太多的因素影响着他们的记忆。相对于过去的历史事实来说，人们记忆中的历史往往是想象的、虚构的、面目全非的历史"，"历史的真相绝不仅仅意味着过去发生了什么，更在于过去对于现在意味着什么，产生了什么影响，以及为什么会有这样的影响"①。

下面的记述，或许会带给我们另一番认识和体验。

> 有一次，在副村委会主任旦丹家里做访谈，他家里摆放的一幅石刻作品引起了我们的注意，上面刻着一群身穿藏服的人领着驮有帐篷和生活用品的牦牛群，穿梭在大山之间，走向远处的一个地方，这与村民们对外销售的石刻作品在题材上大相径庭。旦丹说："这幅图案，刻的就是我们和日村2005年搬下来的景象，里面的人就是我们村的村民，中间那个背大篓子的——我刻的我媳妇。"②

村民对故土和当时搬迁的场景仍记忆犹新，因为他们曾经居住的"上面"和"下面"③都是生态移民们现实生活中生存的物理空间，而且又是他们的文化生活空间。"事实上，我们每个人同我们出生、成长的地点，以及曾经居住和目前居住的地点保持着紧密的联系和深厚的感情。"④ 通过这幅石刻作品可以看到，和日村作为生态移民点，是移民们从原居地搬到现今这块地方的又一段历史的新起点。他们用自己独特的方式书写和记录了和日村历史中具有转折意义的搬迁的一幕。有幸看到并聆听对这幅作品主

---

① 马成俊：《基于历史记忆的文化生产与族群建构》，《青海民族研究》2008年第1期。
② 2015年7月23日课题组成员在和日村实地调查资料。
③ 和日村村民用"上面"指搬迁前山沟里的生存环境，用"下面"指搬迁后现在的生活地点。
④ Edward Relph, *Place and Placelessness*, London: Routledge Kegan & Paul, 1976, p. 43.

题的讲解，真的是一种充满想象的视听享受。

2005年泽库县执行国家政策，对县内大部分自然村进行移民搬迁。根据规划，和日村属于本地安置的村子，他们要从离现居地10多公里外的山沟里搬到和日镇东部的政府规划地点。副村委会主任旦丹说："当时为了响应国家的政策，也为了维持我们的草原，村里人虽有些怨言，但还是一致决定搬了下来。我们就拖着一家老小搬进了政府建的房子里，政府给我们村的补助很好，我们搬了下来，现在觉得是正确的。"绝大部分村民都对生态移民政策持赞赏和拥护态度，过去在山沟里的和日村，村民们普遍拥有的草场面积小，草场质量差，牛羊不足，这些问题一直困扰着他们。不过，也正是这些原因促使他们积极发展石刻，和日村在实施生态移民搬迁之前，全村每家至少有一个劳动力会刻石经或者图案，村民会把自己刻的石经或图案拉到和日镇进行交易，也有相约买家到家中直接出售。可见，石刻产业在他们未搬迁时就已萌发。这促使他们能更多地与山沟外的市场接触，培养了他们接受新鲜事物的适应能力，促使他们搬迁后创立石刻有限公司，进而形成石刻产业的创业想法。

三 人口

从村委会主任提供的最新数据看，截至2015年，和日村共有244户879人，其中男性436人，女性443人。村中享受低保政策的有43户，共98人；村里的五保户8人。村中享受三江源生态移民政策的有100户444人；享受游牧民定居政策的有144户435人。[①] 现今和日村有劳动力378人，其中男性178人，女性200人。我国规定，男子16~60岁、女子16~55岁的人口为劳动适龄人口。那么和日村除去378个劳动力，剩下501人是未到或已超过劳动力年龄标准的人口，即老人和小孩，粗略计算，占全村人口的一半以上。一定程度上，和日村正面临劳动力不足、社会经济负担较重的问题。村里多数家庭的人口构成是一对成年劳动力要抚养2~3个孩子，并且要赡养至少2位老人，如果没有国家生态移民政策的大力支持，

---

① 享受三江源生态移民政策的住户，16岁以下及55岁以上的家庭成员，1人1年领取生态补助3000~5000元，享受游牧民定居政策的人家则不享受该政策。

生活还是很困难的。另外，和日村成年人的受教育程度普遍是小学至初中，老年人大多是小学文化程度，而未成年人都已接受义务教育。

需要说明的是，在和日村仅有2人是汉族，其中一位是49岁的村民张元国，信仰藏传佛教。找到他时，他拿出自己的身份证，上面民族一栏写着汉族二字，家庭地址是和日乡。张元国说："我20岁就从家里出来，先是在'上面'（迁出地）和日村给别人放了几年牛羊，之后我就再不想回去了，就娶了这个村上一个残疾人的女儿。"问及"为什么信仰藏传佛教"，他说："我觉得自己是藏族，我已经习惯了这边，我的媳妇是藏族，我也信佛，常去听法会。当时我算嫁（入赘）① 过来的，我跟着这边的习俗，这里的人很好，我喜欢这个地方。以后让我的女儿当藏族，女儿叫向清卓玛。我认为我跟藏族没什么不同，我会说大多藏语，但最不方便的是我不会写藏字，这样刻石经不方便，但我的媳妇会，我就出去打工。"可以看出，他虽身为汉族，但对藏族有着强烈的认同，他渴望与身边的藏族一样成为一个民族。正如弗洛伊德最早的定义："认同是指个人与他人、群体或模仿人物在感情上、心理上趋同的过程。"② 汉族村民张元国这种心理上的趋同，可能是由于长期处于以藏族人口为主体的群体之中，自身经历了一种长期的感情归属，再则，"个人认同的群体和其他群体清楚地有所分别，是产生认同的另一个主要原因"③。张元国身处一个区别于周边回、汉、撒拉等民族的藏族人口居多的群体中，自然处于群体的角度去认识自己的民族身份，把自己和自己所属的群体与其他群体（民族）分别开来。这更多是从个体心理的角度看待民族的认同，仅能说明个别原因，毕竟"民族认同是具有天然群聚性和类别感知能力的人类都能具有的社会认知，它有很强的自发性"④。

四 村民的生计

"人们为了能够'创造历史'，必须能够生活。但是为了生活，首先就需要吃喝住穿以及其他一些东西。因此第一个历史活动就是生产满足这些

---

① 女嫁男赘，享有同等社会地位，而赘婿一般受到女方家庭的器重。
② 陈国赞：《简明文化人类学词典》，浙江人民出版社，1990，第17页。
③ 民族学研究所集刊编辑委员会：《民族学研究所集刊》，台湾中央研究院，1993，第74期。
④ 王希恩：《民族认同与民族意识》，《民族研究》1995年第6期。

需要的资料，即生产物质生活本身。"① 搬迁后的和日村村民，最需要解决的就是"生产物质生活本身"，也就是生计方式问题。

搬迁前，和日村受制于高原气候、土壤条件等因素的影响，主要的生计方式，或者说村民主要的收入来源较为单一，基本靠买卖牛羊和畜产品为主。泽库县的生态移民政策规定，和日村搬迁之后每家仅能拥有少量牛羊，绝大部分牛羊需要变卖或寄托给亲戚、朋友饲养，对于过去是一个纯牧业的和日村来说，离开牛羊之后生活来源就成为一个大问题。村委会主任提及，村里之前也尝试过种植一些藏药和经济作物，但受制于气候不适、劳动技能不足等问题，最终没能成功。一位34岁的妇女完玛东知说："我们在山上的时候，就只会刻石雕和放牛羊，其他的都不会，也从来没有学过，刚搬下来的时候遇到了很多困难。"

搬迁后，村民们主要依靠刻石经和石雕、采集虫草、采拾野生蘑菇、卖酥油、经商、摩托车汽车修理、外出打工赚钱作为主要的家庭经营性收入。刻石经和石雕是和日村的传统工艺，村民们技艺娴熟，和日村出品的石经和石雕早已享誉安多藏区，产品销路很好。采集冬虫夏草和野生蘑菇是村民们在春夏时节短暂的时间内主要的副业。泽库地区多雨，大雨过后，虫草和野生蘑菇长势最好，每到这个时候，村里的大人、小孩就联合出动，到附近或更远的草山上寻找它们。野生蘑菇1个人1次上山能采2~3斤，1斤能卖35~40元，晒干之后再卖，价格更高。而冬虫夏草比较稀有，1个人1天只能找到5~6根，1根售价在15~20元，价格波动较大。村里有几户人家在村里或镇上从事商业买卖，大多经营小商品，生意清闲的时候则继续石刻和石雕。还有村里的一些青年和中年人，参加过政府组织的技能培训，掌握了修理技能，就在镇上开起了修理铺，主营摩托车修理和摩托车汽车的零部件。一些驾驶技术好的村民买了小轿车，往返于泽库、同仁县城与和日镇，靠客运为生，根据路途距离每人收费25~30元。另外，也有村民选择去镇上或者外县打工挣钱，一般做搬运工、泥瓦匠、装修工等辅助性工作，工资按天结算，1人1天100元左右。一些妇女也偶尔做些刺绣，拿到集市上售卖，但这方面收入较少，一般用于补贴家用。

---

① 马克思、恩格斯：《德意志意识形态》，人民出版社，1995，第79页。

村里的 100 户生态移民 2005 年最早响应政府的号召，自愿搬迁，15周岁以下的少年儿童及 55 周岁以上的老年人，每年可享受泽库县提供的三江源生态移民补助金，每人每年发放金额不同：2009 年每人 2300 元；2010 年每人 2600 元；2012 年每人 3800 元；2013 年每人 4500 元；2014 年每人 5400 元。[1] 所以，政府的生态移民补助加上国家的居民最低生活保障补助，是和日村部分村民另外的收入来源。村里的有些老人过去在乡、县、州各级政府单位做过公职人员，有退休金和养老金的保障。另外，和日村村民仍对搬迁前的草场拥有使用权，大部分村民在搬迁之后会把草场转租给他人，并根据草场面积大小每年收取 6000~10000 元的租金。

表 1　和日村村民经营各类商业情况

单位：个

类别 项目	小商品	机动车修理	面食加工	服装	专营奶产品	餐饮	农副产品
店铺数	3	4	2	1	1	2	2

和日村现有 3 个小队，2005 年实施生态移民之前就已形成，由于整村搬迁，政府在建设新的移民点时进行了统一规划，包括村子的整体布局、房屋结构、建筑样式等，移民点房屋的安置也是整齐划一，分布较为均衡。所以在移民点建设完成之后，村委会集体决定把原来的 1 小队安置在村子中间的一排房屋；靠北边的后一排是 2 小队；靠南边的前一排房屋安排给 3 小队居住。每个小队都有队长，分别由三位在村里威信较高且石刻技艺突出的男性担任。村委会的重大决定有时也会由 3 个小队长挨家挨户传达。村里每家独门独院，用围墙隔开，每户房屋大小 60 平方米，外带一个 20~30 平方米的暖棚，用来饲养少量牦牛或堆放杂物，每家的院子里都设有室外卫生间和取水口，以上都是政府在安置时统一建设的。因为是藏族生态移民村，这里每家都自己搭建了煨桑台，有些家中还挂起经幡。需要强调的是，村里每户人家的院子里都堆放着青色或者蓝黑色的石板，它们有的

---

[1] 2015 年 8 月 14 日在和日村对村党支部书记才让南杰的访谈资料。

是用来刻石经和图案的原材料，有的是村民已经刻好的成品，等着买家的到来。

调查得知，搬迁后和日生态移民新村仍有人在家里散养少量牦牛，在家庭分工上，妇女承担了家中大部分的家务，比如挤牛奶①、做奶制品、做饭、取水等。除此之外，她们也要像家中的男人一样，闲时进行石刻，用专门的石刻工具把《甘珠尔》《丹珠尔》《檀多》等藏传佛教经文手工刻制在石板上，通常是家中两人合作，将一整部经文刻成石经。而作为家中的主要劳动力，村里部分男性则夏天出去打工养家，闲暇时间会在家中继续刻石经。与女性不同，男人除了会刻石经，他们还通过学习掌握了刻制石头材质的佛像、八宝吉祥、和睦四瑞②等和藏族题材有关的图案，还有牦牛、马、羊、虎、大象、藏羚羊、野牦牛、藏獒的各式平面图案。更有技艺出众者，会通过圆雕③的手法雕刻出各种立体图案。这些精美绝伦、栩栩如生的石刻作品是藏族石刻工艺传承的有效例证。可以说，和日村以藏族石雕为形式的传统手工业的演变，也是和日村生态移民发展后续产业的重要内驱力。

和日村村委　　　　　　　　　　　和日村展览室

① 搬迁后和日村仍有一些村民在迁入地家中散养少量牦牛，他们的日常生活离不开牦牛，饮食需要牛奶，一些运输工作仍需牦牛。
② 和睦四瑞图象征尊老爱幼，和平相处。图案中有一方香格里拉般美丽的净土，一棵茂盛的枸卢树结有甜蜜的果实，树前有一头驮有猴子的大象，猴子手捧一枚果子，背负一只山兔，山兔身上蹲有一只鹧鸪鸟。和睦四瑞图描绘了四只动物互敬互爱、共享花果、团结和睦的美好情景。
③ 圆雕是艺术在雕件上的整体表现，观赏者可以从不同角度看到物体的各个侧面。它要求雕刻者从前、后、左、右、上、中、下全方位进行雕刻。

2014年7月27日初见村民刻石经

第二章 搬迁后的石刻业

世界各国把各种产业划分为三大类：第一产业、第二产业和第三产业。第一产业是指提供生产资料的产业，包括种植业、林业、畜牧业、水产养殖业等直接以自然物为对象的生产部门。第二产业是指加工产业，利用基本的生产资料进行加工并出售。第三产业又称服务业，指第一、第二产业以外的其他行业，包括交通运输业、通信业、商业、餐饮业、金融保险业、行政、家庭服务等非物质生产部门。

据资料显示，截至 2014 年年底，泽库县畜牧业总产值占泽库地区生产总值的 56.4%。[①] 可见，仅畜牧业的产值已达到全县总产值的一半以上，畜牧业不但是泽库县的传统产业，更是整个泽库地区的支柱产业。搬迁前的和日村，每家都放养着数量不等的牦牛，少则十几头，多则上百头，还有一些家庭饲养了绵羊。夏季的清晨，村民们赶着牛羊，前往自家的草场放牧，有的草场离村民所住的帐篷几公里远，临近傍晚把牛羊赶回家，用栅栏围起。由于气候、土壤等原因，和日村的草山上并不利于冬虫夏草的生长，村民们无法靠采集冬虫夏草生存，这些牛羊几乎是他们的全部家产，畜牧业便是他们的支柱产业。藏族喜食牛羊肉，他们饲养的牛羊，一部分

---

① 泽库县政务信息网，2015 年 9 月 19 日 20 时公布。截至 2014 年年底，全县地区生产总值达到 128998 万元，同比增长 8.15%。畜牧业总产值达到 72830 万元，同比增长 4.2%。

用来满足家庭的日常饮食需求,大部分牛羊则卖到镇上的肉铺,价格基本随着市场的需求而变化。46岁的村民仁青嘉措说:"2004年的时候,我把羊卖到镇上,都是好几十只一起卖出去,一只羊能赚不少钱,羊毛还能留下来做衣服。现在和过去大不一样,我卖一只羊,只能赚100多块。"① 和日村村委会也曾鼓励村民发展畜牧业,对拥有牛羊数量较多的家庭给予支持,鼓励村民把牛羊卖往和日以外的地区,主动联系镇上的畜牧站对村里的牛羊进行防疫、配种等工作。但是,搬迁前和日村的畜牧业发展不够完善,屠宰点少,缺乏对牛羊肉的深加工,没有对牛羊毛皮、奶制品附加人工价值,比如手工缝制皮毛产品或酿造特色酸奶。

自2005年实施生态移民搬迁以来,大部分村民主动响应政府的政策,在搬迁的第一年就变卖了家中大部分甚至全部牛羊,搬到现在的和日新村生活。由于搬迁遵循自愿原则,仍有一些人故土难离,没有完全离开养育他们的草原,游牧民定居户拉旦加便是其中一位。拉旦加今年30岁,家中有3个劳动力,他在和日生态移民村有1间60平方米的平房,每到夏季,他和妻子就会回到迁出地继续放牧,他家现在仍有二十几只羊和10头牛,因为是游牧民定居户,所以他家没有享受三江源生态移民补偿,但我们可从侧面了解牧民离开牧区定居后,畜牧业在他们生产生活中的作用和影响,以及发生的变化。拉旦加深情地说:"我从小就是牧民,离不开草原,更离不开牛羊,虽然现在政策(生态移民补偿)很高,大家都过得很好,可是我就喜欢草原的生活,夏天住在帐篷里很舒服,靠卖一些牛羊,生活也能过得不错。"②

遗憾的是,我们碰到拉旦加并与他交谈时,恰逢他从山上的草场回到家中看望亲人,访谈持续不到1个小时,他便匆匆离开了,因为他要在天黑以前把牛羊赶回圈内,访谈只得终止。虽然与他约好等他下一次回村后继续访谈,可是之后每一次去他在移民新村的家中找他,他家都是大门紧锁。询问其他村民,得知拉旦加在山上放牧,基本上1个月回来1次,由于田野调查时间有限,原本还想了解有关信息,就不得不留下遗憾了。从

---

① 仁青嘉措,和日村人,搬迁前家中有200多只羊、100多头牛,搬迁后只留下60头牛和20多只羊。
② 2015年8月5日在和日村的访谈资料。

对他的访谈中得知，由于和日村是本地搬迁，迁入地与迁出地较近，使他们轻易就能与搬迁前的生活发生联系，便捷的交通为村民延续"逐水草而居"的生活提供了便利，在一定程度上，放牧仍然是和日村搬迁移民生产、生活的组成部分。而在搬迁之后，没了牛羊，在移民的生产生活中，搬迁前维持生计的主要产业"畜牧业"的作用日渐式微。而另一种传统且焕发生机的新兴产业日益凸显出来，那就是逐渐兴盛起来的手工业——石刻业，如今，它已成为和日村生态移民后续产业的支柱。

早在搬迁之前，和日村的大部分村民已通过家庭或寺院师徒传承习得了在石块上刻制经文和图案的藏族传统石刻手艺。青藏高原的冬季艰难且漫长，无法出门放牧的他们，有了更多的闲暇时间，除了外出打工或到亲戚家串门，一些村民便留在家中刻制石经。和日村的石刻在泽库地区甚至整个藏区名声都很大，到了夏季，会有买家前来购买石经，手艺好的村民也有一些固定的买家，刻制石经对村民们来说，更多是出于宗教目的。实际上，搬迁前的和日村是一个以畜牧业为主的村落，买卖牛羊、牛羊皮毛、奶制品是村民收入的主要来源，销售石经仅是他们家庭收入的一部分，此时的石刻还未形成产业。

为保护三江源区的生态环境，2005年，政府对和日村实施生态移民搬迁，村民们卖掉了牛羊，来到乡镇附近的新居地，过去和日村依赖的畜牧业很难继续维持。庆幸的是，和日村生态移民在后续产业发展方面有先天的优势，他们继承了祖辈的传统，搬迁后仍可以通过从祖辈那里研习的石刻手艺维持生计。他们没有放弃发展的希望，村民的石刻手艺成为产业转型的关键。和日村把大量的人力资本从畜牧业转移到石刻业，由于村民们早已掌握了刻制石经的技术，省去了技术培训方面的前期投资，之前所刻石经也有一定的销售渠道，石刻业较为顺利地在和日村发展起来。村子里的人不仅开始把石刻当作重要的文化传承，而且石刻业已发展成为支撑和日生态移民新村经济的支柱产业，也即和日村生态移民后续产业的支柱。

石刻业属于第二产业中的加工制造业门类，已深深根植于和日村所形成的特定社会经济环境和文化传统之中。走到村民中间，不难发现，石经和石雕已经渗透于他们生活的方方面面。在不具备环境、技术、资金、信息等条件而"跳跃"到向第三产业转变和发展的情况下，和日村人秉承自己的传统和信仰，借助石刻工具和勤劳的双手加工着身前的石板，努力制造出用石经造就的民族文化产业，成就了"高原石刻第一村"[①]的美名。石刻已形成产业，成为和日村生态移民的收入来源和后续产业的主要支撑。

一 石材选取：吉隆的石头与哈达的石头

藏族石刻文化的传承已近千年之久，在整个藏区分布极为广泛，而和日地区的石刻艺术自和日寺（1831年）创立以来也已将近200年的历史。古时的人们把文字写或刻在竹简、兽骨、绢帛、木头、纸张之上，为的是让当时存在的文化因子传播开来或传承后世，藏族石刻文化能够演变至今，与和日村村民生活息息相关的著名的和日石经墙、和日石刻艺术，以及这里重要的文字载体——石头是分不开的。和日村的石刻文化及日渐形成的石刻文化产业，一个重要的环节就是石头的选用。

和日村石刻所用的石头有两个产地，一处是位于村子东面10公里的山沟内一个叫"吉隆"的地方，另一处是沿着203省道继续向东5公里的名叫"哈达"的地方。村民所用的石头都需要从这两个地方取用。2015年8月13日，在28岁的村民"县级石刻工艺师"久美切杨[②]家中访谈时，得知他要为一幅佛像石刻作品去采石场亲自挑选石头，在他的热心邀请下，我的团队成员骑上他的摩托车，同他一起前往石头的供应地。穿过曲折蜿蜒的小道，经过半小时的颠簸，来到了位于吉隆的采石场。这里是一座连片的石山，大大小小的石块被七零八落地摆在人工开发的采石场上。这里的石头是私人所有，采石场的老板讲述了一些关于石头的情况。

> 整个吉隆的石头，只有我这一块山上有，山底下形成的洞，是6年前开始采的，一开始的时候，我让（和日村）村民随便采，让他们白白地刻，过几年我就开始收钱了，我也需要生活呀！采石头不影响我家养牛羊，我自己也会刻一些。
>
> 我的石头卖一方五六百元，夏天太阳比较大（烈），人工采石头在

[①] "高原石刻第一村"这几个字，刻在村口的牌楼上。
[②] 久美切杨，男，和日村人，15岁便在寺院学习刻石经，获得县级石刻工艺师证书。

太阳底下不好。采石头都是用铁锹一块一块地凿，然后人工再把采好的石头搬到堆石块的地方，有时我自己采，有时雇人采。家里的石头可以用来刻图案，同德的一个专门刻图案的人，专门来自己（我）这里拉石头。来自己（我）这儿拉石头的有12个大客户，有青海湖那边的、兴海的、同仁的、同德的，还有和日村的。

石头上的花纹①对刻图案好，热贡刻图案的，想要有这个花纹的石头。客户来买石头，都会提前给我打电话，刻图案的话，热贡那边的客户专门挑这种带有花纹的石头。表面光滑、颜色较深的石头比较好。石头不能晒，如果晒的话，石头容易变硬，雕刻的时候就容易坏。这里采石头古时候就有，以前是从山上挖，采一点点，都是人工背的。

据观察，这里的石头多为页岩，石头上有薄页状或薄片层状的节理，石质较软，比较适合人工进行打磨、切割、雕刻。和日村出产的石刻经文大多用的是这里的石材，一方面价格便宜，另一方面，这里的石头最适合手工刻制。而且由于所刻石经没有大小、规则的要求，村民都是依据所采石头的实际大小在上面刻经文，吉隆的石头基本不需要进行前期的加工就可以直接进行刻制。这里的石头最符合石经创作的要求，所以来这里买石头的和日村人络绎不绝。但自从采石场被这里的老板承包之后，过去能够免费获得的生产原材料，现在则需要付出一定的成本才能得到，一些村民也有说辞。

我以前一部经，几个月就能刻出来。以前石头是从吉隆来的，自己刚学的时候，吉隆那边的石头不要钱，后来有人问我要钱，15年前左右开始有人收钱，他们收钱是因为吉隆是他们的地盘，是吉隆村的人问我收的钱，有一天我去采石头，他们找我说："从今天起就不要来了，这里我们管了。"我觉得不好，他们村子的人不会刻这个，还不让我们去采石头，现在采一方石头都要好几百，不是说我们养活了他们吗？（JWJ，男，60岁，和日村生态移民，家有4口人，主要工作是做藏袍和刻石经）

---

① 这些花纹其实是在造山运动形成岩石的过程中，一些植物、动物的标本融入石块后形成的图形。

久美切杨没有选到自己想要的石块，他不慌不忙地离开吉隆，又前往下一个目的地——哈达。去往哈达的路边有一家大型的石材加工厂，里面布满了各种清洗、搬运、切割石头的大型机器，几个工人正操作着机器，把大块的石头切割、打磨成整齐划一的石板。这里是县上一个较大的石刻公司，所有者是和日镇人罗泽河。他是哈达地方采石场的经营者，名下的产业包括石刻公司、宾馆、超市，是镇上的名人，居住在西宁。从他的采石场和石材加工厂输出的石头，是和日村所需石材的另一个重要来源。现场所见，不免萌生疑问，"为什么和日村村民放着已经切割规则、可送货上门的石头不用，却要到离家十几公里外的地方挑选和搬运石头？而工厂能产出大量的规则石块，在村民家中看到的却是来自吉隆的大小不一的不规则石材，这些规则的石头在村里有什么用处呢？"不畏路远，亲自去挑选石头，久美切杨是这样解释的："我们村里刻石经的人多呀！从工厂里切割的石头，一是价格比较贵，比吉隆的石头贵很多；二是我们村里刻石经的，一直就要那种不规则的，方方正正的，一直不放到石经墙上，算是我们的传统吧；还有就是工厂里的石头，我们都用来刻图案，因为厚度好，还能做立体的图案。反正，刻图案用的石头和刻石经用的石头在很多方面都不同，我们要好好选。"

吉隆的石山　　　　　　　　　　吉隆采石场

哈达的石山　　　　　　　　　采石工具

　　哈达的采石场充斥着大型采石机器的嘈杂声，一个大型挖掘机正在半山腰上，对着一面切割整齐的石体进行作业。采石场工作人员说："这个采石场从 11 年（2011 年）开始使用，每年冬季停工①，所有采集工作使用大型机器，切割石体的工具采用一种名为金刚石串珠绳的工具，利用绳子的硬度，旋转并不断拉扯来切割石体。"看上去，相比吉隆的石块，哈达的石头颜色更深，是蓝黑色，颜色较纯，无杂色，石块较厚。哈达这边的石头采集下来之后，直接运送到前文所述罗泽河的加工厂进行冲洗、打磨、切割等粗加工，再运送到需要的地方。久美切杨在这里选好了自己满意的石头，他拿着一块宽 20 厘米、长 30 厘米、厚度 5 厘米左右，约一张 A4 纸大小的长方体石块，用手抹去石块上的石灰，经过反复观察，不停地掂量，再用砂纸把石块打磨得尽可能光滑，他说可以通过观察打磨光滑的石材来判断石材的优劣，能用来刻制图案的好石材，经过打磨后颜色更深、表面更光滑，和工作人员谈了约 10 分钟，他买下了这块石头。

　　返回的路上，久美切杨讲了一段意味深长的话。

　　　　这块石头我必须亲自挑选，买家是镇上的一个干部，他让我刻金刚手菩萨②，买家跟我说要买 1 块 300 元左右的石头，价格他来出，我谈了半天，这块石头卖我 350 元，我刻出来之后，他再给我计算手工

---

① 每年冬季因为天气恶劣停工一段时间。
② 金刚手菩萨，梵文 Vajrapani。因手执金刚杵，常侍卫于佛，故称之为金刚手菩萨，具有除恶降魔的广大神力。在西藏地区，也是相当重要的雨神。

费。我要对我的作品好啊!选石头就得选优秀的石头,哈达石头最大的好处就是厚度够、颜色好,刻出来买家能当工艺品,而且刻的是菩萨,更要质量好的石头,有的石头刻到一半就都碎了,这样对菩萨不尊重,对我自己和家人也不好。我就说,好的石头是成功的一半!

回到村里后,我们被久美切杨带到村委会侧面的一小块空地上,另一个疑问也就迎刃而解了。这里存有大量人工切割好的石块,显然石头是分类摆放,每一堆石头都做了记号,原来这里的石头属于村里集体成立的和日石雕艺术有限公司,罗泽河工厂里切出的石头大部分被村里集体买下,为的是给公司谈下的几个大型项目提供石经。村党支部书记才让南杰,也是公司的总经理,他透露村里公司承接了几个大型的石经项目,比如黄南州坎布拉地区一个藏族文化园的项目,整个项目投资716万元,需要全体村民一起完成,雕刻时间为2011~2012年,最终刻制一部《甘珠尔》、一部《丹珠尔》;另有同德县一处寺院价值20万元的项目,也是村上公司集体争取的订单。所以,工厂加工的石头与和日村的联系就在于村上公司的成立。当村里集体承接大型项目时,就需要通过公司与石材加工厂谈判,以最低价格争取到大量石块,然后把购得的石块集中堆放在村委会的空地上,村民从这里领取石块,搬回家中刻制,村民在自家分别完成与村委口头协定的任务,在指定时间(1个月左右)把成品运送回村委会并领取报酬。刻制石经实行多劳多得的原则,按村民石刻的平均水平计算,1个村民1天可以刻经文2个章节的内容,不以字数统计,刻1个章节的经文,村里向村民发放劳务费28元。最后,村委把收回的石刻经文成品统一运送至项目所在地。

大型石材切割机　　　　　　　　　机器切割的石块

显然，和日村石刻经文和石刻图案对原材料"石材"的选取出现了两种形式：一种是村民自己家庭经营的石刻生意，如果刻制经文，他们毫不犹豫会选取吉隆采石场的石头，那里的石头，村民可以自己动手采集，价格更低。村民一般租用货车、皮卡等运输工具，以较低的价格把石头拉回家中。如果需要刻制石雕艺术品，特别是有宗教和民族传统的图案时，村民的选取就比较谨慎，在买家不做特别要求的情况下，他们一般会专程选取心仪的石材，再做加工。村民们一再强调，传统石头的材质是他们最看重的因素，毕竟"好的石头是成功的一半"。另一种是在村民的集体行为下，公司通过谈判，用庞大的石材需求量压低石材价格和节省运输费用，最大限度地保障村民应获得的酬劳，再通过集中发放、统一制作和集体回收、运输，完成项目的整个运作，为公司和村民带来实际利益。

二　石材加工：石刻大师与他的学生

2015年8月的一天，和翻译正走在村里整洁的水泥路上，只听到前方一户村民的家中传来一阵敲击石头的声音，那声音清脆且富有节奏感，我们便闻声赶往村里的石刻艺术家朋措①的家中。此时朋措正在自己的工作台上刻制一幅文殊菩萨②的石刻图案，他已经事先在光滑的石头上用铅笔画出了佛像的整体轮廓，再用自制的雕刻小刀照着画好的图案描刻出佛像的初步线条，不断地清灰和用磨砂纸打磨，以保证线条的清晰。对于这一步骤，他似乎轻车熟路，图案上那每一处线条的粗细、到哪一处刻出适当的弧度，这些都拿捏得很准，不用再照着画好的图纸，想必这尊佛像的每一处细节应该早已印入他的脑中了。他已经使用这种通过打磨小铁棒制作而成的雕刻刀，在原本平整光滑的石面上刻画了一个完整的平面佛像图案。接着，朋措拿出一个铁盒，里面塞满了各种他制作的用于石刻的工具，不光有长短不一的铁凿、带木把的用来刻细微处的小锉刀、用来掌握对称性的圆规，还有用来敲打凿子的小铁锤。只见他左手紧握

---

① 朋措，男，45岁，和日村人，2008年搬迁下来，学习石刻20多年，获得黄南藏族自治州颁发的石刻艺术传承人证书。
② 文殊菩萨，梵名 Mañjuśrī，又称文殊师利童真，为佛教四大菩萨之一。

铁凿，右手自上而下地用铁锤敲击凿子一端，左手掌握的另一端沿着描好的图案在石头上刻佛像上深浅不一的部分。为保证刻出来的佛像有层次感而且不能刻坏，左右手工具的配合与力道的把握，全凭他的经验和专注来完成。朋措说："刻石头的时候（在石头上刻图案的时候）要用力均匀而且要刻得流畅，一根线条要一口气完成，不能有停顿的地方；用力不能过大，会敲坏石头，如果用力太小，凸显不出图案的样子，则破坏了完整性。"总之，这是石头变为石刻艺术品的关键步骤，考验了一个制作者的技巧、经验与耐性。

另一边，朋措的妻子正把一部纸质的《檀多》经文竖着摆在用木制架子固定好的石板上，"这部经文是藏族在人死之后对他/她超度要用的"，翻译解释道。除去要刻村里集体制作的《甘珠尔》《丹珠尔》给一些大型项目，村民自家刻的数量最多的石经就是《檀多》经，这种经文不仅能卖钱，并且有宗教意义，藏族相信刻这种经文对自己和家人的后世有所裨益。朋措的妻子先用直尺在石板上画出平行的直线，以保证文字上下排列整齐，接着从左至右，依次照着经文上的内容用铁锤敲打凿刻，所用工具较为单一，需要的工具种类比刻图案要求得少。仔细观察，刻经文的手法与刻图案的手法有一些差别，石头是竖着摆放，左手握铁凿的细节也不同，由于不会事先在石头上线描①出文字，直接在石头上刻字需要铁凿在手中更加灵活、多变地摆动，铁凿压着小拇指和无名指，用其他三个指头掌握方向和

石刻工具    **制作石刻作品**

---

① 线描，是素描的一种，用单色线对物体进行勾画。

力度。刻成一个藏文字母需操作铁凿从左、右、下三个方向发力敲打，这不同于图案，只需沿较长的线条从一个方向而刻。从这种区别中，不但能看到两种石刻技艺的难易之分，更能体会他们在传承技艺的时候也会依照现实情况刻意对石刻的变迁产生影响，两种不同手法的变换，也体现了他们在与自然的互动中表现出的能动性。

和日村近百户人家中，除几户人家欠缺石刻手艺，主要靠打工、经营商业维持生计外，有近70户，夫妻二人、家中小孩和老人，至少1人会刻石经或图案。另外，有20多户，夫妻二人均会石刻，并且都是村民朋措家中这样的模式，即男性刻图案，女性刻石经。村里443名女性中，只有一人会刻图案。这是值得思考的一个问题。石刻技艺究竟是通过何种方式传承的？其背后又是什么原因导致的？要解答这一疑惑，还得从和日寺的一位长者说起。

在访谈中，村民普遍提到一位叫作贡保才旦的长者。说起他，所有被访者都冠之以"大师""和日的骄傲""国家级的大师"等称号。

> 我05年（2005年）向大师（贡保才旦）学习刻图案，大师免费教，学了3年的时间，08年（2008年）学会，学的时候特别难，第一次去学习，大师只有一个，学生特别多，不懂的地方，不好意思再问，大师年龄大了。大师教的时候，做得很麻烦，刻的时候，先画在石头上，再用工具描一下，然后再刻。我们村会刻图案的基本都是从大师那里学会的。（索南多杰，男，35岁，和日村生态移民）

> 贡保才旦大师，这样的大师，在国家出名了，他教得很认真、很细致，只要有人想学，他都不收钱教。以前我刻的时候，他能在我身边不停地指导我，现在他年龄大了，去年他还刻一些，今年眼睛不好了，没有再刻。这个村里会刻图案的都是他的学生，他是我们村里的老人，是寺院里的高僧，是我们整个黄南州的骄傲。（扎西顿珠，男，45岁，和日村生态移民）

> 贡保才旦这样的大师，他的学生多，年轻人也有，这样对这个村就好，他眼睛好的时候，年轻人不知道珍惜，现在知道了刻图案可以赚钱，才来找大师，但现在大师没法教了。（格日多杰，男，48岁，和日村生态移民）

十多年前我向贡保才旦大师学过刻图案,是自己主动找大师学习的,因为这个雕刻图案的技术很有特色,自己很想学,跟大师学了一个多月,那时大师是专门给寺院人教刻图案,自己也参加了,自己那时学会了一点刻图案技术。(华青才让,男,42岁,和日村生态移民)

我二十五六岁时向贡保才旦大师学习刻图案,为了传承技艺,向大师学习。小的时候,村里和寺上有很多刻佛像和刻石经的人,我为了传承这个技术才向大师学,向大师学了4年多时间,当时跟我一起向大师学习的村里人有很多,我刻的第一幅作品卖掉了。(消理南杰,男,31岁,和日村生态移民)

可以看出,贡保才旦这样一位大师在和日村石刻技艺的传承和制作方式上具有举足轻重的作用。后来在寻找大师的过程中,了解到有关大师的不少信息。据村里人讲,贡保才旦是土生土长的和日人,1937年出生,细细算来,现在已是一位耄耋之人。从很小的时候他就表现出对佛像雕刻浓厚的兴趣,通过在和日寺院拜石刻艺人守龙仓、哇布旦等为师,他初步掌握了唐卡、壁画、泥塑等艺术的基本技能,十来岁他就可以在石头上独立雕刻了。他的石刻作品《观音菩萨》《唐东杰波》等入选《中国藏族石雕艺术》一书,其作品比例精当、量度精准、线条流畅,更包含刻、雕、凿、钻、打磨、镂空等复杂的技法。他的名字被录入《中国艺术界名人总鉴》。近些年他一直致力于培养新一代的石刻艺术家,对和日的石雕艺术可谓贡献良多。贡保才旦是和日寺院一名未受戒的僧人。宁玛派是藏传佛教各教派中最古老且在教法教典和传承系统上比较特殊的,除要在寺院长久居住并受戒律严格约束的一般僧人(当地人叫一般僧人)之外,还有一类被称为"阿巴"①(和日村人称阿卡)的住家僧人,他们不受戒,不进佛门,居家娶妻生子,不脱离日常的生产活动。比起俗人来,这些住家僧人精通密法咒语。根据调查统计,和日村男性中占1/3的人拥有和日寺院阿卡的身份,他们身着紫红色的袈裟和僧裙,与一般僧人相差无几,但是他们却成为和日村接受和传承石刻艺术的基础人群。

---

① 克珠群佩:《西藏佛教史》,宗教文化出版社,2009,第130页。

这里的石刻艺术起源于和日寺，而最早恐怕要追溯到同仁地区以佛教寺院为主体的"热贡文化"，和日地区包含在热贡文化的"辐射区域"，同时它们属于同一民族的文化圈之内，和日寺石刻便属于连接这两个文化的纽带。把热贡这个微型"文化圈"中的石刻技艺和美术艺术传播到和日地区，便以藏传佛教宁玛派住家僧人为载体，以师徒相承、父子相继为主要方式进行传播。可以说，没有这些能够过着世俗生活的阿卡们，和日村也就没有众多手艺精湛的石刻艺人，这里的石刻艺术，以及以石刻业为主的后续产业可能就不会是现在的繁荣景象。阿卡们在寺院里向贡保才旦这样的大师习得了高超的石刻技术，使得他们在世俗生活中具备了有效、稳定的生计方式，这些大师的学生通过父子继承把这一技能延续下来，不但给整个村子带来了效益，更是使石刻业成为泽库地区生态移民后续产业众多类型中最具传统价值和现实意义的产业。

和日村村民在这个由地方性知识和本地宗教所组成的"场域"里享受着传统带来的恩泽，我们在村里也看到了村民们习得石刻技艺的一种外部方式。和日村自实施移民搬迁以来，在泽库县三江源办公室的支持下逐步重视对村里石刻艺人的技术培训，每年定期在村里举行为期1~2周的石刻技术培训班。2007~2009年，三次聘用黄南州同仁县的唐卡艺术家，到村里教村民创作和绘制佛教人物、动物、吉祥八宝等石刻所需的图案。村里还邀请贡保才旦大师进行过一次面向全村的集体传授，还有几次则邀请村上几位曾跟随大师学习石刻多年并拥有不同级别"石刻艺人头衔"的村民，再对其他村民进行石刻技巧方面的传授[1]。另外，在县财政的支持下，2013年，村里组织10位村民前往天津曲阳雕刻学校学习石刻技术，历时半年。村里只有不到10人会雕刻镂空的石雕艺术品，因此，石刻图案尤其是石刻立体图案在村里仍属于一项少数人拥有的特殊技能，大多数和日村村民需要的是刻藏族石经的技能培训。从2005年起，和日村在开设石雕图案培训的同时，也向更多的村民提供了刻石经培训，仍然是村里那些"大师的学生"授课。村里给每位参加培训的村民1天20元的补助。村民对两种学习石刻技术的方式有不同的看法。问及"村里的培训班对你的石刻技术帮助

---

[1] 黄南州石刻手工艺人的认证分为县级、州级、省级三个级别。

大吗",村里较有名的31岁石刻艺人消理南杰说:"培训对我没什么帮助,主要还是我向大师(贡保才旦)学习的作用大,没有大师教我,我就达不到学习图案的领悟能力。我跟村里其他大师的学生也一起交流怎么刻图案更快、怎么刻更生动这些问题,有不懂的地方,直接去朋措家里问,他们都会帮助我。"这是村里刻图案的村民中比较有代表性的观点,石刻图案技术需要长时间的学习和不断的尝试,1年1次的技术培训并不能带来很好的效果,村民们仍然依靠自己在寺院和村里学到的技能。

还有村民早已从家中长辈那里习得石刻手艺,所以对培训班里的刻石经培训,司空见惯。

> 我30多岁的时候会刻石经,村里人人都会刻,自己看看就知道怎么刻了,就像一家有一辆汽车,每家就会开了,学起来很简单。这是传统文化,所以人人都应该学会,这个村有刻石经的传统,别的村都是近几年才开始刻。(完玛才让,男,53岁,和日村生态移民,家里没了牛羊之后,主要靠刻石经为生)

同时也要看到,村上组织的石刻培训班,对村民石刻技艺的提高有直接作用,得到了一些村民的认可,他们普遍赞赏热贡艺术家的教学,认为对他们绘制石刻图案很有帮助,并且认同村里其他技艺高超的村民在培训过程中对他们在雕刻技艺上的指导。

> 2014年那次村里组织培训,我丈夫参加图案培训,我参加石经培训,参加培训有补助,又能提高技术,当然好。我丈夫参加完图案培训之后说仁增多杰[①]教得很好,他自己学到不少刻石头的方法。我参加了石经培训,老师也是村里人,以前我刻的字体不太好看,就是斜着的那种,老师更正了我拿工具的方法,我刻的比以前更好了。我觉得刻石经的培训对我帮助很大。(藏毛,女,41岁,和日村生态移民,家中5口人都会刻石经,搬迁前就学会刻石经)

> 自己学刻石经,也学了刻图案,老师是从黄南州上来的,老师讲

---

① 仁增多杰,男,27岁,和日村生态移民,向和日寺一位受戒僧人学习石刻5年,现已成为村里石刻造诣最深的年轻人。

得很好,培训完石刻方面后自己刻经的话,字好看了,速度也比以前快。刻图案是在这儿培训时学会的,老师教图案,以前自己画图案画得一般,请来的那个老师教过之后就画得好一点了。村里去培训班当老师的那几个人,教我们刻图案,他们刻得很专心,样子也好看,应该多向他们学习。(久美成列,男,26岁,和日村生态移民,和日寺的阿卡,经常在家跟爷爷学刻石经)

老师是画唐卡的,藏族,教得很好,专门教画画的老师,老师来了一个月,住在村上教画画。培训对自己刻石经有帮助,学习完刻得好了,也刻得快了。(洋中太,男,25岁,和日村生态移民,现在跟随父亲学习石刻)

此外,2012~2015年担任和日村驻村干部的李嘉东知,他并非和日村人,但他参与了和日村生态移民后续产业培训、人口调查等工作,对和日村比较了解,他给我们提供了有关信息。

和日村的培训(石刻培训)进行了很多次,我作为村干部也参加了。村民参加培训的热情很高,人太多的话还得抽签决定谁去参加。教刻图案和刻石经的老师一般都是村里人担任,倒是有几次邀请了黄南州上的绘画老师讲怎么画得更好看,一些村民反映说绘画老师教得很好,有些难画的佛像他们也掌握了,比以前画得精细了。参加刻石经的女的多,这个好学一点,而且容易提高,老师讲得好,她们本来也认识些藏字,学得也快,参加完一次基本都会了。

刻石经的村民　　　　　　　石刻培训的场景

值得一提的是，泽库县会为村里参加石刻图案培训且顺利结业的村民颁发毕业证书，并授予"县级石刻传承人"称号，证书和称号需要在严格的考核和认证下完成，一般由泽库县与和日村有更高级别称号的手工艺者进行集体审核，对参加培训的村民所提交的作品进行评比打分，递交的作品得到大家的一致认可，才能颁发证书。而要拥有更高级别的"州级传承人"称号，则需要通过更高的考核标准与更复杂的程序，申请者需要提前半年提交完整的申请书与自己的作品集，由村里集体提交黄南州文化局审核。每年的通过率很低，有村民讲自己连续申请了3年，都因各种原因未能获批。我们从以下数据中想必能看出获得这一称号实属不易。据统计，和日村获得县级证书和县级石刻艺人称号的有30人，其中女性1人，男性29人，有阿卡身份的11人。全村879人中，获得州级评定的仅有4人。据我们调查，对和日村村民来说，获得县、州颁发的证书，以及通过以上的认证考核，首先是对石刻艺人技艺的肯定，并加深了对本民族文化特质的认同，提升自豪感；其次能够为村民带来知名度，由此来拓宽石刻作品的销路；最终为和日村打出名声，借助"高原石刻第一村"的象征符号，推出自己的特色产业，帮助和推动村子整体发展与致富。

我们可以听听受益者的心声，一些人是这样叙说的。

> 有县上的称号当然好了，再得到州上的称号，我想以后就都是别人请我去刻图案，我也可以当教图案的老师了。（三知加，男，34岁，获县级手工艺人证书）

> 州上这个证书是对我刻图案的肯定，我能把我们藏族祖宗传下来的石刻继承下来是我的光荣，拿上这个证书，我卖的图案有更多的人要了。（索南拉旦，男，39岁，获州级手工艺人证书）

> 获得这样的证书，说明我跟贡保才旦大师的水平更近了，我很高兴。这对我们村子整体有好处，让更多的人来我们这里买石头的工艺品，对村里其他人也好。（普桑杰布，男，58岁，获州级手工艺人证书）

三 产品去向：去往何处与意义何在

和日村村民自家所刻石经，一般都会卖往整个泽库地区。这里的藏族有一种传统，当家中有亲人去世，对其进行天葬后，家人会邀请阿卡念经超度，经文内容便是《解脱》经，村民都称之为《檀多》经。这种经文的意义，一方面是让亡者灵魂解脱，得到升华；另一方面，也是亡者家人对于自己后世的一种积福和修行。经过一些演变，这里的人普遍把这类经文刻在石板上，然后在一些固定时间，比如藏历初一或十五，把刻有经文的石头摆放到石经墙上，也有寄托哀思的寓意。藏族的思想核心或者说价值核心是达到人与自然的和谐共生，把经文代表的宗教、信仰符号刻制在石块等自然物质之上，石块所携带的经文便是他们自身意志的体现，再经历与水、气流、土壤等自然实体的进一步接触，这样便达到人与自然的高度融合。藏族认为，这样做对自己信仰的前世、今生、来世三重世界都有很大好处。2014年8月，我们在玉树地区通天河沿岸就曾见过，藏族同胞把玛尼经"六字真言"刻在河边浮出水面的石头上，字体的一部分浸没在水流之中。据当地人讲，让水流冲刷经文，就等于我们念了一遍玛尼经。和日村的情况是把石经堆放在石经墙上，山坡之上，气流活动频繁，风一次次吹过石头表面的经文，也就达到了藏族念诵经文的效果。在过去，和日寺的僧人会时常聚集起来进行转石经墙的活动，是一种集体性的祈愿行为。实际上，每户和日村村民家中都会存有至少一部《檀多》石经，除去县上各个地方的买家购买石经，放在石经墙上或者自己村落里，和日村村民们也为家人和自身留有一部这样的石刻经文，对于尊重文字经典和信仰前世今生的藏传佛教信众来说，这便是他们对信仰的最好阐释。就像村民拉旦所说："我刻一部《檀多》经，就等于念一遍这个经文，再把经文放到石经墙上去，对我的后世是很好的事情。"缘于信仰的牵引形成了这样的习俗，正是和日村在很早以前就有了石刻经文的主要原因，石刻经文也是在拥有了这种宗教上的功能之后，逐步成为和日村所依托的重要生计方式和产业发展的途径。

实际上，和日村的石刻经文以其悠久的传统和独特的雕刻技艺，已得到泽库县其他地区藏族的普遍认可。而这里的石刻浮雕（图案）和圆雕（立体图案）艺术，也受到青海省许多地区收藏家、艺术家、商人的青睐，另有来自中国内陆、中国香港及美国、不丹等地区和国家的买家前来购买，作为珍藏或馈赠的艺术珍品。石刻图案销售范围较广，一般没有固定的买家。近几年村里一些较有名气的石刻艺人,他们擅长雕刻佛像、八宝吉祥、和睦四瑞等传统藏式图案,渐渐拥有了一些固定买家,他们大多为藏族的企业家、政府官员、艺术家等,对具有藏族传统的艺术品兴趣浓厚,常大批量地购买。

我 2013 年刻的一幅《唐东杰布》①,被西宁一个搞工程的藏族老板买去了,他从哈达买来石头直接交给我刻,我刻了一个月,赚了 2500 元,老板买去可能是放到自己家了,他说他喜欢收藏唐卡、石刻这些东西。(KTJ,男,44 岁,和日村生态移民,学习石刻 5 年)

我现在刻的这个图案,是刻给泽库县文化局一个领导的,他是我的熟人,他让我刻两幅一样的,可能是要送人吧,刻的内容是和睦四瑞,石头是我自己挑的,我们很早就认识,所以我给他最低的价格。一幅作品我卖给他 1800 元。(SNLD,男,39 岁,和日村生态移民,20 岁便学会刻制图案)

没有买家预定我也刻,自己在家经常刻,我刻的最好的一幅作品要一个月时间,能卖五六千元,我有固定的买家,外地的、本地的都有,外地的主要是果洛、玉树和兴海的,这里面果洛的买家买得最多,买家买去图案用来送人,寺院放着也有。(RZDJ,男,27 岁,和日村生态移民,向和日寺一位僧人学习石刻 5 年)

自己家刻图案的石头都有要求,颜色厚度方面。1 块 1000(元)左右的石头,我用 1 个多月刻出来,石头的 1000 块钱是买家给的。我刻 1 幅图案,挣 2500 元,选石头,我去看石头质量,有时买家也规定石头的大小和厚度。自家没有固定(的)买家来买图案,兴海那边人买图案(的)比较多,他们买去图案用来念经,有些经必须买佛像来。(GQDJ,男,30 岁,和日村生态移民,去过西宁、河北等地学习雕刻技术)

没搬迁前,和日村村民制作的石刻经文和石刻图案就一直有广大的客

---

① 唐东杰布(1385~1464 年),明代著名建筑师,藏戏的开山鼻祖。藏族历来把他看作创造藏戏的戏神和修建桥梁的工匠的"祖师",是藏族人民心目中智慧、力量的化身。

户基础与市场销路，和日地区甚至整个黄南州的藏族民众成为他们石经的主要顾客，村民不用出去推销，就会有从各地赶来的顾客到村里购买石经，用石头刻制的佛像、动物等石刻图案，同样也一直是这个地区的畅销工艺品。在调查期间也可以看到，几乎隔两天就会有拉着石经的货车从村中驶过，车牌号显示这些是来自黄南州各县的车辆。访谈得知，98%的村民从来没有担心过自己刻的石经卖不出去，他们普遍反映石经是藏族必须要用的东西，而且这一地区只有和日村刻的最好，名声最大。

我们也可以通过和日镇上一些居民的讲述，了解他们对和日村出品的石刻经文的看法。

> 前段时间我的家人出事了（去世），我们就在和日村买的石头，一部石头刻的经文大概2000多元，我们很早就知道和日村全村都会刻，随便找到一家就买上了。他们村子很出名，不光刻石经，还刻各种佛像。（完玛加，男，30岁，和日镇居民，在镇上做服装生意）

> 我们这里的人都习惯去和日村买石经，那里村民传统上刻得就好，他们村（和日村）跟石经墙关系很好，他们村在黄南州都很有名，我有亲戚从同德那边过来买石头，有买经文的，也有买佛像的。（华青措，女，43岁，黄南州同仁县人，现居和日镇，在镇上经营一家餐馆）

在田野调查中发现，如果说过去的和日村人是出于宗教目的，把用石

村民的石刻作品　　　　　　　　　经书和石经

头刻的经文和图案放到石经墙上,而现今的石刻经文和图案已被开发出了商业价值,销路很好,并且大多数村里人已经把它们当作维持生计的主要手段。那么,从个体行为层面来看,现在村里人刻石经和图案就产生了两种目的:一是为了赚钱;二是为了宗教信仰。

"刻石经是为了生活",是一些和日村人直白的表述。搬迁后,他们失去了牛羊,迫于生存的压力,只得依靠卖石经或刻制的图案来解决比过去高很多的生活费用。他们大多没有掌握其他生产技能,刻石经已是他们维持生活最基本的手段。正如村里一位叫久科的老人所说:"我只能靠这个(刻石经)才能生存,没有了它,我以后都吃不上羊肉了。"这其中还有人看到了石刻业的良好商机,想要依靠自己的双手发家致富。"我和群嘛(藏语音译,汉语意为'妻子')都刻石经,基本上每天都刻,刻不完的石头,石头(石经)卖得这么好,我从来没担心过卖不出去,我就想现在多刻一些,等赚了钱还能干点别的。"32岁的巴桑晋美自信地说。

而另一些村民,显然更加懂得石刻手艺对和日村的重要意义。相比其他村民,他们可能更了解藏族历史与文化,对自己民族共同体的命运更加牵挂,看重石经在宗教上的价值,刻石经对他们来说没有功利性。

> 我刻玛尼石主要是为了信仰佛教,当时大师免费教自己,主要是为了传教,以刻玛尼石为生好,想像大师一样,把手艺传给别人,这样很好。所以早就知道,刻玛尼石也会使自己富有的。(才多,男,45岁,向大师学习过石刻)

> 我家里世代从事玛尼石刻,自己向广布才旦大师学过刻石经,因为自己是僧人,就必须要学刻玛尼石,藏族有这个传统。玛尼石可能不会使自己富有,但是以刻玛尼石为生好,刻玛尼石放在那石经墙上,心情很好,自己是一个僧人,帮助别人是应该的,希望所有人都能健健康康的。(完玛成列,男,62岁,从小就在寺院里学习石刻)

> 刻玛尼石,觉得刻完之后放在石经墙上很开心,因为是藏族,也喜欢刻,刻玛尼石有传教的意思。我们从小知道石经墙,过节会去石经墙前念经,那里的玛尼石都是以前村里老人刻的,对石经墙有一种

崇拜心理，希望永远不要失去这个石经墙。对石经墙感情很深，每年重要节日，村里人会去石经墙献哈达。（久科，男，65岁，家有9口人，和日寺的阿卡）

这个村一起刻《檀多》，每家分几张，人死了以后啥也没有，刻下了《檀多》就有了，都是为了以后的自己刻石经，刻石经主要是为了信仰，然后是为了继承这个技术。藏文里面的意思懂一点，也可以学习，活到老学到老。（旦才，男，66岁，当过村里的副村委会主任）

刻石经主要为了信仰，出去打工的话，赚的比这个多，但自己是僧人，不能打工。刻的经文对死亡有好处，自己懂经文里的意思，刻玛尼石在我们村上有活佛的时候就有了，自己把玛尼石放上去是为别人。几年前玉树地震时，我们村里人自己会刻多少就刻多少，不会的当时跟村里人买来放到石经墙上。我跟父亲把玛尼石放到石经墙上很多次，放石头的时候，是僧人的话要念经，不是僧人的话，给僧人说一声，让僧人念，放在那上面对所有人都好。（久美切杨，男，28岁，和日寺的阿卡）

从以上叙述看，持有这类观点的村民，大多是寺院的阿卡或者对佛教有深厚理解的人，他们把刻石经当作自己在宗教上的修行，每一次把经文刻在石头上，都是他们对佛教经典表达崇拜，以及在刻制过程中通过学习对经文再认识的过程。

而和日村大多数村民认为，刻石经和图案对他们来说是两种目的的结合。手工一遍遍地刻出石经和图案，不但能够赚钱，更重要的是在宗教上有好处，村民们很乐于以石刻为生。也可以看出，在宗教和文化的直接影响下，他们更倾向于实现宗教上的价值。

问及"刻玛尼石是为了信仰还是为了谋生"，他们大多是这样讲述的。

两个都是，而且主要是为了继承传统文化，刻石经不能有残缺的地方，如果字刻得不好或者残缺，就没人买了。以刻玛尼石为生好，在宗教方面好，刻经文是对佛的敬畏，但现在人不信这些。我要是选择的话，选刻石经，刻石经是祖祖辈辈传来的文化，以刻石经做生意能持续一些，打工不能持续很长时间。（完玛才让，男，53岁，家有7

口人，当过干部）

两个都是，信仰多一些，买家给多少钱就有多少钱，没有更高的价格，要求也不多。以刻玛尼石为生好。刻石经或者卖石经，不同于杀牛杀羊，在宗教上是敬畏，总之是做善事，所以比较好。如果选择出去打工还是专门刻石经，我还是选择刻石经。（仁增南杰，男，34岁，家有8口人，2个劳动力，依然选择靠石刻养家）

这是一件两全其美的事，如果自己出钱刻一部，很困难，如果别人能出钱刻，自己不用出钱刻一部《檀多》，既是信仰，又是赚钱。校对的时候比较认真，字啊这些都整齐一点，就是对宗教的尊重。刻石经不仅仅是为了赚钱，更多的是为了信仰。不管刻玛尼石好不好，都要靠石经生活——我们这个村。打工这些有的话是好，但是这些不是长久的事，我们这个村主要是刻石经，不管好不好，都要靠这个生活。（切宗杰布，男，31岁，家有4口人，2个劳动力）

从对村民的访谈中可以看出，搬迁前后的和日村人雕刻石经，不仅是为了卖给其他藏族来赚取金钱，更多的是追求刻石经这一行为背后深刻的宗教意义。单纯为了赚钱而刻石经，或者为了宗教信仰而刻石经，抑或出于二者兼有的目的而刻石经，从这些行为来看，和日村人有他们独特的理解和实践。通过对他们行为的观察和比较，似乎印证了马克斯·韦伯对人类行为特征的解析。

马克斯·韦伯（Max Weber）将行为的"合理性"（rationality）视为目的理性行为与价值理性行为，这两个方面可以相互独立，不断变化[1]。而"行为的工具合理性是根据运用手段达到既定目的的过程中的有效计划来加以衡量"，"一个行为，如果满足了手段合理性和选择合理性的条件"[2]，韦伯称之为目的理性行为。工具理性是指行动只由追求功利的动机所驱使，行动借助理性达到自己需要的预期目的，行动者纯粹从效果最大化的角度

---

[1] 哈贝马斯：《交往行为理论：行为合理性与社会合理化》，曹卫东译，上海人民出版社，2004，第166页。
[2] 哈贝马斯：《交往行为理论：行为合理性与社会合理化》，曹卫东译，上海人民出版社，2004，第167页。

考虑，而漠视人的情感和精神价值。价值理性则相信的是一定行为的无条件的价值，强调的是动机的纯正和选择正确的手段去实现自己意欲达到的目的，而不管其结果如何。① 从和日村生态移民刻石经的行为来看，金钱成为一些村民行为的动机和目的，驱动他们把刻制石经当作过上好生活的直接手段，出于功利的考虑，他们把石刻与赚钱等同起来，为了达到自己最大的利益，努力刻石经赚得大量金钱之后，再转投其他行业，但最终目的只是赤裸裸的金钱和物质。为赚钱而刻石经的村民附和了这个时代对效率、利益的需求，把工具理性行为当作手段，强调了先有效率追求，再为公平、价值追求奠定基础，却忽略了价值理性才是工具理性的前提，也是行为的本质所在，价值理性与工具理性可以相互转换。并且工具理性可能带来的是人的异化和物化，并不能反映人称之为人的精神实质。这一点在注重精神世界和宗教信仰的藏民族中，也是很难被接受的。相比之下，为宗教信仰而刻石经的行为，是大多数和日村生态移民所认可和实践的。这一行为的意义在于他们对自己文化是否能够永葆生机的高度关注，传习手艺亦是传播、传承文化。另外，他们对自身发展中文化因素的影响比较看重，有了石刻的佛像和经文，有了石经墙、和日寺这些"精神的支柱"，他们能够获得幸福感。所以，他们不在乎金钱的多少，无条件地去刻石经和图案，把他们自身的价值赋予石刻之中，用实际行为寻求和崇尚自己的"精神家园"，虽不排除实际利益的驱动，但他们始终未忘以价值合理性为指导的选择，刻石经所蕴含的意义已化作一种坚定的信仰而浸润于他们的身心之中。

四 "公司+农户"："和日石雕公司"的成立与运行

2015年8月的一天，村委会主任多杰才让忙里偷闲，说要带我们看看村里的一些"好东西"，我便好奇地跟随村委会主任和他的儿子一起来到村委会旁的一间小屋内，房间大约20平方米，进到里面我就被眼前琳琅满目的石刻品吸引住了，原来这里是一个展览室②，只见玻璃

---

① 吴小爽：《试论新公共管理的工具理性》，《辽宁广播电视大学学报》2010年第2期。
② 展览室门口的牌子上写着"传习所"三个字。

柜里陈列着村上获得的一些证书，证书内容大多与石刻有关，四面的墙上悬挂着各种宣传照片，还有村民们获得的各项荣誉证书，展览室的主体还是那些摆放在铁架上的各式石刻艺术品，我看到有圆雕的牦牛、巨幅的浮雕佛像、刻着六字真言的玛尼石、雕刻的藏族人物图案，等等。其中一件完全用石头制作的转经轮，我甚至可以沿顺时针方向转动起它。村委会主任说："这里面摆着我们村上最好的作品，这个展览室也是村里头为宣传我们的公司建造的。"我问起"公司？是什么样的公司让村里花这么大工夫专门建一个展览室？"村委会主任的儿子抢先回答："当然是我们村民自己的公司，我们村的发展离不开这个公司。"村委会主任在一旁补充道："我们这个和日石雕公司从成立以来一直受到县上、州上的重视和支持，它现在已经是村里不能少的一部分。"通过简短的谈话，我意识到需要对这个公司展开进一步的调查。随后，我便采访了这个名为"和日村石雕艺术有限公司"的总经理，也是现在村上的村党支部书记才让南杰。①

下面是村党支部书记才让南杰对"和日村石雕艺术有限公司"（以下简称"和日石雕公司"）的有关介绍。

村上的公司是 09 年（2009 年）成立的，我们文化没有，自己有想法成立公司，就去县上、镇上找县委书记、其他领导，向他们汇报，领导支持才成立的。公司是属于整个和日村的，全部村民都能参加，开始的时候，110 人参加，现在有 264 人参加，公司跟他们签了合同，他们自己签字的，是村委找他们参加的，村上公司不收管理费，帮村民联系项目，村民自己收入自己拿，公司成立的时候发工资给一些人。公司联系了坎布拉那里的项目，是村委跑下来的，主要是因为我们石雕传统好。石头是从石材公司买的，是罗泽河的公司，买来石头发给每家去刻，刻 1 张（佛经上 1 张纸的内容）给 28 元，谁想刻就刻，刻

---

① 2015 年 7~8 月，课题组成员在青海泽库县和日村的田野调查资料。才让南杰，男，43 岁，和日村人，2000~2014 年，担任和日村村委会主任，2015 年调查时他担任村党支部书记。

多少就给多少。

　　成立公司，村委到省上领导那里跑项目，第一，给了钱的话，那个上面章子没有，不行的撒（不可以）；第二，去果洛、海南那些地方，签合同要有公司的名字，为了盖章，为了有公章，出于这两个原因要成立一个公司。后面的话，去山东济南、上海、北京这些地方做宣传，也要有公司，需要有公司的名字。年年去参加青洽会，这种展览会，费用是公司出的。自己是村里的经理，村委会主任是副经理，公司里有出纳会计，一个丫头当着，专门有五个村民监督公司的运作（主要是资金流向和账本）。村干部这些在公司里当经理没有工资，村委里只有我和村委会主任在公司有职位，还有一个村民当保管员。现在公司效益可以，村里最早有七个人给公司刻图案，09年（2009年）开始刻，公司选了村里刻得最好的、有技术的，让他们参加，给他们发工资，一个月2000元。来公司买图案的人很多，一般都是藏族，为了送礼物，外国人也有来买的，主要是牦牛和佛像的图案买得多，佛像最多，村上人卖图案，公司帮着联系，他们自己也卖，自己卖也行，通过公司也行。

　　希望以后公司组织去外面观摩学习，公司里有村民集体参加刻图案，能集中比七个人更多的人刻图案，现在图案刻得太少。刻字（刻石经）的没有证书，不需要证书。公司除了大的项目，不经营小的石经项目。刻图案的村民都是他们提交申请，村里只是帮他们联系一下，告诉文化局，我们几个人去报到，资料他们自己准备，越多人拿证书对村里越好，买图案的人对证书没有要求，主要是刻出来买家喜欢就行。

　　从村党支部书记的介绍中，我们对和日村石雕艺术有限公司成立的原因、起何种作用、如何运作、与村民的关系、现今境况、未来计划等诸多方面有了初步的了解，同时他给我们提供了关于公司的详细书面材料。可以看出，以书记、主任为代表的和日村村委，对于整个村子的发展方向已有了很好的掌握，对成立这样一个类似于"公司+农户"的后续产业体系，兴许，其利弊只有通过公司的作用和价值与村民利益的相互关联来考察。

作为村里的权力核心与掌握"话语权"的人，书记和主任对村庄的发展都有一种责任感和使命感，为村民服务，让村民得到实际利益是他们的目标。能够感受得出，才让南杰书记和多杰才让主任领导着这个村，坚定而踏实地走在用石板铺就的道路上，我们为和日村拥有这样的领头人而高兴。我们也看到，村民对他们是信任的，大家坚持着自己的传统，也积极接受新的公司形式，整个村子团结在一起。

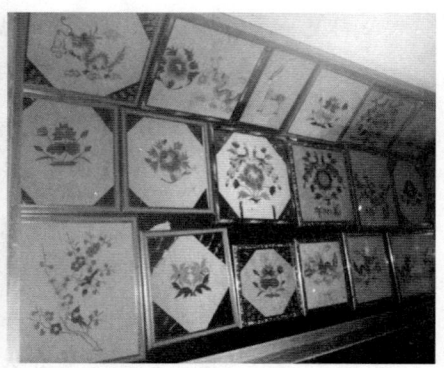

展览室中的石刻产品与刺绣

之后，在对和日石雕公司的进一步了解中，村民们提出了自己的一些看法，从中认识到石雕公司的成立对于村子的石刻发展及后续产业的转型大有裨益。

知道村里的石雕公司，参加了石雕公司，村委会主任组织的，并让我参加，自己村里人办公司很好，公司不给工资，但是可以学石刻，很好。（朋措，男，45岁，和日村生态移民）

我知道村上的公司，并参加了，通过公司卖自己的作品，公司是由村上的村委向上级申请后办的，公司是属于我们全部村民的，大家都参加了。（格日多杰，男，48岁，和日村生态移民，村上有名的石刻手艺者）

我家刻的石经，石头是公司送过来的，让我刻《甘珠尔》，1张给28元钱。在山上的时候都是自家刻自家的，现在合起来给公司刻，公司帮我们卖，拉石头也不用自己花钱，都是公司出钱。（拉果

加,女,35岁,和日村生态移民,村妇女主任,也是村里公司的会计兼出纳)

过去我们老人只知道刻石经能卖点钱,搬下来了,成立了公司,公司里的人让我的儿子去刻图案,能赚不少钱。(旦巴达吉,男,75岁,和日村生态移民,以前做过阿卡,现在每天仍然穿着僧服)

石头浮雕①   石头圆雕②

和日村会刻石经的家庭基本都参与了公司的生产活动,一般由公司出面洽谈的大型项目都会分给村里每一户去完成。在这方面,公司得到了村民们的一致认可。然而,还有一些村民有着不同的看法。

村上公司是整个村一起成立的,为了对整个村的收入好,所以成立公司。自己参加公司生产活动是因为村委组织了,让我参加,我就参加了。参加村上的公司生产活动要看技术,刻得好才成为7个人里面的1个,那时没有7个人。公司成立之后7个人一起刻,去公司刻图案就跟上班差不多,有规定的时间,每天是国家规定的上下班时间工作,刻出的图案都是给公司,放在公司销售,公司里收入好的话,每年也给村民们分钱。石头是公司提供,刻的工具是自家拿的,但切割机(切割石头)这些机器是公司的。现在不去公司刻了,公司里不需要了,人已经够了,就不去了。觉得自己卖图案比在公司卖图案好,

---

① 村民把这类作品称为平面图案。
② 村民把这类作品称为立体图案。

自己刻得好一点的牦牛就有 2000 元，公司里 1 个月才 2000 元。（CRDZ，男，48 岁，和日村生态移民，把刻图案的手艺传给了儿子，自己在外打小工，如搬砖、沙子等纯体力活）

图案一般都是自己卖给别人，自己卖的话比较赚钱，包装图案的盒子是从公司买来的。要是给公司再卖，就卖得便宜，钱少，自己没有固定的买家来买，都是不同的人主动来找我，我也主动找过买家。如果要是参加公司的生产活动，成为里面的人，就不用自己去找买家。（JMQY，男，33 岁，和日村生态移民）

现在自己的作品自己也卖，活动室（公司）那边也放着。我那时候主动参加了公司的生产活动，公司里面的几个人（被公司雇佣）主要就是刻图案，交给公司卖，我们几个人是培训班的老师，公司给我们发钱。觉得自己的作品很好卖，自己是村里刻得最好的，买家通过打听都主动来找我，我名声很大，州上面、县上面都知道。自己的名声也是村里公司的名声、村里公司的代表，自己的名声也是公司打出去的。（RZDJ，男，27 岁，和日村生态移民，和日石雕公司主要手工艺人）

从对村民的访谈中可以看到，对于村上的这个公司大家表达了不同的看法。专注刻石经的家庭从公司那里获得了利益，他们以契约形式与公司合作，缔结成从石材选取、石材运输、石材加工、统一销售一体化的经济实体，公司为他们分担了一部分风险，有效节约了生产成本，也促使他们转变了观念，从以前单一刻石经到现在积极学习石刻艺术。石头有了更高的附加值之后，价格提升，销路也会增加。而一直会刻图案的家庭，在本来石刻艺术品销路较好的情况下，面临自主经营和被公司雇佣的选择，村民们不同的选择说明了村民在面临发展的问题时，能够结合自身情况对其进行考量，积极寻找出路，参与自家致富与村子整体发展关系的协调之中。

总体来看，我们对和日村生态移民点以第二产业"石刻业"为支柱的生态移民后续产业发展模式有了一定的了解，包括村民们在自主经营的情况下，从何地运来所需的石材，使用从何而来的技艺加工石材，再到石刻经文与石刻图案相比有何种不同的销售方式和消费人群。除村民自营外，和日村在集体行动下创立的村民参与管理、经营公司的模式，公司精妙地把以上这些组成石刻整体产业链条的所有部分串联起来，为村民的生产提供保障，减少成本，并在宣传和打开石刻销路方面起到了关键作用。和日村延续百年的石刻技艺，在面对以公司制、市场竞争为特征的现代化冲击时，形成这样一种传统产业与公司制度的结合，是在国家对三江源区进行生态移民后续产业大力扶植以来，较为成功的典型案例。

第三章　后续产业的社会文化效应

我们看到和日村在移民搬迁之后，随着居住环境的改变，首先引发了他们生计方式的转变和诸多尝试，整个村庄在其文化传统基础上依托石刻技艺开辟和逐渐兴盛起来的"石刻业"，已成为村民经济生活的支柱产业，是他们解决生计问题的主要途径，也即靠什么生活。较之在牧区时对牧业的极大依赖，现在的和日村，其新兴产业"石刻业"在村民生活中的地位和作用已基本上取代了过去的畜牧业，和日村生态移民后续产业发展取得的成效显而易见。截至2014年，和日村年人均纯收入4502.8元，这在泽库县这样的全国贫困县中已属于较高收入水平。同时，和日石雕公司自成立以来总收入已达185万元，公司的每户村民每年实现创收7000元。生态移民搬迁带来了产业变革，相应的更深一步的，就是后续产业提升和这些迁移的人群所经历的社会文化适应等关键问题，是如何交互影响并协调共进的。

一　移民的文化模式调适

首先，从群体层面考察和理解和日村生态移民的社会、文化适应对其生计方式产生的影响。我们在和日村100户生态移民中进行了65人的问卷抽样调查，分别通过自然环境、日常生活、生产生活、技术培训几方面，反映和日村人对于迁入地整体的社会、文化适应程度，数据统计采取相近项合并的方法，结合原始访谈资料进行分析。

表 1　对迁入地自然环境适应情况的调查

单位：人，%

结果＼选项	适应	比较适应	一般	不太适应	不适应	总计
人数	23	21	11	8	2	65
所占比重	35.4	32.3	16.9	12.3	3.1	100

从表 1 可以看出，65 人中累计有 44 人认为自己能适应搬迁后的自然环境，占 67.7%；10 人认为自己还不太适应这里的自然环境，占 15.4%；而 16.9% 的村民认为，自己既没有不适应也没有明显适应搬迁后的自然环境，处于中立的态度。因此，从样本总体来说，大多数移民认为自己已适应了迁入地的自然环境，适应性较高。

表 2　对迁入地生活方式（衣、食、住、行）适应情况的调查

单位：人，%

结果＼选项	适应	比较适应	一般	不太适应	不适应	总计
人数	23	27	10	4	1	65
所占比重	35.4	41.5	15.4	6.2	1.5	100

从表 2 来看，高达 76.9% 的村民（50 人）认为自己已适应了迁入地的生活方式，他们觉得自己习惯了当地的生活，并积极融入离村子不远的和日镇当地居民的生活中，与他们建立了很好的社会关系。在问卷中表达不适应的 5 位村民，走访发现，他们基本上是离群索居的老人和残疾人，日常生活对于他们来说本身就是一种挑战。另有 10 人，占比 15.4% 的村民认为，自己还不能达到完全适应的程度，因此表现一般。

表 3　对迁入地生产状况适应情况的调查

单位：人，%

结果＼选项	适应	比较适应	一般	不太适应	不适应	总计
人数	13	26	8	14	4	65
所占比重	20	40	12.3	21.5	6.2	100

从表3来看，累计60%的被访者认为，自己的生产技能比较适应目前的生产状况，也就是说，超过一半的人认为自己拥有良好的技术并能以此谋生。但是从已有文献和对牧民的访谈得知，牧民们在牧区主要以放牧为生，重新习得非牧的生活技能，还需要一定的时间积累，这是一个缓慢的过程。这是在三江源生态移民工程中各移民点比较普遍的问题。

和日村出现如此"反常"的现象，一方面是他们依靠世代传习的石刻技艺，在石刻产品销路很好的条件下，村民们并不认为只掌握一门技术就没饭吃。另一方面，由于是近距离的本地搬迁，和日村移民有很好的社会、文化适应性，他们与城镇居民有着良好的社会交往并且融洽共存，获得了迁入地居民的认可，当地居民对搬下来的和日村及村庄群体的共性也表现出较高的认同。这在很大程度上消除了移民无法融入城镇生活的种种担忧，搬迁后的和日村村民，他们在寻找工作机会、接受新理念和新思想及学习技能等方面，也表现得比较积极。

表4 技术培训对移民有无帮助的调查

单位：人，%

结果＼选项	有很大帮助	有一些帮助	一般	没太大帮助	没帮助	总计
人数	9	19	16	18	3	65
所占比重	13.8	29.2	24.6	27.7	4.7	100

上文提到的和日村生态移民的石刻培训，除了讲授在石头上雕刻的技术，泽库县各级政府也组织生态移民参加刺绣、摩托车维修、驾驶技术、电焊、烹饪等专业技能培训，从参加培训的村民的反映中，我们可以了解这些技术对村民及其家庭的帮助。从表4可以看出，43%接受培训的人对村上组织的各项培训比较满意，努力把学到的技能用于寻找就业机会。而其中村民们对于石刻技术和烹饪技术接受得更快，能有效地把技术转化为生产手段。根据调查，和日村分别于2012年和2014年举办过两次做饭技能培训，主要培训村民制作面点、炒菜等技能，男女都可参加，为期两周。村上一些妇女在接受做饭培训之后，到附近的餐馆当厨师或者服务员，还有人到镇政府、学校等单位的食堂做厨师。

总体来看，和日村生态移民属于本地搬迁，搬迁前村址距和日镇只有十几公里，在交通便利的情况下，搬迁前村民就已经频繁来往于村子和镇上，他们与镇上其他藏族合伙经营草场，并且早已熟悉了镇上居民的生活方式，搬到镇上后，他们的生活方式并没有发生过多的改变。因此，和日村生态移民在自然环境和生活方式的适应方面不存在突出问题。

可以看到，社会、文化的良好适应在和日村村民生计方式的转变方面产生了积极的影响，和日村生态移民对迁入地自然环境、生活方式、生产方式三个方面的良好适应性，使他们能够有效地解决生计问题，得天独厚的地理位置和人文环境，加之村民的集体努力，使他们很快完成了"搬得出，稳得住"的目标，并有更多的时间和精力思考如何"能致富"的问题。

值得注意的是，生态移民群体中包含诸多不同特质的个体，每个个体对新环境的适应也大不相同，和日村的生态移民能否从心理上接受搬迁后的变化，他们每个人对新环境的心理适应情况，以及如何做到心理上的自我调节，这些都直接影响他们各自的家庭生产与生活，从而进一步影响整个生态移民工程及生态移民后续产业的发展。心理适应主要指各种个性特征互相配合，适应周围环境的能力，个体能否尽快适应新环境，能否处理好复杂、重大或危急的事件，与其心理适应性有很直接的关系。生态移民使得和日村传统的游牧生计方式被迫转型。正如有研究者所析，这种转型与变迁改变了他们原有的生活空间、传统文化及民族心理结构，使得他们在打破原有认知结构的基础上，经历复杂的心理转变，最终完成生计方式的转换、生活空间的转变、传统文化的重构，进而完成新的心理重构，开创一个全新的生活空间与生活场域。①

其次，通过个案访谈，可进一步了解和日村村民在搬迁之后的社会文化适应状况，进而较为全面地观察其与生计方式及后续产业的交互影响。

一是对自然环境的适应。

> 适应这里的自然环境，没有不适应的地方，这边的环境好。这里的水好、天气好，山上太冷，冬天不好过得很。（扎西东智，男，50

---

① 刘生琰：《游牧民生计方式变迁与心理适应研究——以甘南藏区为视点》，博士学位论文，兰州大学西北少数民族研究中心，2013，第119页。

岁，和日村生态移民）

> 这里的空气好、太阳好，在山上生活比这里艰难。我的腿有问题，在山上的时候冻的，来到这里就好多了，冬天日子比较好过些。（卓玛，女，52岁，和日村生态移民）

> 当然是这里的气候好，虽然想念山上的草场，但是我不愿回去了。这边的天气好些，夏天过得很舒服，冬天也能暖和些，搬来的时候也挺适应的，我们在山上的时候环境比这里差一些。（扎西卓玛，女，29岁，和日村生态移民）

> 我老了，但是喜欢这里的环境，过去的时候，山上环境太差了，夏天还好些，冬天冻得很，以前还有冻死过人的事情。海拔比较低的地方好，我们搬到这里是政府的政策好，我们搬到下面，对我们老人的身体好。（旦巴达吉，男，75岁，和日村生态移民）

显然，和日村村民对迁入地的水源、空气、土壤、气候、温度等自然环境方面表现出很好的适应性。对于迁入地生态环境和自然气候的适应，是和日村生态移民在生理、体质上的适应，这无疑为保障生态移民在精神层面的持续稳定打下了良好的物质基础。

二是对衣、食、住、行及语言的适应。

> 我们搬迁前主要吃面食、牛羊肉、酥油和炒面，搬迁后比以前多了蔬菜，比较适应这边的饮食。在山上的时候经常穿藏服，在这边穿汉服，汉服穿上很舒服。现在住房60平（方）米，以前住帐篷，现在比以前大。过去出行靠骑马和骑牦牛，搬迁后开摩托车，我觉得这比以前方便。我愿意与当地的藏族、汉族来往，我比较懂汉语，跟汉族一起可以说一些汉语。反正到这里，哪个方面都比以前强。（才南，男，51岁，和日村生态移民）

> 我们家过去吃牛羊肉、酥油和酸奶，老公在乡上已经习惯吃蔬菜，以前吃肉多，现在吃菜多。搬迁前后一般都穿汉服，（参加）活动、法会穿藏服。自家的房子有60多平方（米），搬迁前出行步行、开摩托车，现在出门开摩托车，没啥变化。家里亲戚基本都搬到这个村上了，自己兄弟在山上，跟他们联系打电话，他们要专门到山上有信号的地

方打，兄弟如果今天不来，两天后就来了。当地汉族好相处，愿意与他们交往，虽然我会说一点汉语，但在家一直说藏语，基本上不说汉语。（拉果加，女，35岁，和日村生态移民）

从上述个案在衣、食、住、行及语言等各方面搬迁前后的变化可以看出，生态移民对于新的环境同样拥有良好的社会适应性，这对于个体的心理重构和适应，也具有积极的影响。

三是对心理层面的适应。

我家是 2006 年搬下来的，村里让我们把牛羊卖了，我家当时有200多头牛，卖的只剩下十几头，我刚开始挺不开心的，自己养了一辈子牛，骑了一辈子马，突然让我离开它们，我觉得很难受，有一段时间都不知道自己能干啥，就待在家里。但是，那是政策，也没办法，我与洋中太[1]聊天的时候，他就说"我们成了没有牛羊的牧民"。我的父亲是牧民，我的母亲是牧民，我不能知道（理解）他的话撒。我就到县（城）里走一走，看别人没有牛羊是怎么活着的，我看到县里人骑摩托车的很多，我也喜欢骑这个，就想学一个技术去修摩托车，然后就参加了培训班，现在在镇上的我叔叔的铺子（摩托车修理店）里帮忙，我以后要自己开一个卖零件的铺子。（久美耶西，男，35岁，和日村生态移民）

心理适应的程度，可以反映移民对迁入地社区的认同感和归属感，一定意义上，自我调节的平衡过程是最重要的因素，即自我调节以便达到平衡的状态。心理发展过程的进行是连续的，从最初不稳定的平衡过渡到逐渐稳定的平衡。我们可以从村子里久美耶西[2]的叙述中有所体会。实际上，村里大多数人都有类似久美耶西这样的心理调适体验，虽然每个人经历的过程不同，但都在短时间内达到了很好的效果，那就是心理上接受自己成为"没有牛羊的牧民"，并用一种积极的心态去面对生活轨迹的改变和生计方式的变迁。持有这种态度的村民大都有了较好的发展，一些村民在镇上

---

[1] 洋中太，男，久美耶西的朋友和邻居，和日村人。
[2] 久美耶西，男，35岁，和日村人。

开了小超市，经营商业；村里一个年轻人带领村里几个亲戚到果洛、兴海等地，承包了大片草场，靠采挖虫草做起了虫草生意；还有人买了汽车，从事运输业；村里几个村民合伙在镇上开了汽车修理和销售汽车零配件的铺子；更有村民继续专注于刻石经和图案，靠自己的手艺赚钱养家。

综合以上诸表、访谈及分析，和日村生态移民的社会文化适应状况与其生计方式乃至后续产业的交互影响，可以归纳为以下几点。

其一，共同的文化和信仰基础促使和日村移民从自然环境、生活方式、生产方式等方面较好地完成了对当地社会、文化的适应。从生态移民群体角度看，他们良好的社会、文化适应状况，对生计方式的变迁及后续产业的发展产生了重要影响。村民们形成对自己村落的强烈认同，聚居一处，村民之间有更多的沟通和互助，在如何发展的问题上能够相互借鉴，形成了一定的组织和高度的默契合作。这为生态移民后续产业发展奠定了坚实的基础，村民们共同组建的和日石雕公司便是一个例证。

其二，良好的心理适应促使和日村村民积极面对由生存空间变换带来的生计方式变迁。心理适应在个体层面发挥了强有力的作用。一方面，他们在新的生存环境下维持了有效的生存状态，做出了恰当的身心调整，及时化解个人心理与环境不能协调一致所带来的心理困扰，达到了心理上的平衡。另一方面，生态移民在心理上没有与当地人产生隔阂或受到任何歧视，缩小了与当地生活的距离感，这有利于和日村村民从牧民到居民的身份转换，在不能继续维持过去以畜牧业为主要生产方式的情况下，他们大胆地寻找新的工作机会，开拓新的产业思路。

其三，和日村移民整体上较好的社会文化适应在产业经济层面给和日村带来了利益。村民们打消了外出务工和返迁的想法，为了更好地塑造集体效应而团结在一起，这就直接保证了形成产业所需的大量人力资本不外流和解体，进而也为和日村的生态移民后续产业提供了强有力的技术支持，尤其在石刻业方面。要知道，劳动力和技术是发展产业的重要支撑和必备因素。相应的，后续产业的繁荣发展，也促使搬迁后的村民对新的生产生活方式充满了信心，他们能够积极且快速地融入当地社会，在经济利益和宗教信仰的双重驱动下进行着已具有一定规模的以石刻为主要产业的多种努力和尝试。

二　社会组织的运作

人类为求得自身生存的第一个前提活动，便是人与自然界的物质交换。而作为人类群体来说的社会交换，就成为人类生活中的一个基本要素。"它以制度化的方式，使每一个单独的个人服从于某种特定的组织形式，并在这一组织形式中实现人与自然的交换。"[①] 作为权利要素具体表现的制度，既然影响着经济活动，那么，一种完善的经济分析，就必须涉及一种制度变迁的讨论。

制度以其独特的存在和运行，对人类社会经济过程发挥着重大影响，由此而成为人类社会经济发展与变革分析的一个基本因素。制度的设置与变迁，支配着人们利益的分配、社会资源配置的效率和人力资源的发展。今天，人们已日益意识到制度环境对经济运行的重要性，通过分析和日村的制度与经济运行状况，以此反观我们人类在最基本的物质活动与更高层次的精神意志之间有何种内在的联系，探究它们之间如何相互依存、相互影响和作用，以及能够对三江源或者其他地区生态移民的同类问题提供何种启示。要讨论制度及制度化与经济过程的关系，应该先从能承载制度的社会系统内部的组织实体入手，对经济过程中组织形式和组织结构进行一些考察。毕竟，"人们总是凭借由制度关系所构成的一定的组织形式，才与自然界发生关系，才展开人的劳动与自然界之间的物质交换过程。"[②]

社会组织（social organization）在社会科学中有广义、狭义之分。广义的社会组织是指人们从事共同活动的所有群体形式，包括氏族、家庭、秘密团体、政府、军队和学校等。狭义的社会组织是为了实现特定的目标而有意识地组合起来的社会群体，如企业、政府、学校、医院、社会团体等。它只是指人类的组织形式中的一部分，是人们为了特定目的而组建的稳定的合作形式。在此采用的是狭义概念的社会组织。

和日村存在的组织形式，主要是以每户家庭为基础的个体性的家庭生产组织和以石雕公司为表现形式的社会化的企业生产组织。人类的生产组

[①] 陈庆德：《经济人类学》，人民出版社，2001，第348页。
[②] 陈庆德：《经济人类学》，人民出版社，2001，第371页。

织从摩尔根笔下"蒙昧时代"共同占有、共同生产、共同消耗的原始经济中分离出来之后，扩展出除血亲群体以外的地域性的联系，便是姻亲关系。每一个家庭彼此以其对特定资源的所有权，在共同体内形成相对独立的关系。和日村的每一户家庭至今仍保持着自己经营的模式，一些家庭坚持全家出动去哈达、吉隆的采石场采集石头，运输回来之后夫妻二人带着孩子在家刻石经和图案。刻制的经文大多不愁卖不出去，过段时间就有买家主动上门。而刻制的图案，他们要通过自己去外面找买家，因为语言不通、社会关系狭窄、信息闭塞等，自己卖出去的作品很少，所以有些家庭不再主动刻图案，只有买家联系之后才刻，反而转向全家一起刻石经。以下两个家庭便是比较典型的例子。

> 自己家的石头是从吉隆买的，1方石头1000元，租车去拉石头，自己去采，采一方石头要4~5天，自己平时刻石经时间也不固定，一张内容卖25元钱，买家主动来找，一般都是买家先预定，他们要什么经文，我就刻什么经文。（扎西嘉措，男，26岁，家有4口人，自己和妻子主要以刻石经为生）

> 家里的石头都是哈达的，一方800元，自己租车去采。别人采的，自己买来是1600元一方，自己去采900元，两方石头要采4~5天，采石头很辛苦，也很危险。我现在刻经文，能刻多少都有人来买（刻的经文不担心卖不出去），图案刻得少了，有时候买来好的石头就放在那儿，等有买家了我再去刻。（却知杰布，男，32岁，和日村生态移民，家有4口人，2个劳动力）

显然，以家庭自给自足为核心的生产组织形式，虽带来了个体财富的增长，但是同时受到个体财富的制约，使得整个社会生产对生产资料的支配和使用表现出很大的局限性，会形成一种分散的难以聚合的状态。而且以家庭为核心的组织结构所引导的经济活动，在面对资源占有的有限性时，不能把多余的劳动力推出本身的经济活动之外，使得个体生产力得不到充分发挥，可能产生低效的劳动。以这种组织形式发展经济的主要方式，依赖于各个生产单位的内部积累和扩张，村民只关注自家的小本经营，忽视了利用资源进行扩大和拓展的机会，这使得处在相对于内部结构的外部环境和外在资源无法得到有效的利用。

或许，和日村正是考虑到这种家庭式经济生产活动的局限性，便寻求建立更大规模、更集约化的企业生产组织。可以说，社会化的企业生产组织以生产组织与家庭组织及生产与消费的双重分离，实现了生产组织的独立化。这样，这种社会组织形式的运行，就以最充分地使用劳动力推动生产资料的方式为基础，成为整个村庄经济增长最基本的承担者和最主要的推动力。企业生产组织形式奠基于社会化生产的基础之上。它从两个方面展示了其强有力地提高劳动生产率的基本特征。一方面，它把生产资料的运用、劳动的进行、产品的生产全部纳入社会化过程，使人们摆脱自身的局限，进行全面的生产。和日村村民解放了家庭生产中的部分劳动力，每户杰出的手工艺者联合起来成立了"和日石雕公司"，冲破过去"单打独斗"的家庭式生产经营方式，在村委会即公司领导层的带领下，把生产原材料集中运输到各户村民手中，同时对生产劳动进行合理化分工，每户村民坐在自家的院子里照着指定的经文内容，敲打着村上下发的早已切割成块的石头，依靠传统的手艺在最后期限上交石经，得到自己应得的薪酬。和日村便在这种社会化的大生产中，做成了市值达上百万元的玛尼石刻项目。另一方面，通过广泛的社会联合及个体财富的社会化使用，公司的生产组织形式取代了家庭式的自身积累和内部扩张，更好地结合了诸多内外部资源来发展整体经济。公司领导层积极到上级单位争取合作项目，并发动已有的社会关系，在市场竞争机制下压低成本来获取项目。公司对项目的整体运行承担职责，既整合了生产要素，又降低了村民的风险。

和日村结合了个体性的家庭生产组织和社会化的企业生产组织两种方式，对村落的经济有了良好的整体掌控，同时两种方式作为其经济制度形成的载体，不断地壮大和形成新的制度，从产业发展的角度来看，制度的建构必然与其经济过程的运行有着深刻的相互影响的内在关系。把社会习俗或惯例确切化的制度，包含了一定的共同价值。而共同价值的标准，无非是特定经济过程的参与者，为保证该过程的稳定和连续性而产生的共同需要。由此，制度无非是把源于经济现实的共同需要转化为一个确切的交往结构，制度便成为经济过程的主导者所推崇并得到参与者普遍赞同的规范性要素。

从和日村的经济运行过程来看，制度作为社会经济过程的要素具有以下特点。

第一，制度并非任何外力的强加，而是直接深深扎根于现实的经济过程。制度在其具体存在中，可以表现为某种道德观念的衍生物、约定俗成或契约关系的形式，甚至可能表现为某种他人意志的强加。就和日石雕公司来说，据村党支部书记才让南杰讲，成立公司最早就是村委会几个人带头想出来的点子，村里人谁也没开过公司，更不知道如何管理和经营公司，大家可谓是"摸着石头过河"。村党支部书记说："以前都不知道公司怎么搞，我们村里人文化算比较高的，几个村干部就到西宁学习。最早公司没有跟村民签合同，都是村委去谈了，跟他们（村民）说好了价钱，说好时间他们就交上来石头（刻好的石刻产品）。参加公司的7个人（公司员工）也是我们靠面子拉过来的，也不知道怎么管理，都是一步一步这么来的，县上给了我们一些帮助，村里人都是亲戚，也比较信任我们。"[①] 在公司没有形成规范的制度之前，村子公司的管理和经营，基本凭借村民间的相互信任及村委会成员在村民中的良好声誉，得以有序运行，从而使石刻业从生产、加工到销售，逐步顺利运转和发展起来。随着公司后续的发展，石刻培训使村民们掌握了更加熟练的石刻技术，增大了产能，也雇用了更多村民参与公司的运行，他们也意识到仅靠口头的协定并不是长久之计。村里便请来了专业的公司管理人员，教他们如何管理公司和签订合同，随后，公司制定了各项章程和纪律。可以看到，这里的制度内生于整个村子的经济运行过程之中，在运作一个集体性质公司的过程中，在传统文化占重要地位的诚信体系基础上，和日村建立了适合其社会文化发展的制度方式，这样的制度在投入与产出之间、交换与分配之间、生产与消费之间的合力作用下得以被建构。

第二，制度生存的根本基础在于，它在何种程度上获得了社会或者说集体的赞同。在制度限定的框架中，一方面，为了自己生活的富足，村民们坚持了自主的家庭性经营方式。另一方面，为了促使自身高度认同的村庄取得经济增长，他们也选择加入公司的集体性经营方式中。这便是一种

---

① 2015年8月对村党支部书记才让南杰的访谈记录。

有效且合理的经济行为,它不可分割地包含着目的功利论和道义正义论的双重内容。因此,制度也在此双重的证明中,获得了必要的社会赞同来为其生存运作补充动力,拥有价值合理性与目的合理性的制度作为经济生活的产物,也继续影响着经济生活本身。社会赞同的真实含义,来自每个个体发自内心的真实判断。和日村石雕公司始终获得全体村民的一致认可,他们都认为公司的建立,不但为大家带来了实际利益,还为自己家的石经和石刻做了宣传,打开了好的销路。

第三,制度通过实施规范约束参与者,进而持续影响其经济行为。"制度化是指社会机制的突生,社会价值准则和规范、组织原则,以及知识和技能都是通过社会机制一代一代传下去的。社会的制度构成了社会的子宫,个体就在其中成长和社会化,结果,制度的某些方面被反映在他们自己的人格之中,其他方面对于他们似乎就是人类存在不可避免的外在条件。"[1]每一个村民都遵守着自己在生产过程中形成的规范化制约,通过道德、伦理、纪律、职业性的非硬性控制,制度得以把个体行为限定在其规范的框架内。作为生产者的村民内化于这些规范,参与由生产、交换、分配、消费等环节组成的经济生活中去,制度便借此对更高层面的经济过程产生了持续的影响。而在某种程度上,制度表现为一种意志力量,对经济过程起到一定的支配作用,并构筑了经济社会交换的结构和竞争与合作的市场经济秩序。

三 村民的参与

在调查中,我们曾看到许多村民拥挤在村委会门口,争相向村委表达自己参加今年(2015 年)技术培训的愿望,谁也不想失去学习新技术的机会;也曾看到村上一位中年妇女要求和村委会主任一起前往镇政府,向上面反映村里的道路塌陷问题;还有一次,在村里一位年轻的阿卡家中访谈时,谈话进行到一半,三个小队的队长一起来到阿卡家,每个人手中拿着厚厚一沓钱,原来这位阿卡生了重病,过几天需要到县上做手术,但阿卡很难支付高昂的手术费,村委知道后就组织全体村民捐助,据说村里人无

---

[1] 彼得·M·布劳:《社会生活中的交换与权力》,孙非等译,华夏出版社,1987,第 29 页。

论老幼都捐了钱；村里在7月底组织的村欢会①上，村民们也是全家到场，热闹非凡。点点滴滴，我们在这里看到的是一个团结的集体，村民们积极参与村子的一切活动，村上发生的每一桩事，他们都热烈讨论，并毫无保留地提出自己的见解，村委与村民在村子的一些重大事务上保持了良好的沟通。在村委的正确引导与合理分工下，村民们履行职责，努力完成自己的任务。可以说，和日村在伦理道德、职业精神和集体意识的共同维系下，村民们自觉参与村子维护稳定、寻求发展、合作共赢的集体行为中。

可以看出，和日村拥有全体村民参与村庄发展的一致性。而为达到"发展"的目的思考"发展"本身是现代民族学、人类学讨论的一个重要议题。发展是指社会的各个方面在数量和质量，包括各种构成（产业、劳动力、生产和技术、收入和消费、收入增长的分配、组织结构、制度规则等）向着积极方向的变化。② 由此，发展是一种社会整体有指向性的增长过程，拥有权力及话语权的一方正决定着发展的方向，这种有指向性的活动正脱离了所谓的传统。与其说是现代化取代了传统的保守和过时，毋宁说这又是强者通过权力压制弱者，并没有摆脱使弱者"失语"的窠臼。"发展"正面临着被简化为"发展实践"的危险。作为一个学科领域的发展研究所围绕和灌输的是一种"刻意而为"的发展③，发展研究也在某种程度上逐渐被等同于为发展实践提供应用性的知识。当"发展"从一个人类社会所向往的美好图景变成现代社会中一项分工明确的产业时，作为发展中的个人是迎合这种全球范围内快捷的应用知识，更确切地说是应用"工具"的生产潮流，还是保留和发扬自己老一辈生产者在社会发展及变迁中积累的宝贵经验与地方性知识，这是值得深入思考的问题。

现代化产业最明显的特征就是机器的使用，和日村在发展和形成石刻产业时当然也受到机器的影响。近几年，因为看到了石经和石雕艺术的发展潜质，有些人已在镇上开起了使用激光打印、刻字机等机械器材在石头上刻制经文和图案的私人石刻公司，村里就有一户人家做起了机器石刻的

---

① 村欢会，主要是为了奖励村里考上大学的孩子，同时也为了加强村民间的互动和团结，村民们在一起聚餐，进行各种娱乐活动，举办篮球、拔河等体育赛事。
② 李鸥：《参与式发展研究与实践方法》，社会科学文献出版社，2010，第9页。
③ Cowen, Michael and Shenton, Bob, *Doctrines of Development*, London: Routledge, 1996, p. 12.

生意。机器刻的石经和图案生产效率高，机器的操作经过短时间培训便能掌握，节省了人力资本，并且提高了产量。这对单纯以人力技术和手工技巧刻制的和日村石刻有什么样的冲击，村民们对于机器刻石经带来的冲击又有怎样的看法或应对措施，这又表现了以机器为标志的现代化产业与以人类手工技艺为特征的传统产业之间怎样的关系。对于这些问题，我们可从村里位于团结路 10 号的久美东知家中领略一二。

久美东知今年（2015 年）27 岁，家有 5 口人，他 11 岁时就开始向贡保才旦大师学习石刻图案。久美东知说："自己从小就十分喜欢大师刻的作品，第一次看到大师刻的莲花生大师佛像，就深深地喜欢上了石刻。"开始用机器刻石经，是他前几年去外地打工回来后才有的想法。善于动脑的他敏锐地把握了石刻产品畅销的商机，于 2013 年筹资 15 万元，从外地采购了机器设备，在自家的院子里搭起了厂房，在村里找了几个朋友就建起了公司。他家门口的门柱上是一块长方形的纯黑色石料，上面整齐地刻着金黄色的藏文：雪域玛尼石刻有限公司。他用机器刻石经和图案，并不选用哈达或者吉隆的石头，因为石质太软，机器刻制，无法掌握力度，很容易失败。他这个公司使用的大多是从内蒙古运过来的俗称"蒙古黑"的石头，雕刻时用喷枪把黑色染料喷在石头上，经过切割，就形成了纯黑色的坚硬石块。

村民自己建起的石刻公司　　　　　　机器刻的佛像

久美东知操作机器在"蒙古黑"上面刻制六字真言时，先找来一整块"蒙古黑"，确定了所需的大小之后，便进行切割，用美工刀在石块上勾勒出刻文字的大致范围，然后他把石头放到一个巨大的激光石刻机器中，合上设备的盖子，再打开连接机器的电脑，熟练地操作电脑上的 PS（photoshop）程序，找到一个藏文六字真言的图样，打开另一个专门刻字的程序，运行程序之后，石刻机器便开始运行。仪器的运作方式让人不禁联想到激光打印机的原理，不出半个小时，从机器里出来的便是刻好了文字的石板，接着他用喷枪把金黄色的颜料喷在文字上，使得字体更加清晰。久美东知用了不到 1 个小时的时间，完成了 1 幅同样大小的手工刻制需要 1 天才能刻完的六字真言玛尼石。

惊讶于现代科技的高效与神奇之时，我们也听到了久美东知对于机器石刻与手工石刻的真切认识。

> 现在我在家，机器也刻图案，手工也刻图案，大师会讲很多关于佛像的传说和来源，大师大部分是为了传承我们的文化，来教我们，作为贡保才旦的弟子，村上有人刻经刻的不对的地方，我们就要给别人提醒一下。
>
> 我刻玛尼石更多是为了传承，其次才是赚钱。刻石经的话，很有保存价值。社会不动荡的话是好的，就会有人来买玛尼石。希望我的子女长大了，有工作的话，他们看了愿意学就学，不会强迫孩子去学，如果懂这个价值的话，就会主动去学。
>
> 我刻石经的时候都很认真地刻，刻完后要核对、要校对，校对的时候要正确。好好刻的话，对自己死后有很大的帮助，不然的话，不光是为了赚钱，更多是为了自己的下辈子。机器和手刻两个都要请阿卡来校对，校对经文的意思是否准确。自家机器刻的石头卖得很好，一般都卖到青海湖、果洛、河南县、泽库，大都是买家主动来找，也有些是我送过去，也有经过好友推荐的。我认为机器刻没有手工刻的有价值，手工刻得好的话很有价值，手工刻的与机器一样大小的佛像，是要 2000 多元，机器刻的才要 200 多元。
>
> 我现在仍然坚持用手工刻图案，不放弃手工，为了我手艺继续保

持着，手工刻的我也卖，手工刻得很满意的，可以当礼物送给外面人或者做展览，这样外面人就能知道我们这里，不但知道手工刻的，更能知道机器刻的，机器卖得就多了。

从久美东知的话语中可以看出，现在机械化地生产石经和图案艺术，对于石刻业这种民族文化产业来说有一定的影响，但并不能产生太大的冲击。因为，一方面，买家更看重手工刻制玛尼石和石刻图案蕴含的附带价值和文化意义，村民们可以放心地凭借自己独有的技艺来保证自己产品的销路。另一方面，我们也了解到，用机器刻的各类经文只能销往外地，用于一些旅游和文化项目——久美东知的产品就曾卖往黄南州麦秀森林公园的一处景点，当地人基本上不会购买机器刻的经文，个中缘由，可以听听他们是怎么叙说的。

> 机器刻的细节没有手工的好，机器刻的经文和手工刻的经文最大的差别就是年代，机器刻的放两三年就没了，手工刻的放很多年也不会没有。机器刻的浅一些，手工刻的深一些，自己不愿意把机器刻的放到石经墙上，还是手工刻的放到石经墙上最好。机器刻的石经要喷色彩，那个色彩有毒，如果在经文上喷上毒，就是对藏文和佛教的不尊重。（格日多杰，男，48岁，和日村生态移民，手艺高超，在村里刻图案很出名）

> 手工自然要比机器刻得好，机器刻得快，自己当然喜欢手工刻的，大家就找手工刻的买，手工要的人多一些，机器刻的，好看是好看，但没手工刻的那么深。石经墙上放的玛尼石，很多是以前村上老人刻的。玛尼石和石经墙是我们村的历史，石经墙对我们村很重要。自己往石经墙上放玛尼石的话，一定要放自己亲手刻的石经，因为我们习惯了放自己亲手刻的石经，习惯不放机器的。（赛措，女，39岁，和日村生态移民，丈夫去世，自己依然刻石经）

> 刻佛像的时候，刻眼睛要刻好，刻不好眼睛，自己下辈子就瞎了（因为藏族人相信人有来世，刻不好就是对佛祖不尊重，所以对来世不好）。刻石经也不能有漏字错字，这样下辈子会断手断脚的。机器刻的那种不像样，长得不像佛像。石经墙上必须放手工刻的石经，手工刻

的石经时间长,在这里的历史悠久,历史上不会记得机器刻的石经,机器刻的石经是社会发达时候的,现代人看机器刻得四四方方的,大小一样,就觉得好看,但是那个挖得不深,保存不了太长时间。(旦才,男,66岁,和日村生态移民,当过和日乡的乡长)

我们用手自己刻的,刻的时候都要自己念经文的意思,刻完一张的内容,等于把自己对经文的思想刻在了石头上,这种事情,机器是做不到的。刻一遍,就是念一遍经文在上面,再放在石经墙上,对所有人都好。(桑吉杰布,男,50岁,和日村生态移民,做过寺院的阿卡)

风俗习惯是一个民族在它的世代延续中,靠约定俗成构建起来的人际生活规范模式。它的主要功能是在组织层面,以非强制性手段协调该民族的生产与生活。而民族习俗的消费职能,就是指习俗在其正常的运作和延续中,弥补了社会组织对产品分配的漏洞,以对产品实行非强制性的多项调解后实行再分配,并在社会成员对产品的消费中进行非强制性的统一协调。可以看到,当地藏族不愿为了节约花费触犯风俗习惯上的禁忌。另外,一个民族的传统观念,主要表现为其价值体系中的价值观和信仰,以及民族意识,这些精神因素所构成的文化,表面上与经济生活或者说消费的关系并不是那么密切,但是由于它们仍然是文化总体结构中不可分割的部分,因而它们的存在从终极上来说,依然是维护传统的经济结构和运行。传统的民族观念影响着当地藏族的消费取向,对于机器刻的经文,当地藏族在消费的意识中也会产生抵触情绪。可见,出于对石经保存的完整性和虔诚的宗教信仰,在这种看重因果报应的世界观之下,藏族更讲求精神价值层面的实现。如果机器刻的石经在他们所注重的丧葬习俗上没有表现出适应的话,就注定替代不了手工刻的石经。所以,当地人无法接受把机器刻的消解了宗教意义的,又有可能损害其崇拜对象的石经放到石经墙上去。泽库地区98%的人是藏族,和日村手工刻制的石经显然更受到广大藏族的青睐,这种消费取向和实际需求,也是和日村手工艺者普遍反映不会担心自家的石经卖不出去的根本原因。

我们看到机器带来的现代化批量生产,在和日地区特有的经济文化环境下,并没有撼动传统的手工生产的石刻业之绝对地位。久美东知的见解让我们认识到,现代的机械化生产可以进入当地的整个经济生活过程中去,但它为了寻求发展,便搭载在传统手工石刻的基础之上运行。这种以地方性文化价值为核心和经过时间考验的适应当地文化模式、渗透着信仰的民族传统手工业,才是发展后续产业最宝贵和最有价值的经验所在。实际上,手工石刻的生产已经形成了整合性和稳定性较高的产业链,它在选取原材料—加工—销售等各个环节上已经很好地满足了当地的实际需求,机器生产的强行进入,并没有打破其完整的系统结构,传统的知识和文化体系再一次深刻地影响了这个地方的发展选择。以久美东知为代表的拥有一定手工石刻技艺的村民,在面对高产量、高利润的现代庞大机器面前,仍没有抛弃传统的手艺,并遵守着民族的风俗习惯,还发展出一种新的形式,那就是在不抛弃传统知识的前提下,积极吸纳有利于其经济形态多样和社会进步稳定的因素来发展自身。

不由得联想到影视纪录片《舌尖上的中国》里的一句话:"一辈辈靠着割麦手艺吃饭的麦客们,正被现代化的大型器械像收割麦子那般一茬茬收割殆尽。"一种现代化的发展"话语",貌似决定了一个有着根深蒂固传统文化的产业注定会被取代和淘汰。约翰·博德利在《发展的受害者》一书中说道:"工业革命瓦解和改变了东西方社会先进存在的文化,同时将它们扔入一个'公共鱼塘'。……而生存在它们庇佑下的居民,成了发展的受害者。"[①] 这种现代话语借用贫困、落后、不发达等所谓顺应时代的关键词,影响甚至决定了人们对于处在后发展地位的地区和民族的判断。这些词语被人们广泛地使用甚或滥用。处于先发展地位的人们,带着仁慈的普世价值进入这些地区,人们耗费了巨额的资金并动用了各种大型的机器来生产。对此,成千上万的著述和学者仍然在寻找着问题的解决之道。"对贫困的管理就需要在教育、健康、卫生、道德、就业方面进行干预,并逐渐向他们灌输合作、储蓄、育儿等方面的好习惯,这些干预创

---

① 博德利:《发展的受害者》,何小荣、谢胜利、李旺旺译,北京大学出版社,2011,第12页。

造出了一个全新的领域,也就是一些人所说的'社会'领域"。[1] 事与愿违,"世界银行和国际货币基金组织在非洲实施的一些发展项目,在多年后,并没有给当地土著居民带来什么最终的利益,反而成了现代生产机器攫取当地资源的帮凶。"[2] 然而奇怪的是,包括这些济贫活动的潜在"受益者"在内,似乎没有人对这些词语有一个清晰的、公认的见解。几乎所有对这些词语的定义都与"短缺"或"不足"交织在一起,但这种观点仅仅反映了它们概念的相对性。那么,哪些是生活的必需品,这些物品对谁而言是必需的,谁又有资格来对这一切进行界定。一个个鲜明的案例告诉我们,似乎有些地方的人们在面对现代化的发展浪潮时,丢失了他们宝贵的经验和文化。比如,西双版纳傣族自治州景洪市勐罕镇的傣族胶生计所伴生的经济理性扩张,让曾经涵养水源的神林"竜林"被不断砍伐,人们对土地的尊重与珍爱也转变为一种掠夺关系。[3] 任何凭主观愿望去设计的康庄大道,最后都免不了成为乌托邦。只有依凭实际的经验,在已有文化的基础上不断调适自己的发展方向,才是最为实际而有效的发展之路。[4]

值得庆幸的是,至少我们在和日村的生态移民后续产业发展中所看到的,是他们没有盲目追求以高产值、高收益为标签的依赖机械化大生产的快速现代化发展模式,而是保持了在传统习俗、宗教力量和地方性知识持续影响下的具有地方特色的传统发展方式。不得不说,这种类似于"民族文化的资本化运用"[5],发展思路是能成为一种发展的模式,或者说在生态移民的后续产业发展上有可被借鉴的意义。

---

[1] Donzelot, Jacques, *The Promotion of the Social*, Economy and Society, 1988, p. 217.
[2] 阿图罗·埃斯科瓦尔:《遭遇发展:第三世界的形成与瓦解》,汪淳玉、吴惠芳译,社会科学文献出版社,2011,第37页。
[3] 杨筑慧:《橡胶种植与西双版纳傣族社会文化的变迁——以景洪市勐罕镇为例》,《民族研究》2010年第5期。
[4] 陈庆德等:《发展人类学引论》,云南大学出版社,2001,第189页。
[5] 马翀炜:《民族文化的资本化运用》,《民族研究》2001年第1期。

我们在和日村迁出地

第四章　生态移民的文化产业展望

　　和日村凭借自身的文化传统发展出了适合当地生产与消费模式的特色产业，围绕石头产品的加工而形成完整的产业链，并巧妙地结合了当地的风俗习惯和宗教信仰。如果把和日石经墙及和日寺的现代旅游业充实到村子整体的经济社会发展过程之中，那么，这便形成了第二和第三产业的结合，也是从传统产业转型为新兴产业的一种新形式。如果一种整体性的民族文化产业得以形成，就必须结合产业内部因素和外部影响来带动经济增长，但同时要更加注重民族文化的主体地位，清楚民族经济和民族文化的相互关系，以及二者辩证结合下的民族文化产业，需有怎样的发展思路和发展方式问题，这都是有待进一步探索的问题。

　　在这个经济全球一体化与民族文化多元性的爆发冲突的时代，人们常常陷入一种困境，在认同民族经济发展是第一位的同时，面对经济的一体化发展对民族文化的冲击，深感无所适从。似乎经济的发展给出的所谓在发展中保护和进一步发展民族文化的承诺，显得遥不可及。现代化的美好景象吸引每一个民族渴望在民族经济的振奋下获得繁荣，而对民族文化的依恋，又使人们在现代化进程中止步不前。人们在这两种力量的不断拉扯下显得不知所措，也找不到合适的方向，多民族国家中少数民族面临的困境更加突出。这就需要我们在厘清和认识"民族经济"与"民族文化"之间关系的基础上，探讨民族文化产业在可操作层面上可以挖掘的实践应用价值。

人是文化的载体，而文化就必然要体现出民族的特性。在以血缘为基础的氏族组织中，在人与自然的同一性中，经济过程不仅表现为一个群体活动的过程，而且同经济性的社会过程融合为一个总体性的社会过程。① 在人们创造历史并形成民族的过程中，文化成为民族共同体中最显著、最持久、最稳定的联系，也可以说文化就是民族文化。格尔茨这样说，人"借助于文化——不是通过普通的文化，而是文化的极特殊形态——来使自己完备或完善"②。民族文化作为历史的产物，是人类创造出来保障民族共同体得以生存和发展的重要载体，为了适应新的发展需要，适应与自然及其他民族的新型关系，民族文化必然不断地发展，民族共同体才能成为可能。

"经济"一词源于希腊文，最初是用来形容家庭的基本生产和消费单位，希腊人通过管理奴隶和土地，来创造更多的财富。这一词语出现在亚当·斯密的《国富论》之中，也出现在卡尔·波兰尼的《大转型》之中，其大多所指向的是物质数量的增加或者说财富的积累。尽管经济的分析揭示了人类价值的最大化需求，但在此追求中，人是不能完全任意自由的，而要与其有相互影响的文化价值实现共存。由于文化价值观的不同，在西方视为理性经济的东西，在某些地方却是行不通的，对有些民族而言，收入的增多最好是用于娱乐和消费，辛苦赚来的钱应该用于快乐的生活。然而，快乐的标准也会因文化差异而迥异。

马文·哈里斯在《文化人类学》中所列举的昆人，他们经济生活的关键，是使其人口比例低于他们所利用的自然资源，他们与生态的关系决定了他们更倾向于减少劳动来获得生产收获的最大化，他们仅保持小规模的狩猎活动。③ 这与现代的发展模式大相径庭。我们也可以看到，马凌诺夫斯基在分析太平洋岛民的"库拉圈"时，认为交换是人类生活的基本组成部分，在西方，交换是正式的、脱离社会关系的缔约式行为，而在这里的社会，交换关系离不开社会关系的整体。他认为太平洋岛民社会中，交换的

---

① 陈庆德等：《发展人类学引论》，云南大学出版社，2001，第177页。
② 克利福德·格尔茨：《文化的解释》，纳日碧力戈等译，上海人民出版社，1999，第57页。
③ 马文·哈里斯：《文化人类学》，李培茱译，东方出版社，1988，第60~62页。

物品是象征性的，交换的过程也是一种仪式的体现。这种分析，是整体性地包容了仪式、社会关系、文化传统与经济生活的复杂体系，是一种有着功能化的整体性分析。所以，如同有学者指出的那样，"像物质与精神、经济基础与上层建筑等范畴的出现，只是一种抽象，实际上它们都是一个整体的不同部分"①。我们确实要避免在理解民族经济与民族文化的关系时，有意无意地将二者人为地分离而忘了民族经济与民族文化是"嵌合"在一起的②。所以，民族经济与民族文化是融合在一起的，二者互相以对方的产生、发展为依托，是一种"你中有我，我中有你"的关系。民族经济与民族文化的相互关系带给我们的启示，也引发我们对民族文化产业的发展应遵循怎样的原则和把握何种方向带来了更多的思考。

从社会资本的理论来看民族文化产业的发展，可以说，在民族学、人类学视野下的发展，不仅要与经济关联，而且更多地要与民族、与人本身的完善和发展关联，这就要求我们的理论视野要拓展到文化、社会领域。正是基于这样一种认识，把现代社会发展中的重要因素——资本，仅仅视为可以直接转换成金钱，并以财产的形式被制度化，可能就会狭隘。实际上，分析民族问题，是不能忽视经济现象和经济制度的存在依赖于文化价值这一事实的。摆脱了经济的文化基础，任何经济目标都将以失败告终。③法国人类学家布迪厄在其场域理论的基础上，围绕着资本是权力关系的一种表达的核心问题，提出了经济资本、文化资本、社会资本、符号资本等不同层面的资本形式，为资本概念的理解提供了一个全面而广阔的视角。在强调文化资本可以在某些条件下转化为经济资本，并能为文化资本拥有者所运用的同时，也别出心裁地从文化的角度进一步提出了社会资本的理论。

布迪厄认为，"社会资本是实际的或潜在的资源的集合体，那些资源是同对某种持久性的网络的占有密不可分的，这一网络是大家共同熟悉的、得到公认的，而且是一种体制化关系的网络。"④ 社会资本能够通过推动协

---

① Godelier, *The Mental and the Material*, Verso London and New York, 1988, p. 6.
② 陈庆德等：《发展人类学引论》，云南大学出版社，2001，第78页。
③ 马翀炜：《民族文化的资本化运用》，《民族研究》2001年第1期。
④ 布迪厄：《文化资本与社会炼金术》，包亚明译，上海人民出版社，1997，第202页。

调的行为来提高社会效率的信任、规范和网络。如果说，经济活动的整体性离不开社会的支持，那么，把资本理解为经济资本还远远不够，因为，"除非人们引进资本的所有形式，而不只是思考被经济理论所承认的那一种形式，不然，是不可能解释社会世界的结果和作用的"[1]。而社会资本的核心要素——网络的构建又离不开特定的文化根基，社会资本的扩大必然要以文化理解和文化交流作为前提。事实上，要理解一个民族就必须注意经济资本及文化社会资本在社会生活中的作用。布迪厄恰当地指出："从事实践的阶级都有一个明确的目的，就是追求金钱利润的最大值，但是另一方面，如果它们的活动不带有文化或艺术实践及其产品的无目的性，它们也同样不能被界定为从事实践的阶级。"[2] 这似乎是在说，作为一种总体性的社会现象，资本的运作是具有强烈的功利色彩的经济资本，但必须紧紧依靠社会深层的各种非功利性因素，比如文化资本带来的价值合理性内容和社会资本带来的社会网络建构，才能充分发挥其作用并实现自己的目的。由此可见，发挥三种资本的合力，才能在民族文化产业问题上有理论层次的提升和实践价值的体现。

我们应该能发现，一个民族，其发展的道路从来就不是既定的，不是标准的。民族的发展可能是在受到外力冲击时的一种自身调适，但最根本的是民族文化内部具有的自身发展要求而造成的一种变化。和日村生态移民的后续产业有其主动适应社会发展的一面，并且从它目前所呈现的发展模式中，已经能看到在上文述及的发展方式的端倪。但是这里的发展仍然值得通过一些措施来巩固其根基，以此为形成一种更加具有整体性的民族文化产业带来更多活力。

根据调查，和日村生态移民的石刻手工业，可以与和日寺及和日石经墙在原有的联系上发生更深层的互动。现代旅游业在藏区可谓是蓬勃发展，越来越多的内地游客选择到青海、西藏等地，体会这里独具特色的美丽风景和淳朴民风。藏区独有的宗教特征，吸引游客们前往一些地处偏远的藏传佛教寺院，进行一种"现代性的朝圣"[3]。在调查期间，曾几次碰到内地

---

[1] 布迪厄：《文化资本与社会炼金术》，包亚明译，上海人民出版社，1997，第190页。
[2] 布迪厄：《文化资本与社会炼金术》，包亚明译，上海人民出版社，1997，第191页。
[3] 笑阳：《偷窥社会学家的书桌》，中央编译出版社，2011，第20页。

的游客专门来这里参观和日寺与石经墙,也有一些内地的佛教信徒慕名前往这里参加当地高僧大德的法会、讲经等活动,游客们时常会从村里购买一块玛尼石或者石刻图案,带回留作纪念。

如果我们考虑到每一个民族的宗教符号都是一定历史时期的产物,有其自身产生、发展的历史;考虑到在历史的发展中,宗教符号的表达功能及传达功能的变化;尤其是考虑到像"和日石经墙"景观这样的蕴含宗教符号又体现经济因素的现象时,我们就能发现,在人们有意识地改变传统文化符号的意义,融合一种民族文化的资本化运作时,产生一种新的民族文化产业就可能会变得可行。和日村生态移民的后续产业发展便可借用这一思路,在过去发展的基础上,进一步借用石经墙的现代旅游意义,加深石刻业与石经墙的天然联系,在可能的条件下扩展两者的经济联系,继续挖掘石经墙的文化价值,在物质文化遗产保护方面加大知名度。可以借用石经墙的影响力宣传和日村的石刻艺术和村里的公司,也可以在石经墙景点内合适的地方销售石刻的图案,加深游客对石刻产品的印象,同时创造效益;进一步开发和日村传承的石刻手工技艺,加大对石刻手工艺人的培训力度,完善技能评价体系,村子的石刻手工技艺可以申报非物质文化遗产;在石经墙景区外围僻静处专门开辟一块地方,用以开放手工艺人现场制作石刻产品的活动,配合当地的藏戏团表演,激发石经墙景区的整体活力。

但值得注意的是,对于石经墙的开发和利用,一定要遵从当地藏族的意愿,充分考虑宗教因素,听取当地民众、宗教人士、政府官员及专家学者等多方意见,在不破坏石经墙自然景观和人文景观的前提下,适度地进行商业活动,以及合理开发有发展潜力的旅游业等。万不可复制在云南、贵州等个别少数民族地区盛行的村寨旅游业,把宗教仪式表演成舞台剧,把民族文化当成赚钱的工具,在追求商业文明的过程中,弱化其文化的本质内容和精神指向。因此,要合理利用与适度开发民族文化产业。

费孝通先生曾说:"我们研究各民族的社会历史的目的是帮助各民族发展起来。我们并不是为了解而了解,为提出一些理论而去研究,我们是为了实际的目的,为了少数民族进行社会改革提供科学的事实根据和符合少数民族利益的意见。"① 在面对和日村的后续产业发展时，从少数民族文化产业角度进行一些讨论，通过观念和形式上的建议，来表达对研究对象的人文关怀。

其一，和日村的生态移民在后续产业发展中，依据自己的传统实现了第一产业"畜牧业"向第二产业"石产品加工业"的转型，村民们凭借祖传和培训得来的技艺在迁入地站稳了脚跟，村里的石雕公司也为拓宽石刻产品销路竭尽全力。通过调查和访谈发现，和日村以石刻业作为村里的支柱产业，这一发展思路本身没有问题，但是不能仅仅依靠单一的产业进行发展，就像一位村民所说，"石头总有采完的一天吧"。在今后可能面临生态、资源、环境等突出问题时，和日村需要做出更为合理的应变。比如把石刻产业与运输行业联合起来，从生产到运输进行统一化管理；加强对服务业、商业的扶持，在和日地区培养完善的商贸体系，对于石刻业、虫草产业的发展也有所裨益。

其二，三江源生态移民后续产业发展的整体不足，与生态移民的生产技能缺乏有直接的关系。需要增强对村民生产、生活等多方面的培训，使生态移民具有一技之长，同时加强对藏族生态移民的汉语培训，便可利用人力资本的优势，对外进行一定程度劳务输出的产业运作。

其三，泽库县三江源办公室主任在跟我们谈起和日村的生态移民后续产业时，也特别强调了和日村及和日石雕公司今后的发展问题。他认为公司目前这种"公司+农户"的管理方式需要做出调整，"这个公司不向村民收管理费，它是集体的大家帮忙的形式。好比卖30块钱，这30块钱就是你的，它不收取任何费用。作为村委会，把利润全部返给你的话，以后对公司发展有影响"②。面对市场化的竞争，公司需要大量资金维持运作，单靠公司来支撑村民的盈利，还不足以产生集体性的效益，公司的发展也需要村民们转变观念，培养市场竞争和公司化管理的理念，村民适当缴纳管理费，用于公司的运行和推广活动也是必要的，能够达到互利双赢，是所有人都愿意看到的结果。

---

① 乔健：《试说费孝通的历史功能论》，《中央民族大学学报》2006年第6期。
② 笔者一行3人于2015年8月17日16：00在泽库县三江源办公室对张主任的访谈资料。

综上，和日村生态移民后续产业发展的个案研究，所揭示的三江源生态移民后续产业的运作，绝不仅仅只是生态移民的一种谋生手段，而是围绕以资源合理利用为核心展开的一种人与自然，以及人与人之间相互交流、交往的最基本活动。作为一种整体性的呈现，这类民族文化产业也必然牵连到人们生产生活实践的全面变革之中，在市场与国家两种力量的驱使下，藏族生态移民的生计方式和生活方式目前已发生了前所未有的变化。但其历经的艰难过程也展现出为了生存和发展，要实现他们传统产业的顺利转型，一方面，除了重视专业技术能力的提升、新兴生产方式的探索外，"还必须强调环境资源保护与关联文化制度的建构"[①]；另一方面，不同类型的产业发展方式内在地要求与其他形式互联，因而需要在充分考察传统方式以文化为导向的运作机制的基础上，探索更具有符合实际需求的生态移民后续产业发展出路。

[①] 郑宇：《中国少数民族生计方式转型与资源配置变迁》，《北方民族大学学报》2015 年第 1 期。

讨论与思考

通过以上三个生态移民新村的田野考察和事实呈现，我们可以审视三江源藏族生态移民的整体状况。三个村各自独立，但内涵高度一致。透过三个村的内在关联和纵深影响，一定程度上，可以折射三江源藏族生态移民的基本概貌，从中也可看到藏族生态移民普遍面临的问题，以及三江源生态移民工程取得的成效。概而观之，有以下几点认识值得讨论与思考。

一 两个站位

三江源生态移民工程的实施，到底给藏族和国家带来了什么？看待这个问题必须有两个站位或者说两种视角，即"民族本位"和"国家整体"视角，二者并非二元对立。

从民族本位视角来看，对于藏区牧民而言，我的家园即我的一切，为了响应国家政策，一部分牧民离开了他们世代逐水草而居的牧区草原，舍弃了自己所熟悉的生产生活知识与经验，投入到一个完全陌生的"城镇"或"靠近城镇"的环境中开始全新的生活，一切都是未知的挑战。由于环境的改变，随之而来的是面对生计方式转变、社会文化适应、后续产业发展等诸多直接涉及移民生存和发展的现实问题。搬迁之初，他们存在程度不同的种种习惯或不习惯、接受或不接受的问题，尤其刚搬迁后的一两年，一些人认为他们度过了一生中最艰难的日子，进退两难。这在本县搬迁的玛查理村就有例可循。而在跨州搬迁的果洛新村，直到2015年8月中下旬我们调研离开时，村里的大部分人还处于人心惶惶的状态。2006年10月在政府的组织下，他们搬迁到果洛新村，按照搬迁时所签合同，10年后可以选择重返牧区，因此，10年即将到期，一些人抱着幻想抑或憧憬，希望能够回到玛多故土。完全不同的是，本乡搬迁的和日村则是一派繁荣景象，从政府到移民个体及新村集体，似乎都斗志昂扬奔小康，展现出一种积极心态，可谓安居乐业。

从国家整体视角来看，三江源生态移民带来群体利益的同时，某些群体会做出牺牲，甚至遇到苦难，这是必然的。但是，移民对国家整体的价值有目共睹，是出于保护生态环境与可持续发展。事实也已证明，由于三江源总体规划一期工程的实施，生态保护与建设工程取得了初步成效，源区生态系统宏观结构局部改善，取得了显著的生态、经济和社会效益。草地退化初步遏制，草地生产能力及植被覆盖度明显提高；湖泊水域面积明显扩大，湿地生态功能逐步显现，湿地生态和湿地功能整合性明显增强；畜牧业生产经营方式逐步转变，牧民生产生活条件得到明显改善，为促进三江源生态保护和经济社会可持续发展奠定了基础。经中国科学院第一科学与资源研究所中期评估认为"三江源区生态系统退化得到初步遏制，局部地区生态状况有所好转"，并呈现了"增水、增草"的现象，使绿色高原的梦想和美好愿望正在一步步变为现实。具体而言，通过生态移民，生态保护和建设成效主要体现在以下方面：水源涵养功能初步得到恢复；草地退化速度减缓；生态环境得到有效治理，荒漠化面积减少，生物多样性逐步恢复；牧民生产生活条件得到改善；当地经济发展方式和牧民传统观念有所改变；生态保护意识得到普遍增强。① 经过多年不懈的生态综合治理，近年三江源和青海湖的生态环境明显改善，动物种群增多，活动范围扩大，植被恢复，水体质量良好。植被恢复使水质变得更好，近期，青海省农牧厅科考人员在青海经过细致考察后发现，澜沧江源水体质量良好，水生生境基本为原生态，资源比较丰富。这对维系鱼鸟共生体系和生态平

---

① 玛多县政府：《玛多县三江源生态保护和建设一期规划项目实施工作总结》，内部资料，2013年。

衡起着关键作用，是青藏高原生态链条的重要组成部分，具有很高的生态、经济、科研和文化价值。随着一系列生态保护工程的实施，当地农牧民群众的思想观念也在逐步转变，从而带来了保护区内牧民生产生活的改变——由传统的游牧方式向定居或半定居转变，由单一的靠天养畜向建设养畜转变，由粗放畜牧业生产向生态畜牧业转变，实现了保护、发展与民生多赢。[①] 整体来看，生态移民工程基本实现了"迁得出，稳得住"的目标，但普遍达到"能致富"，还需多方可持续努力，也是衡量移民成功的重要指标。

二 "协同态"的产生

《现代汉语词典》（第6版）对"协同"的解释是"各方互相配合或甲方协助乙方做某件事"。协同反映的是事物之间、系统或要素之间保持合作性、集体性的状态和趋势，是各要素在系统运行过程中的合作、协调与同步。[②] 三江源藏族生态移民的状况不同，搬迁后生活的一切从头开始，各自具备的主客观条件不同，走的路不尽相同，内心会出现一种新的想法，而且愿望总是高于现实。随着时间的推移，在移民和政府的共同努力下，在生产生活中，从起初的冲突矛盾到逐渐适应，从为生存困惑到为发展谋划的动态过程中，移民基本上从不习惯到习惯或比较习惯。在政府、社会、个体、技术等各种要素的合作、协调与同步中，连根拔起式的移民群体，尽管有些人依然有返迁的意愿和对牧区的深深怀念，但大部分移民都在努力调适和尝试着适应新环境及新生活。三个村，无论移民个体还是移民群体都程度不同地获得了一定的效益，在看到希望的同时，离开家园时的忧虑也在逐渐消解。

其实，三江源区生态保护和建设是一个投资大、时间长、工作复杂的系统工程，具有综合性、系统性和艰巨性的特点，生态移民工程只是其中的一个子系统。由于生态移民工程的实施，于公于私都会波及利益相关方，

[①] 三江源和青海湖生态环境明显改善，http://www.qhbtv.com/toutiaotupian/18254.html，2014年10月9日。

[②] 李晓进、李锐锋：《竞争与协同是构建和谐社会的内在机制》，《系统科学学报》2006年第3期。

当移民和政府真正走向协调后,"协同态"就出现了,这是一种状态或者说是一个过程。"协同态"的产生促使移民和政府之间日益相互靠近,这无疑有利于三江源生态移民工程利国利民目标的实现(如图1所示)。

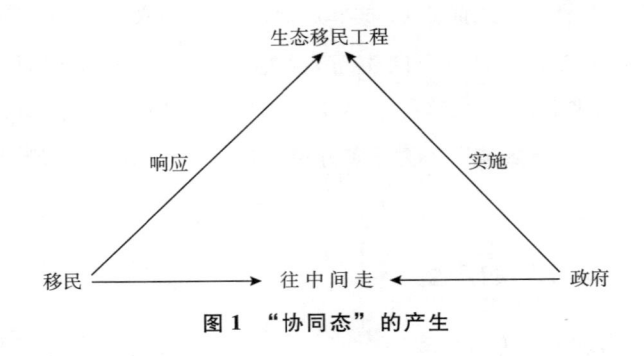

图1 "协同态"的产生

德国物理学家赫尔曼·哈肯(H. Haken)于20世纪70年代创立的一门横跨自然科学和社会科学的横断学科"协同理论"认为,自然界、生物界乃至社会经济等都是由大量相互作用的子系统构成的复杂系统。在开放条件下,通过系统内外的物质、能量、信息交流,各种系统(包括自然系统和社会系统)的内部子系统之间通过非线性的相互作用而产生协同效应,产生各子系统相互合作、协调共生的协同现象,使整个系统自动地在宏观上呈现时空、结构、功能协调有序,进而达到新的稳定状态。协同理论强调协同效应,它特指在复杂系统内,各子系统的协同行为产生超越各要素自身的单独作用,从而形成整个系统的联合行为和共同作用。[①] 协同理论有很好的普遍适用性,为处理复杂且相互关联的问题提供了新的思路。借助这一理论,就不难理解三江源生态移民工程实施的目标和成效,可以说,其目标就是多方协同效应的最终目的。

本项研究选取的三个生态移民新村,无论跨州、本县还是本乡搬迁,在离开牧区、从游牧向定居转变的过程中,已搬迁藏族的思想、观念、行为、生计、产业及组织方式等都在不同程度地发生着变化,为了适应新的环境和生活,移民个体和群体进行了各种力所能及的尝试和调整;同样的,

---

① 王传民、袁伦渠:《基于协同理论的中国县域产业结构安全研究》,《管理现代化》2006年第3期。

国家也在密切关注和努力进行调整，就迁出地生态保护和建设及生态移民的补偿、社会文化适应、后续产业发展等问题采取了切实可行的措施。就后续产业来说，玛多县针对从本县迁出组建的四个移民新村不同的地理环境、气候条件、区位优势，按照"政府引导、群众自愿、科学规划、因地制宜、分类指导、先行示范"的原则，累计投入资金 3400 万元，开展了掐丝唐卡制作、民族服饰加工、藏毯编织、种植养殖、公路养护、劳务输出、商贸服务、畜产品加工等生态移民后续产业，并取得了一定成效。具体举措有：谋划争取项目带动发展；鼓励生态移民自主创业；县财政加大资金扶持力度。[①] 泽库县三江源生态保护和建设项目的实施明显表现出保护天然草场生态的作用，还改善了移民的生产生活条件，减少了贫困人口，实现了生态保护和群众增收"双赢"的目标。[②] 目前，和日石雕公司的开设和引领，就是为移民创收效益的一个比较成功的典范。可以说，三江源生态移民工程实施的成效，政府作为政策层面的操作者，移民作为参与主体的响应者，移民和政府之间的"协同态"，在果洛新村、玛查理村、和日村呈由弱到强之势。这种状况并非已定格在三个村落，它是一个动态变化的过程，在移民和政府相互调适、不断探索、总结经验、发现问题、谋求发展、协调共赢的过程中，"协同态"的出现并且趋向满意应当是政府和各移民新村共同期盼的。

三江源区生态保护和建设总体目标是通过对自然保护区和生态功能区生态保护和建设的分步实施，基本上扭转整个三江源区生态环境恶性循环的趋势，保护和恢复源区林草植被，遏制草地植被退化、沙化等高原生态系统失衡的趋势，增加保持水土、涵养水源能力，水源涵养量增加 13.20 亿立方米，减少水土流失 1139.48 万立方米。提高野生动植物栖息地的环境质量。调整产业结构，提高牧民生活水平，实现牧民小康生活。建立为三江源区生态环境建设和可持续发展全方位服务的生态保障体系，实现山川秀美、经济发展、人民富裕、民族团结的总目标。其分目标如下。

[①] 中共玛多县委、玛多县人民政府：《玛多县生态移民工程建设工作汇报》，内部资料，2014。

[②] 泽库县三江源办公室：《泽库县创建生态文明先进区及推进生态环境保护建设情况汇报材料》，内部资料，2014。

2004~2010年，完成生态环境保护和建设先期工程，遏制保护区生态环境恶化，完善和巩固生态保护与建设成果，为后期大规模实施生态保护和建设奠定基础。生态移民是此阶段先期工程之一，即通过牧民集中定居，加快小城镇建设，引导群众调整产业结构，改变传统单一的生产方式；并实行以草定畜，达到畜草平衡，减轻天然草地的放牧压力，可将天然草地458.95万羊单位的超载牲畜予以缩减和转移。使保护区在17215.42万亩的天然草地上，保持牲畜814.64万羊单位（或保持牲畜353万头/只）、人口13.37万人的合理承载能力范围内，保护区生态环境走上良性循环的轨道，实现天然草地、牲畜和人口的生态平衡。

2010~2020年，完成环境与经济社会持续发展，实现生态、生产、生活的共同繁荣。以三江源生态功能区为重点，在自然保护区生态保护和建设的基础上，继续开展更大范围内的生态保护和建设工程，全面完成三江源区中度以上退化草地的退牧还草，使区域内退化草地得到全面恢复。通过封山育林（草）、退耕还林、沙漠化防治、沼泽湿地封育等工程，森林植被和90%沼泽湿地生态系统得到有效保护。加快三江源区小城镇和能源建设，发展太阳能和小水电站燃料工程，解决源区牧民能源短缺问题。调整人口布局，转化天然草地超载牲畜，彻底缓解人口对草场的依赖和牲畜对草场的压力，最终实现人与自然的和谐共处，使三江源区变为生态、生产、生活共同繁荣的新牧区。①

在很大程度上，三江源生态移民工程目标的实现有赖于其中的各个子系统彼此互相影响、相互合作而产生的整体效应或集体效应。这种协同作用能够使系统自身在一定的条件下产生协同效应，使系统由无序变为有序状态，从而形成比较稳定的结构。

三 多赢的路径

黄河、长江和澜沧江三条江河，每年向下游供水600亿立方米，是我国淡水资源的主要补给线，是一笔巨大而不可替代的宝贵财富，也是中国社

---

① 青海省发展计划委员会、青海省林业局、青海省农牧厅编制《三江源规划》，内部资料，2004。

会经济可持续发展的命脉。黄河发源于巴颜喀拉山北麓，干流全长约5400公里，流域面积75万平方公里，流经8省区98个县；长江发源于各拉丹东雪山，干流全长6300公里，流域面积187万平方公里，流经11省区市122个县。两江河流域是我国社会经济发达地区，虽然面积仅占全国总面积的24%，而人口却占全国的50%，国内生产总值占全国的65%，因此，三江源区生态环境的优劣对我国环境、经济和社会的可持续发展有着难以估量的影响，三江源区生态环境的变化，影响到长江、黄河和澜沧江中下游乃至我国的生态安全。

  大量科学考察证明，青藏高原对于全球生态分布的空间格局与生物多样性的地区划分和变化有着极大的影响，对于亚洲季风区和亚洲内陆气候变化的启动和波动不仅是一个关键区域，而且还是一个重要的敏感区。青藏高原的生态环境变化，不仅影响高原本身的生态环境质量，而且影响周边地区。作为青藏高原一部分的三江源区，构成了我国最重要河流的上游关键区段，起着大江大河水循环的初始作用，对中下游水循环和水量都产生很大影响。近几年，长江中下游地区连年洪涝灾害、黄河断流频繁，均与三江源区生态环境退化、植被破坏密切相关。

  目前我国北方地区的多年持续干旱、日趋严重的生态退化，以及沙尘暴等灾害性气候增多，与青藏高原生态环境的破坏有直接的因果关系。青藏高原是少数民族聚集区，由于历史、自然环境条件和社会发育程度等方面的原因，工业、农业、地区交通、通信等基础设施薄弱，经济结构单一，资源综合利用水平低，经济效益差，地区经济发展缓慢，少数民族群众生活仍处于贫困状态。在三江源区的16个县中，有14个贫困县，贫困人口占三江源区牧民的75.5%。作为该区域主导产业的畜牧业，完全依赖于高原的草原生态环境，因此，保护三江源生态，对于防止生态环境恶化，遏制草场退化，促进民族地区社会经济发展和政治稳定具有重要意义。

  三江源区是我国和亚洲最重要河流的上游关键源区，也是欧亚大陆上孕育大江大河最多的区域。青藏高原独特的地理环境和特殊的气候条件，孕育了世界上独一无二大面积的高寒湿地、高寒荒漠、高寒草原等独特生态系统，正是由于大面积的湿地分布，强化了巴颜喀拉山地区的局部降水，使其在地势高寒、远离海洋的半干旱地区能发育三条大江大河。三江源区的生态环境变化直接关系区域乃至国家的生态安全，对全国乃至全球的大气、水量循环具有重要影响。同时，独特的地理环境也孕育了三江源区独特的生物区系。三江源区集中分布有大量的特有珍稀濒危野生动物，被誉为高寒生物自然种质资源库，是世界上高海拔地区生物多样性最集中的。

三江源区特有的"高、干、寒"自然条件已使生态环境十分脆弱，而近年来人口增加和人类无节制的生产经营活动大大加速了生态环境的恶化。一是过度放牧引起草地严重退化，有7%的草地已退化到不能利用的程度；二是乱垦滥挖导致森林与草地植被类型的破坏并引起土地荒漠化，其扩展速度之快为历史罕见，现有沙漠化土地面积已占该区土地总面积的12%。草场退化和荒漠化不仅降低草场生产力，威胁源区人民生存环境，使生物多样性急剧丧失；更主要的是直接影响了生态系统的水源涵养能力，高原冰川末端每年上升30~50米，源头产水量明显减少，导致长江、黄河流域旱涝灾害频繁，水土流失加剧，已严重威胁江河流域社会经济可持续发展和人民生命财产安全。[①]

三江源区生态环境退化是诸多原因综合作用的结果，但不合理的人为因素加快了生态环境退化的进程。从本质上讲，三江源区生态环境退化就是人口增多和日益增长的物质需求与落后的自然放牧生产方式矛盾的表现。因此，要恢复和维护三江源区的生态平衡，最根本的问题就是调整好人与自然的关系，切实解决牧民群众的生计问题，处理好人口、生态和经济发展的矛盾，通过改变传统的生产方式和生活方式，保持生态、生产和生活的协调发展。

而生态移民工程，就是为恢复和维护三江源区的生态平衡并保持生态、生产和生活协调发展的重要举措之一。本着生态建设与脱贫致富、群众奔小康相结合的原则，在牧民自愿的前提下，实施生态移民，引导有条件的牧民到城镇定居，为发展城镇经济创造条件。从政府、移民、生态的相互关联来看，三江源生态移民工程的成效有三种迹象，如图2~4所示。

"政府引导，牧民自愿"是三江源生态移民工程的基本原则，移民为保

---

① 青海省发展计划委员会、青海省林业局、青海省农牧厅编制《三江源规划》，内部资料，2004。

护生态做出了牺牲。从图 2～图 4 可以看出，政府在生态移民及其后续发展过程当中扮演着主导性的角色。

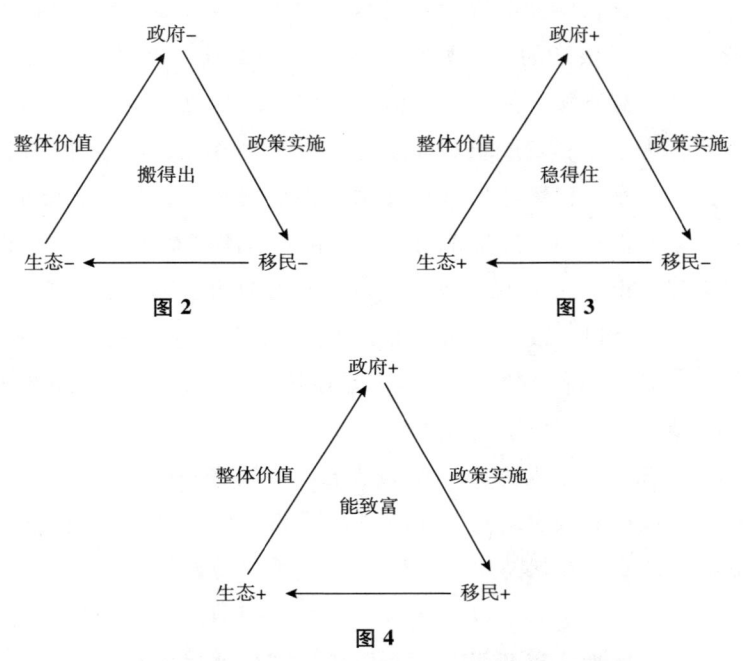

```
        政府-                              政府+
         ↑                                  ↑
   整体价值 / \ 政策实施              整体价值 / \ 政策实施
       /  搬得出  \                      /  稳得住  \
      /     ↓     ↓                    /     ↓     ↓
   生态- ← ── ── 移民-              生态+ ← ── ── 移民-
        图 2                                图 3

                    政府+
                     ↑
               整体价值 / \ 政策实施
                   /  能致富  \
                  /     ↓     ↓
               生态+ ← ── ── 移民+
                    图 4
```

图 2～图 4　三江源生态移民工程成效的三种迹象

为了使三江源区成为生态、生产、生活共同繁荣的新牧区，也为了长江、黄河和澜沧江中下游乃至我国的生态安全，政府在设计和执行各种移民政策、措施的过程当中，如果政策、措施不好，成效甚微，虽然做到了牧民"搬得出"，但巩固不住，导致大量的移民返迁或者有强烈的返迁意愿，如图 2 所示。这就意味着政府、移民、生态三者之间是一种负相关，移民和政府之间尚未产生"协同态"，生态移民工程没有达到预期的目标。这在跨州搬迁的果洛新村有比较明显的体现。

此外，据笔者调查，虽然政府出台了各种保护生态的措施，实际上每个生态移民点的固定住户以女性、孩子和老人居多，已搬迁的牧民并非全部居住在迁入地，除了到附近城镇或在移民点附近就近打工的人员，很多有劳动能力的男性依然以各种可操作的形式在牧区从事牧业生产，由于政府执行监督不力，为使草畜平衡，"以草定畜""缩减超载牲畜"等有名无实的现象依然存在。值得一提的是，据移民反映，没搬迁者和已搬迁者，享受补偿政策的差距不大，致使移民不满情绪有之。尽管如此，相对降低的迁入地海拔、比较便利的交通、优越于牧区的医疗条件、有利于老人养老的居所、有助于孩子的教育资源等因素，还是让一些移民稳固了下来，他们不同程度地有对牧区的怀念，但也不同程度地逐步改变自己并适应新环境的一切，为生存和发展艰难而坚定地寻求和探索解决生计的出路。这种状况如图 3 所示，移民迁出世代逐水草而居的牧区，他们虽然做出了牺牲，但对于生态保护却发挥了正向作用，相应的国家整体价值也得以体现，生态移民工程取得了一定的成效。这就意味着政府、移民、生态三者之间是一种正相关，移民和政府之间产生了"协同态"，生态移民工程基本达到了预期的目标。这在各个生态移民点都有此类个体，但就移民群体来看，玛查理村的情况与图 3 所示比较接近。

不过，还有一种令人为之一振的情况，即政府、移民、生态三者之间高度正相关，移民和政府之间出现的"协同态"已经开始促使移民走上致富路，如图 4 所示，在保持生态、生产和生活的协调发展上，和日村的情况就是一个典型的例子，可以说取得了较好的成效。虽然和日村村民也为生态保护做出了牺牲，离开了草原，但较之其他移民新村，由于政府的高度重视和大力支持，在近距离本地搬迁影响下移民较好的社会适应性，加之和日村独特的石刻文化传统，以及得天独厚的地理环境，提高了移民参与后续产业的积极性，使得和日村生态保护、移民增收、政府受益呈现出了一种良性循环的态势。在很大程度上，这正是生态移民工程"多赢的路径"之一种生动体现，也是三江源生态移民工程要实现的目标。

参考文献

阿图罗·埃斯科瓦尔:《遭遇发展:第三世界的形成与瓦解》,汪淳玉、吴惠芳译,社会科学文献出版社,2011。

包智明、任国英:《内蒙古生态移民研究》,中央民族大学出版社,2011。

布迪厄:《文化资本与社会炼金术》,包亚明译,上海人民出版社,1997。

博德利:《发展的受害者》,何小荣、谢胜利、李旺旺译,北京大学出版社,2011。

彼德·布劳:《社会生活中的交换与权力》,孙非等译,华夏出版社,1987。

成伯清:《现代性的诊断》,杭州大学出版社,1999。

陈庆德等:《发展人类学引论》,云南大学出版社,2001。

程瑜:《白村生活——广东三峡移民适应性的人类学研究》,民族出版社,2006。

查尔斯·泰勒:《自我的根源:现代认同的形成》,韩震译,译林出版社,2012。

杜发春:《三江源生态移民研究》,中国社会科学出版社,2014。

格勒等编《藏北牧民——西藏那曲地区社会历史调查》,中国藏学出版社,2004。

费孝通、张之毅:《云南三村》,社会科学文献出版社,2006。

费孝通:《乡土中国》,上海人民出版社,2006。

方兵、彭志光：《生态移民：西部脱贫与生态环境保护新思路》，广西人民出版社，2002。

风笑天：《落地生根：三峡农村移民的社会适应》，华中科技大学出版社，2006。

弗雷德里克·巴斯主编《族群与边界：文化差异下的社会组织》，商务印书馆，2014。

哈贝马斯：《交往行为理论：行为合理性与社会合理化》，曹卫东译，上海人民出版社，2004。

关世杰：《跨文化交流学：提高涉外交流能力的学问》，北京大学出版社，1995。

克利福德·格尔茨：《文化的解释》，纳日碧力戈等译，上海人民出版社，1999。

克珠群佩：《西藏佛教史》，宗教文化出版社，2009。

黎宗华等：《安多藏族史略》，青海人民出版社，1992。

罗康隆、黄贻修：《发展与代价：中国少数民族发展问题研究》，民族出版社，2006。

李鸥：《参与式发展研究与实践方法》，社会科学文献出版社，2010。

刘有安：《移民社会文化适应——20世纪迁入宁夏的汉族移民研究》，民族出版社，2013。

李培林、王晓毅：《生态移民与发展转型——宁夏移民与扶贫研究》，社会科学文献出版社，2013。

林志斌：《谁搬迁了：自愿性移民扶贫项目的社会、经济、政策分析》，社会科学文献出版社，2006。

马克思、恩格斯：《马克思恩格斯选集》（第1卷），人民出版社，1972。

马克思、恩格斯：《德意志意识形态》，人民出版社，1995。

马伟华：《生态移民与文化调适：西北回族地区吊庄移民的社会文化适应研究》，民族出版社，2011。

孟志诚主编《红寺堡移民开发史》，宁夏人民出版社，2009。

马歇尔·萨林斯：《石器时代经济学》，生活·读书·新知三联书店，2009。

马文·哈里斯：《文化人类学》，李培茱等译，东方出版社，1988。

民族学研究所集刊编辑委员会：《民族学研究所集刊》，台湾中央研究院，1993。

秦大河：《三江源区生态保护与可持续发展》，科学出版社，2014。

祁进玉：《群体身份与多元认同》，社会科学文献出版社，2008。

色音、张继焦：《生态移民的环境社会学研究》，民族出版社，2009。

苏发祥：《安多藏族牧区社会文化变迁研究》，中央民族大学出版社，2009。

施琳：《经济人类学》，中央民族大学出版社，2002。

三江源自然保护区编辑委员会：《三江源自然保护区生态环境》，青海人民出版社，2002。

童玉芬：《人口与可持续发展》，中国人口出版社，2001。

王永平、周丕东、黄海燕等：《生态移民与少数民族传统生产生活方式的转型研究》，科学出版社，2014。

徐万邦、祁庆富：《中国少数民族文化通论》，中央民族大学出版社，2006。

徐黎丽：《民族学原理》，人民出版社，2014。

笑阳：《偷窥社会学家的书桌》，中央编译出版社，2011。

奚国金、张家桢：《西部生态》，中共中央党校出版社，2001。

谢元媛：《生态移民政策与地方政府实践：以敖鲁古雅鄂温克生态移民为例》，北京大学出版社，2010。

赵超：《中国古代石刻概论》，文物出版社，1997。

周敏：《唐人街——深具社会经济潜质的华人社区》，商务印书馆，1995。

张静主编《身份认同研究》，上海人民出版社，2006。

张海洋：《中国的多元文化与中国人的认同》，民族出版社，2006。

郑宇：《中国少数民族生计方式转型与资源配置变迁》，《北方民族大学学报》2015年第1期。

杜发春：《三江源搬迁牧民的后续生计和就业类型》，《民族经济研究》2014年第4期。

靳薇：《青海三江源生态移民现状调查报告》，《科学社会主义》2014年第1期。

梁倩：《三江源生态移民区后续产业发展困境及对策研究》，《山东农业工程学院学报》2014年第4期。

祁进玉:《三江源自然保护区的生态移民异地安置模式及其影响初探》,《青藏高原论坛》2014年第3期。

李屹峰、罗玉珠等:《青海省三江源自然保护区生态移民补偿标准》,《生态学报》2013年第3期。

刘晓平:《三江源区生态移民后续产业发展模式分析》,《社科纵横》2013年第3期。

韦仁忠:《藏族生态移民的社会融合路径探究——以三江源生态移民为例》,《中国藏学》2013年第1期。

杨萍、张海峰、高丽文等:《三江源区生态移民适应问题研究》,《青海环境》2013年第2期。

刘小平:《三江源区生态移民后续产业发展模式分析》,《社科纵横》2013年第3期。

田红:《论民族文化在"生态移民"中的定位与价值》,《云南师范大学学报》2013年第2期。

杨红:《关于生态移民后续发展问题的探讨》,《山东省农业管理干部学院学报》2012年第5期。

隋艺:《生态移民迁移的动因分析——以三江源X村生态移民为例》,《青海社会科学》2012年第3期。

金莲、王永平、周丕东、黄海燕:《少数民族生态移民可持续发展的目标及原则》,《才智》2012年第27期。

马秀霞:《我国近几年生态移民理论与实践研究概述》,《宁夏社会科学》2012年第4期。

吴俊瑶:《关于生态移民后续产业定义研究的文献评述》,《赤峰学院学报》2012年第10期。

桑才让:《三江源区生态移民后续产业发展问题探讨》,《攀登》2012年第6期。

韦仁忠:《"二元社区"到"敦睦他者"——三江源生态移民的社会融合解读》,《西藏大学学报》(社会科学版)2012年第4期。

任善英、朱广印:《三江源生态移民后续产业发展机制研究》,《生态经济》2012年第10期。

马生林：《三江源区生态移民后续产业发展研究》，《鄱阳湖学刊》2011年第3期。

张丽君、王菲：《中国西部牧区生态移民后续发展对策探析》，《中央民族大学学报》2011年第4期。

桑才让：《对三江源生态移民文化适应性问题的调查与思考》，《攀登》2011年第6期。

张云雁：《西部生态移民的相关政策法律研究》，《前沿》2011年第20期。

邢晓红：《三江源区生态移民后续产业发展现状及对策》，《林业经济》2010年第7期。

解彩霞：《三江源生态移民社会适应与回迁愿望分析》，《攀登》2010年第6期。

吴小爽：《试论新公共管理的工具理性》，《辽宁广播电视大学学报》2010年第2期。

杨筑慧：《橡胶种植与西双版纳傣族社会文化的变迁——以景洪市勐罕镇为例》，《民族研究》2010年第5期。

张涛、张潜等：《三江源区生态移民的规模及其后续产业的选择》，《中国人口科学》2010年第6期。

周华坤等：《三江源生态移民的困境与可持续发展策略》，《中国人口》2010年第3期。

赵宏利、陈修文、姜越等：《生态移民后续产业发展模式研究——以三江源国家级自然保护区为例》，《生态经济》2009年第7期。

周甜：《牧民？农民？市民？——浅议三江源生态移民社会角色的特殊性》，《青海民族研究》2009年第4期。

陈生琛：《三江源生态移民点民族传统体育文化发展》，《青海师范大学学报》（自然科学版）2009年第4期。

解彩霞：《三江源生态移民的社会适应研究——基于格尔木市两个移民点的调查》，《青海社会科学》2009年第3期。

胡振军、黎与：《关于发展青海三江源生态移民后续产业的建议》，《现代农业科技》2009年第3期。

陆家芬、曾辉：《青海省三江源区生态系统补偿机制的探讨》，《安徽农业科学》2009年第5期。

骆桂花：《三江源生态移民安置与后续产业发展的社会调查》，《青海民族学院学报》（社会科学版）2009年第2期。

索端智：《三江源生态移民的城镇化安置及其适应性研究》，《青海民族学院学报》2009年第4期。

张冬梅：《基于民族文化的民族经济发展研究》，《中央民族大学学报》（哲学社会科学版）2009年第6期。

鲁顺元：《三江源区生态移民社会适应问题的调查与思考》，《青海师范大学学报》（哲学社会科学版），2009年第5期。

马成俊：《基于历史记忆的文化生产与族群建构》，《青海民族研究》2008年第1期。

石德生：《三江源生态移民的生活状况与社会适应——以格尔木市长江源生态移民点为例》，《西藏研究》2008年第4期。

王小平等：《金融支持三江源移民后续产业发展研究》，《青海金融》2007年第5期。

绽小林、马占山：《三江源区藏民族生态移民及生态环境保护中的生态补偿政策研究》，《攀登》2007年第6期。

张娟：《对三江源区藏族生态移民适应困境的思考——以果洛州扎陵湖乡生态移民为例》，《西北民族大学学报》2007年第3期。

百乐·司宝才仁：《试论三江源生态移民的文化变迁》，《复旦学报》（社会科学版）2007年第3期。

马宝龙：《困境与对策：三江源区藏族生态移民适应性研究——以果洛州扎陵湖乡移民为例》，《甘肃联合大学学报》（社会科学版）2007年第3期。

穆赤·云登嘉措、苏海红：《三江源生态补偿机制研究》，《藏学学刊》2006年第3期。

王小梅：《"三江源"生态难民问题研究》，《青海民族学院学报》（社会科学版）2006年第1期。

余建华、张登国：《国外"边缘人"研究略论》，《哈尔滨工业大学学报》（社会科学版）2006年第9期。

乔健：《试说费孝通的历史功能论》，《中央民族大学学报》2006年第6期。

李晓进、李锐锋：《竞争与协同是构建和谐社会的内在机制》，《系统科学学报》2006 年第 3 期。

王传民、袁伦渠：《基于协同理论的中国县域产业结构安全研究》，《管理现代化》2006 年第 3 期。

李皓：《论生态移民与民族地区现代化》，《黑龙江民族丛刊》2005 年第 1 期。

林子：《石书之最和日石经墙》，《佛教文化》2005 年第 3 期。

覃明兴：《移民身份建构研究》，《浙江社会科学》2005 年第 1 期。

孟琳琳、包智明：《生态移民研究综述》，《中央民族大学学报》2004 年第 6 期。

于存海：《论西部生态贫困、生态移民与社区整合》，《内蒙古社会科学》2004 年第 1 期。

池永明：《生态移民是西部地区生态环境建设的根本》，《经济论坛》2004 年第 16 期。

崔新建：《文化认同及其根源》，《北京师范大学学报》（社会科学版）2004 年第 4 期。

王放、王益谦：《论生态移民与长江上游可持续发展》，《人口与经济》2003 年第 2 期。

刘学敏：《西北地区生态移民的效果与问题探讨》，《中国农村经济》2002 年第 4 期。

马翀炜：《民族文化的资本化运用》，《民族研究》2001 年第 1 期。

张虎生：《浅析西藏石刻文化》，《中国藏学》1998 年第 2 期。

包晓霞：《"落地生根"还是"落叶归根"——移民的社区意识探析》，《甘肃社会科学》1997 年第 6 期。

王希恩：《民族认同与民族意识》，《民族研究》1995 年第 6 期。

赵青阳：《世界石书之最和日石经墙》，《青海文物》1994 年第 4 期。

安旭：《藏族服饰的形成和特点》，《民族研究》1980 年第 4 期。

王露雨：《三江源生态移民工程实施效果评价研究》，硕士学位论文，青海大学财经学院，2015。

刘生琰：《游牧民生计方式变迁与心理适应研究——以甘南藏区为视点》，

博士学位论文，兰州大学西北少数民族研究中心，2013。

尕丹才让：《三江源区生态移民研究——基于经济学视角》，博士学位论文，陕西师范大学西北历史环境与经济社会发展研究院，2013。

周甜：《三江源生态移民的社会适应调查研究——以一个牧区藏族移民村为例》，硕士学位论文，西北民族大学民族学与社会学学院，2010。

宋麟飞：《后现代社会背景下的消费方式变迁》，博士学位论文，吉林大学哲学社会学院，2009。

马宝龙：《三江源生态移民与社区重建研究——以青海省果洛州河源移民新村为例》，硕士学位论文，西北民族大学社会人类学民俗学学院，2008。

南加才让：《略论藏族石刻文化》，硕士学位论文，中央民族大学藏学研究院，2004。

《玛多县志》编纂委员会：《玛多县志》，中国县镇年鉴出版社，2001。

同德县地方志编纂委员会：《同德县志》，民族出版社，1999。

泽库县志编纂委员会编《泽库县志》，中国县镇年鉴出版社，2005。

郅振璞：《青海实施三江源生态保护和建设工程》，《人民日报》2005年9月21日。

僧洛：《发展三江源生态移民后续产业的思考》，《中国民族报》2008年5月16日。

尼玛永泽：《三江源生态保护二期工程更多关注生态移民的后续产业发展》，《三江源报》2014年10月28日。

赵俊杰：《三江源区动物种群增多 栖息范围扩大》，《西海都市报》2014年10月5日。

何伟、庞书纬：《"千湖美景"归来 三江源自然保护区生态环境初步改善》，《青海日报》2014年8月22日。

达叶：《玛多县岭·格萨尔文化博览园开园》，《果洛报》2014年8月25日。

苑玉虹：《听〈格萨尔王传〉玛多岭·格萨尔文化博览园开园》，《青海日报》2014年9月2日。

马秀编辑：《三江源生态保护和建设再起航》，《西海都市报》2014年1月10日。

赵凛松：《三江源生态好转 二期工程不再应急》，中国新闻网，2014年1月1日。

拉吉卓玛：《岭·格萨尔文化博览园在青海省果洛州玛多县正式开园》，青海湖网，http://www.amdotibet.com/html/2014-08/15440_2.html。

《三江源生态保护和建设一期工程初步实现规划目标》，中国政府网，http://www.gov.cn/zxft/ft242/content_2574626.htm，2014年1月24日。

玛多县政府：《玛多县三江源生态保护和建设一期规划项目实施工作总结》，内部资料，2013。

中共玛多县委、玛多县人民政府：《玛多县生态移民工程建设工作汇报》，内部资料，2014。

青海省发展和改革委员会：《青海三江源自然保护区生态保护和建设总体规划》，内部资料，2006。

青海省发展计划委员会、青海省林业局，青海省农牧厅编制《三江源规划》，内部资料，2004。

泽库县三江源办公室：《泽库县创建生态文明先进区及推进生态环境保护建设情况汇报材料》，内部资料，2014。

Edward Relph. *Place and Placelessness* (London: Routledge Kegan & Paul, 1976).

Godelier. *The Mental and the Material* (Verso London and New York, 1988).

Cowen, Michael and Shenton, Bob, *Doctrines of Development* (London: Routledge, 1996).

Gregory and Altman, *Observing The Economy* (London, NewYork: Routledge, 1989).

Robert Fritz Graebner, *Method of Ethnology* (Heidelberg: Winter, 1911).

Jonathan Friedman, *Cultural identity and Global Process* (Kathryn Woodward: Sage Publication, 1994).

Terry Eagleton, *The Idea of Culture* (Oxford: Blackwell Publishers Inc, 2000).

PARKRE, "Human Migration and Marginal Man", *The American Journal of Sociology*, Vol. 33, No. 6, May 1928.

Glomm, "Gerhard. A Model of Growth and Migration", *in The Canadian Journal of Economics*, V. 25, No. 4, 1992.

Stark, Oded & Taylor, J. E., "Migration Incentives, Migration Types: The Role of Relative Deprivation", *The Economic Journal*, V. 101, No. 408, 1991.

Donzelot, Jacques, "The Promotion of the Social", *Economy and Society*, V. 17, No. 2, 1988.

后　记

　　2012年，我有幸入选教育部"新世纪优秀人才支持计划"，2014年入选为国家民委领军人才支持计划人选。本书是我主持教育部"新世纪优秀人才支持计划"项目"甘青牧区藏族生态移民产业变革与文化适应研究"（NCET-12-0664）的阶段性成果之一，也是我入选"国家民委领军人才支持计划"项目未来五年拟开展研究课题"生态移民社会适应及可持续生计策略研究""甘宁青生态移民与少数民族妇女社会融入研究"的中期成果之一。

　　本书付梓之际，衷心感谢我的博士后合作导师宁夏大学孙振玉教授，由于他的点拨和启发，我开始关注和探索生态移民问题；感谢青海民族大学张海云教授，田野调查的第一个阶段（2014年7月22日~8月2日），是她带着青海民族大学的两位民族学硕士生"王雪、岳跳跳"陪我走过甘青一带，我们足迹所到之地为青海河南蒙古族自治县、泽库县及甘肃夏河县、碌曲县、玛曲县、迭部县、舟曲县，这次甘青行，基本上是为了选择和确定田野点，并把田野点的选择扩展到青海果洛藏族自治州、玉树藏族自治州。之后，我带领我的课题组成员开始了第二个阶段（2014年8月17日~9月1日）、第三个阶段（2015年7月19日~8月29日）的田野调查。为了后续研究的深入、全面和系统，2016年2月、7~8月，我和我的课题组成员再次前往有关田野点进行实地调查，累计1个月；感谢当地的许多干部和村民，没有他们的帮助和支持，我将一无所获；感谢宁夏大学李德宽教授就文本的书写提出的诸多意见和建议。

  特别需要感谢的是北方民族大学的几位民族学硕士，其中王玉强、向锦程是我 2013 级、2014 级的硕士生，安宇是我校 2013 级的硕士生。我怀着不可言说的担忧，把他们带向了高海拔田野点，足迹二至海拔 4824 米左右的巴颜喀拉山口、二至果洛藏族自治州玛多县、二至玉树藏族自治州称多县、六至黄南藏族自治州泽库县和日生态移民新村、一至海南藏族自治州同德县果洛新村……在他们的协助下，我完成了对宝贵田野资料的收集和整理，为后期书稿的撰写奠定了坚实的基础。2016 年秋，王玉强、安宇分别开始攻读宁夏大学民族社会学、兰州大学民族学专业博士学位，他们对部分初稿的撰写做出了贡献。

  还要感谢我的儿子，他是兰州大学 2016 年录取的民族社会学专业硕士生。2015 年、2016 年暑假，他跟随我们前往田野点，为收集整理田野资料做了一些辅助工作。2016 年在青海泽库县和日生态移民新村做调查时，他不幸被一条大狗咬了，一天后，不知何故，发烧不适，只好让他先离开田野点，同行的伙伴把他送往西宁就医检查后继续返回田野，我儿子则从西宁乘坐长途客车只身返回了。这个时候，我正在玉树藏族自治州称多县清水河镇做调查，第二次驻足于此……

  最后，感谢责任编辑肖锐，由于她的辛勤付出和严谨把关，本书得以顺利出版。

冯雪红

2016 年 12 月 25 日写于家中

图书在版编目(CIP)数据

三江源藏族生态移民三村/冯雪红著. -- 北京：社会科学文献出版社，2016.12
 ISBN 978-7-5201-0184-4

Ⅰ.①三… Ⅱ.①冯… Ⅲ.①藏族-移民-研究-青海 Ⅳ.①D632.4

中国版本图书馆 CIP 数据核字(2017)第 000092 号

三江源藏族生态移民三村

著　　者 / 冯雪红

出 版 人 / 谢寿光
项目统筹 / 谢蕊芬　肖　锐
责任编辑 / 佟英磊　肖　锐

出　　版 / 社会科学文献出版社·社会学编辑部 (010)59367159
　　　　　 地址：北京市北三环中路甲 29 号院华龙大厦　邮编：100029
　　　　　 网址：www.ssap.com.cn
发　　行 / 市场营销中心 (010)59367081　59367018
印　　装 / 三河市尚艺印装有限公司

规　　格 / 开　本：787mm×1092mm　1/16
　　　　　 印　张：17.5　字　数：280 千字
版　　次 / 2016 年 12 月第 1 版　2016 年 12 月第 1 次印刷
书　　号 / ISBN 978-7-5201-0184-4
定　　价 / 79.00 元

本书如有印装质量问题，请与读者服务中心 (010-59367028) 联系

版权所有 翻印必究